나는 스포츠로
창업을 꿈꾼다

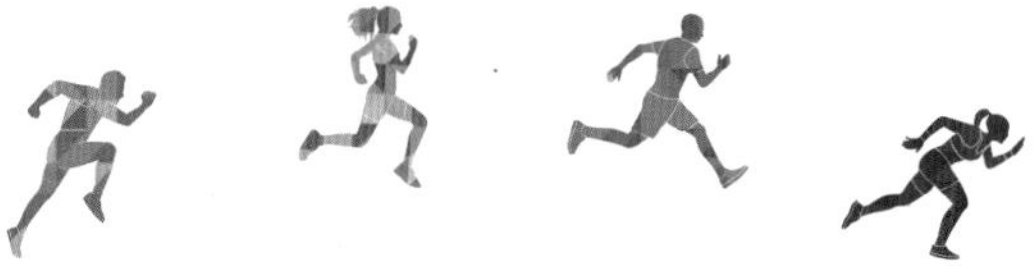

나는 스포츠로 창업을 꿈꾼다

누구도 가르쳐준 적 없는 스포츠 스타트업의 모든 것!

S P O R T S

윤거일 · 양은희 공저

S T A R T U P

국일미디어

각자의 리그에서
진정한 승리를 거두길!

우리가 익히 아는 스포츠브랜드나 구단의 처음 모습은 어땠을까? 가령, 블루리본스포츠의 공동창업자인 필 나이트가 운동화를 차에 신고 경기장을 찾아다니면서 판매하던 게 오늘날 글로벌 브랜드로 거듭난 나이키의 첫 시작이었다. 1878년 뉴턴 히스 LYR FC를 창단했던 철도 노동자들은 그들의 팀이 훗날 맨체스터 유나이티드 FC라는 세계적인 명문 구단으로 도약하리라 예상했을까?

대다수의 스포츠 팬이라면 이미 일정 궤도에 오른 선수, 구단, 상품을 선호하기 마련이다. 스포츠 분야에서 직업을 구할 때도 마찬가지다. 출발선에서 가까운 스타트업보다 대기업, 유명 구단이나 스포츠협회에서 일하길 원한다. 안정적이고 좋은 조건의 직장을 선호하는 게 잘못은 아니지만 문제는 그 문이 너무 좁다는 데 있다.

갈수록 스포츠 분야 진출을 희망하는 이들은 늘고 있지만 채용 폭은 한정적이다. 또 어렵사리 입사한 협회나 구단, 에이전시에서 계약직이나 인턴으로 전전하다가 끝내 다른 분야로 이직하는 경우도 부지기수다. 프로스포츠의 인기, 월드컵과 올림픽 같은 대형 스포츠이벤트를 통해 거둔 크고 작은 성과, 선수들의 해외 진출은 대한민국 스포츠를 화려하게 치장했다. 하지만 스포츠산업이라는 속살을 들여다봤을 때 여전히 설익은 모습에 걱정이 앞선다.

다행히 스포츠산업 분야에서 새로운 리그를 만들어낸 창업자가 속속 등장하고 있어 가능성이 엿보인다. 아직 스포츠시장이 무르익지 않아서 자금력을 보유한 기업이나 지자체가 나서지 않으면 안 될 것만 같던 일이 개인의 도전으로 조금씩 실현되고 있다. 때로는 스포츠팀처럼 여러 구성원이 힘을 모아 경쟁력 있는 스포츠 제품과 서비스를 만들어내고 있다.

하지만 여전히 스포츠창업이라고 하면 스포츠센터부터 떠올리는 이들이 많다. 그런 인식은 국내 스포츠산업에서 부족한 부분이 무엇인지 잘 알게 해준다. 바로 비즈니스 아이템의 다양성과 창업의 불모지라고 불릴 정도의 여건이다. 오늘날 많은 스포츠 소비자가 새롭고 다양한 제품과 서비스를 기다리고 있다. 하지만 수요에 비해 공급에 대한 고민은 깊이 있게 이뤄지지 않았다. 물론 정부 차원에서 고부가가치 산업인 스포츠산업 육성을 위해 적극 나서고 있으며 스포츠창업 분야에도 투자를 늘리고 있기에 앞으로 다양한 변화가 예상된다. 무엇보다 다방면에서 스포츠창업의 성공을 실현하는 사례가 늘어날수록 사람들의 긍정적인 인식 변화와 매력적인 아이템 개발에 기여할 것이다.

이 책에는 각자의 분야에서 활약하는 스포츠창업 사례를 담았다.

스포츠플랫폼, 스포츠콘텐츠, 스포츠디자인, 스포츠미디어, 스포츠출판, 스포츠ICT, 스포츠머천다이징, 스포츠용품, 스포츠식음료, 스포츠마케팅, 스포츠매니지먼트, 스포츠이벤트 등 크게 보면 스포츠서비스업과 스포츠제조업 분야에서 저마다의 리그를 펼치고 있는 열두 가지 스포츠 스타트업 이야기를 인터뷰 형태로 소개하였다. 또한 이와 관련하여 각 스포츠산업 분야의 현황을 살펴보고 개괄적인 정보를 제시하였다.

특기할 부분은 공동저자의 역할 분담에 있다. 양은희 저자는 대학생의 관점으로 스포츠창업자의 인터뷰를 맡았고, 나는 창업자의 관점에서 각 업종 및 분야 소개로 구성한 이너뷰와 전반적인 서술과 기획을 담당했다. 개성을 살려 스포츠창업을 준비하는 예비창업자에게 도움이 되는 정보를 폭넓게 채우고자 애썼다. 아쉬운 부분이 있다면 기존에 스포츠창업을 체계적으로 다룬 도서나 연구물 등 참고자료가 매우 부족한 실정이라 더 상세한 창업 안내를 제시하지 못한 것이다. 그럼에도 이 책이 스포츠창업뿐 아니라 스포츠 분야 취업을 생각하는 이들에게 국내 스포츠산업의 대략적인 이해를 돕는 참고서가 되리라 기대한다.

스포츠 분야 예비 취·창업자에게 도움이 될 만한 정보를 전달하는 한편, 극심한 취업난 속에서 하나의 대안으로 창업을 한번쯤 생각해보게 만들고 동기부여가 되길 바란다. 당장 창업에 나서라는 부추김이 아니라 언젠가는 하게 될지도 모를 일을 미리 준비하자는 의미가 크다. 분야를 막론하고 창업은 결코 꽃길만을 걸을 수 없다. 특히나 스포츠 분야 창업은 더욱 힘든 가시밭길을 걸어야 할지도 모른다. 때문에 더 많은 고민과 준비가 필수적이다.

　일단 당차게 자신의 이름과 브랜드를 내걸고 스포츠창업 전선에 먼저 뛰어든 창업자의 이야기를 통해 새로운 가능성을 모색했으면 한다. 아직 완성된 성공담이 아닐지라도 다양한 스포츠 스타트업 아이템과 창업 배경, 과정의 생생함을 통해 예비 취·창업자에게 신선한 자극 그리고 영감을 주리라 믿는다.

　더하여《나는 스포츠로 창업을 꿈꾼다》를 시작할 수 있게 도움을 준 12인의 스포츠창업자와 추천사 및 응원으로 힘을 실어준 모든 분께 감사드린다. 그리고 이 책이 빛을 볼 수 있게 만들어준 국일출판사 이종문 대표님, 관계자 분께도 감사의 뜻을 전하고 싶다. 또한 열정과 도전정신으로 가득한 모든 스포츠 스타트업과 스포츠 분야 예비 취·창업자의 성공을 응원하는 바이다.

당신의 승리를 응원하며

윤거일, 양은희

START
01

스포츠창업이란 무엇인가?

스포츠창업은 무엇을 의미하는 걸까? 일반적으로 창업(創業)은 '어떤 새로운 사업을 만들어 시작하는 것'을 뜻하며, '나라나 왕조를 처음 세움'이라는 사전적 의미도 갖는다. 창업의 또 다른 형태인 창직(job creation) 역시 '새로운 직업(직무)을 만드는 것'으로 처음 혹은 새로 만든다는 개념이 공통점이다. 그래서 창업은 보통 신생(新生) 업체, 스타트업(start-up) 같은 표현을 쓰기도 한다. '스포츠 스타트업(sport start-up)'은 스포츠 관련 아이템으로 창업한 사업체를 의미하는 한편, 초기 창업자의 뉘앙스를 풍긴다.

이 책에서 인터뷰를 통해 소개한 스포츠창업체는 2012~2015년에 만들어졌으며, 상당수가 성장 과정에 있는 스타트업으로 볼 수 있다. 이들을 선정한 이유는 창업 초기의 경험담을 생생하게 전달하기 위함이다. 스포츠창업의 형태도 최대한 다양하게 구성했다. 스포츠라는 공통분모가 있지만 대학생창업, 여성창업*, 공동창업, 1인창업, 법인창업 등 조금씩 다른 형태의 창업을 엿볼 수 있다. 소재지의 경우 서울에 사업장을 둔 인터뷰이가 대부분이긴 하지만 부산, 인천, 대전, 안양, 고양 등 가급적 넓게 분포된 편이다.

스포츠플랫폼, 스포츠콘텐츠, 스포츠디자인, 스포츠미디어, 스포츠출판, 스포츠ICT, 스포츠머천다이징, 스포츠용품, 스포츠식음료, 스포츠마케팅, 스포츠매니지먼트, 스포츠이벤트 등 더욱 세부적인 영역으로 나눠 소개하였다. 참고로 스포츠출판(출판업)이나 스포츠식음료(음식점업)처럼 스포츠산업 분류보다 한국표준산업 분류에 더 가까운 업종도 존재한다.

책에서는 내용 구성상 핵심 아이템을 기준으로 구분하여 소개하였지만 국내 스포츠산업 분류를 기준으로 보면 업종상 크게 스포츠시설업, 스포츠용품업, 스포츠서비스업으로 나눠진다. 하위분류에 따라서는 세세분류 65개까지 더욱 광범위해지는데 스포츠 분야 취·창업을 생각한다면 필히 자신이 원하는 업종이 무엇인지 살펴봐야 한다.

---

* 「여성기업지원에 관한 법률」에 따르면 여성창업자를 지원해주는 단체가 여럿 존재한다. 그중 한국여성경제인협회(http://womanbiz.wbiz.or.kr)는 여성기업종합지원센터 운영 외에도 여성가장창업자금 지원, 여성CEO멘토링, 실전창업스쿨, 차세대여성CEO교육, 여성창업경진대회, 여성CEO MBA교육, 전국여성CEO경영연수 등의 사업을 운영하며 여성기업 종합정보포털 서비스도 제공한다. 각 시도·지역별 지회가 별도로 개설되어 있다.

원래대로라면 스포츠산업에서의 창업이므로 '스포츠산업 창업'이 적절한 표현이지만 스포츠창업으로 줄여서 쓴다. 스포츠산업은 스포츠산업진흥법 제2조에서 '스포츠와 관련된 재화와 서비스를 통하여 부가가치를 창출하는 산업'으로 정의한다. 또 스포츠산업은 스포츠 활동에 필요한 시설, 용품, 서비스 등과 관련한 경제활동을 총칭하는 개념으로 활용되기도 한다. 그러한 개념을 바탕으로 스포츠창업은 스포츠와 연관된 제품이나 서비스를 제공하는 업체를 새롭게 만든 것으로 볼 수 있다. 여기서 스포츠는 일반적인 프로스포츠 종목뿐 아니라 레저스포츠, 아웃도어 등도 아우르는 개념으로 사용하였다.

창업 개시를 공식화하는 사업자등록은 사업장 관할 세무서나 국세청홈택스*에서 간단하게 신청할 수 있다. 중요한 것은 길게 보고 창업의 방향을 설정하는 것이다. 참고로 스포츠콘텐츠 에이전시인 스포츠에픽은 사업자등록상 개인사업자이며 일반과세자다. 간이과세자는 연간 공급대가 예상액 4,800만 원 미만인 개인사업자(일부 사업자는 연간 공급대가 예상액에 상관없이 간이과세를 적용받을 수 없다)로 초기 창업자가 고려할 만하다. 스포츠에픽의 경우 거래 기관이 요구하는 전자(세금)계산서 등 필요 요건 때문에 처음부터 일반과세자로 출발했다.

---

* 개인·법인 사업자등록 신청, 정정, 휴·폐업, 재개업 신고 모두 국세청홈택스(www.hometax.go.kr)에서 가능하다. 또한 사업 과정에서 발생하는 민원 해결을 위해 정부민원포털 민원24(www.minwon.go.kr)나 정부24(www.gov.kr)도 활용할 수 있으니 참고하자.

나는 스포츠로 창업을 꿈꾼다

스포츠에픽은 상호에 스포츠를 넣어 정체성을 분명히 나타내고 있지만 사업의 업태는 서비스, 종목은 마케팅, 정보콘텐츠, 출판업이다. 스포츠산업 분류로 보면 기타 스포츠 정보서비스업에 속하겠지만 사업자등록상 직접적인 스포츠 관련 업종은 아니다. 콘텐츠 분야의 특성을 고려하여 선택한 것이다. 업종 선택이 중요한 이유는 여러 종류의 창업 지원사업과 연관 있다. 스포츠에픽은 1인 창조기업 비즈니스센터*를 통해 1년간 아이템 개발비, 사무 공간, 창업교육 및 컨설팅 등을 지원받고 창업도 시작할 수 있었다.

하지만 스포츠 관련 업종 지원사업 신청 자격에 해당되지 않는 부분이 있다. 스포츠용품 제조·생산업체이거나 민간체육시설업체, 스포츠경기업, 스포츠마케팅, 스포츠정보업, 스포츠이벤트업 등을 대상으로 지원하기 때문이다. 그러므로 스포츠 스타트업의 창업자는 자신이 어떤 업종에서 비즈니스를 펼칠 것인지 깊이 있는 고민이 늘 필요하다. 물론 업종 변경이 가능하고 폐업 후 새롭게 창업할 수 있지만 지원사업이나 거래처에 따라 몇 년 이상의 업력을 요하는 경우가 있으므로 첫출발부터 잘 준비해서 나서는 편이 좋다.

---

* 2017년 7월 중소기업청이 중소벤처기업부로 바뀌면서 1인 창조기업 비즈니스센터를 비롯하여 창업성공패키지(청년창업사관학교), 창조경제혁신센터, 창업선도대학 및 창업보육센터, 창업대학원, 대한민국 창업리그, 상생서포터즈 사내창업 프로그램, 청소년 비즈쿨, 창업아카데미, K-스타트업, 스마트창작터 및 스마트벤처창업학교, 여성창업보육센터, 시니어 기술창업센터, 장애인 창업 육성 등 다양한 창업·벤처기업 지원 정책을 펼치고 있다.

〈표〉 국내 스포츠산업 분류

대분류	중분류	세분류	세세분류
스포츠 시설업	스포츠시설 운영업	경기장 운영업	실내 경기장 운영업
			실외 경기장 운영업
			경주장 운영업
		참여스포츠 시설 운영업	종합 스포츠시설 운영업
			체력단련시설 운영업
			수영장 운영업
			볼링장 운영업
			당구장 운영업
			골프연습장 운영업
			스포츠 무도장 운영업
			체육공원 운영업
			기원 운영업
		골프장 및 스키장 운영업	골프장 운영업
			스키장 운영업
		수상스포츠시설 운영업	낚시장 운영업
			기타 수상스포츠시설 운영업
		기타 스포츠시설 운영업	기타 스포츠시설 운영업
	스포츠 시설 건설업	스포츠 건설업	스포츠시설 조경 건설업
			스포츠 토목시설물 건설업
스포츠 용품업	운동 및 경기 용품업	운동 및 경기용품 제조업	운동 및 경기용 장비 제조업
			체력단련용 장비 제조업
			자전거 제조업
			낚시 및 수렵용 장비 제조업
			놀이터용 기구 제조업
			스포츠 응원용품업
			기타 운동 및 경기용품 제조업
		스포츠 의류 및 관련 섬유제품 제조업	스포츠 의류 제조업
			캠핑용 직물제품 제조업
			스포츠 관련 직물제품 제조업
			스포츠 관련 의류부분품 제조업
		스포츠 가방 및 신발 제조업	스포츠 가방 제조업
			스포츠 신발 제조업
			스포츠 관련 신발부분품 제조업

나는 스포츠로 창업을 꿈꾼다

스포츠 용품업	운동 및 경기용품 유통 및 임대업	운동 및 경기용품 도매업	운동 및 경기용구 도매업
			자전거 도매업
			스포츠 의류 도매업
			스포츠 가방 도매업
			스포츠 신발 도매업
		운동 및 경기용품 소매업	운동 및 경기용구 소매업
			자전거 소매업
			스포츠 의류 소매업
			스포츠 가방 소매업
			스포츠 신발 소매업
			스포츠 관련 무점포 소매업
		운동 및 경기용품 임대업	운동 및 경기용품 임대업
스포츠 서비스업	스포츠 경기 서비스업	스포츠 경기업	스포츠 경기업
		스포츠 베팅업	스포츠 복권발행 및 판매업
			기타 스포츠 베팅업
		스포츠마케팅업	스포츠 에이전트업
			회원권 대행 판매업
			스포츠마케팅 대행업
			기타 스포츠마케팅업
	스포츠 정보 서비스업	스포츠미디어업	스포츠 신문 발행업
			스포츠 잡지 및 정기간행물 발행업
			스포츠 관련 라디오 방송업
			스포츠 관련 지상파 방송업
			스포츠 관련 프로그램 공급업
			스포츠 관련 유선 방송업
			스포츠 관련 위성 및 기타 방송업
		기타 스포츠 정보 서비스업	기타 스포츠 정보 서비스업
	스포츠 교육기관	스포츠 교육기관	스포츠 교육기관
			기타 스포츠 교육기관
	기타 스포츠서비스업	스포츠 게임 개발 및 공급업	온라인·모바일 스포츠 게임 개발 및 공급업
			기타 스포츠 게임 개발 및 공급업
		스포츠 여행업	스포츠 여행업

* 색으로 표시한 업종은 책에서 소개한 분야와 관련됨.

START
02

왜
스포츠창업인가?

'스포츠(산업)창업'이라는 단어가 자주 보이기 시작한 건 비교적 최근이다. 포털사이트에 스포츠창업이라는 키워드를 검색하면 피트니스센터 창업에 관한 내용이 여전히 주를 이룬다. 하지만 알게 모르게 다양한 형태의 스포츠창업 사례가 속속 나타나고 있다.

정부 차원에서 스포츠산업(sports industry)*에 큰 관심을 보이면서 스포츠창업 환경도 긍정적으로 달라지기 시작했다. 2013년 문화체육관광부가 주요 추진 정책으로 '스포츠비전 2018 스포츠로 대한민국을 바꿉니다'를 통해 '경제를 살리는 스포츠'의 일환으로 스포츠창업

---

* 스포츠산업이란 스포츠를 기업 활동의 수익대상으로 바라보고 스포츠와 관련한 재화와 서비스를 창출하는 일체의 생산 활동을 뜻한다(2016 스포츠산업실태조사). 조금 더 구체적으로 스포츠산업은 스포츠 활동에서 요구되는 용품과 장비, 스포츠시설과 서비스, 스포츠경기, 이벤트, 스포츠강습 등과 같은 유·무형의 재화나 서비스를 생산·유통하여 부가가치를 창출하는 산업이라 개념화하기도 한다(2016 스포츠산업백서).

추진을 본격화했다.* 스포츠산업을 미래 신성장 동력으로 여기면서 예산이 편성되었고 2015년 새로운 정책 방향 설정, 2016년 스포츠산업 진흥법 개정안 시행 등 제반 조치가 이뤄져 스포츠비즈니스 및 창업의 가능성이 더욱 커지게 되었다. 특히, 스포츠산업 펀드·융자 등 스포츠 창업과 관련한 예산은 2015년 633억 원에서 2016년 1,026억 원으로 늘어나면서 실질적인 지원이 이뤄지고 있다(2016 스포츠산업백서).

스포츠를 하나의 산업으로 인식하면서 실태조사를 시작한 것도 비교적 최근의 일이다. 2015년에 스포츠산업백서가 첫 발간되었으며, 스포츠산업실태조사도 이뤄졌다. '2016 스포츠산업실태조사(2017)'에 따르면 2015년 스포츠산업 매출액(구분류 기준)은 43조 원에 달하며, 국내총생산(GDP) 대비 2.6%를 차지하는 것으로 추정된다.** 전체 매출액은 2009년부터 7년간 지속 증가했으며, 스포츠산업을 영위하는 사업체도 마찬가지다. 스포츠산업 시장 규모는 2015년 40조 원대에서 2018년 50조 원대까지 성장할 전망이다. 이처럼 스포츠산업의 경제적 가치가 커지면서 스포츠(sports)와 경제(economics)가

---

* 2017년 7월 열린 '체육인 진로지원 통합센터 개소식'에서 도종환 문화체육관광부장관은 "가장 훌륭한 복지 정책은 일자리 창출이며, 2022년까지 스포츠산업 분야에서 양질의 신규 일자리 8만 개를 창출할 수 있도록 창업기업을 지원하고, 스포츠 신시장을 개척하겠다"고 밝혔다.

** 세계 스포츠산업의 총 규모는 2016년 기준 1조 3,000억 달러(약 1,466조 원)로 추정되며, 미국의 스포츠산업 규모는 4,961억 달러(약 539조 원), 영국은 350억 파운드(약 50조 원), 일본은 2012년 기준 11조 4,000억 엔(약 113조 원), 중국은 2015년 기준 32,678억 위안(약 537조 원)으로 추정된다(2016 스포츠산업백서).

결합된 '스포노믹스(sponomics)'라는 신조어가 등장하기도 했다.

우리나라는 동·하계올림픽, 월드컵, 세계육상선수권대회, F1 그랑 프리 등 이미 메가스포츠이벤트를 모두 개최한 저력이 있는 데다 여러 가지 굵직한 스포츠이벤트를 앞두고 있다. 오히려 경험하지 않은 국제대회를 꼽는 편이 빠를 정도로 풍부한 개최 전력을 자랑한다. 그 과정에서 충분한 스포츠인프라와 노하우를 보유하고 있음은 물론이다. 또한 1983년 프로야구가 출범하고 이듬해 프로축구가 시작되면서 30년이 넘는 프로스포츠 역사를 갖고 있지만 스포츠산업의 자립성 부분에서 여전히 의문부호가 뒤따른다. 오늘날 프로스포츠의 대중적인 인기는 높아졌지만 대기업 주도 하에 성장한 부분이 크기 때문이다.

이제 명실공히 '스포츠 강국'에서 '스포츠산업 강국'으로 나아가기 위해 필요한 건 경쟁력과 다양성을 갖춘 소프트웨어 혹은 콘텐츠라고 할 수 있다. 이제 국내 스포츠 소비자의 수준은 상당한 수준에 도달했다. 그만큼 더 색다르고 우수한 스포츠상품을 필요로 한다. 다양성의 가치를 중요시하고 발전적인 경쟁이 이뤄지면서 자연스럽게 소비자의 욕구를 충족시키는 방향으로 나아가고 있다. 그런 맥락에서 스포츠창업 지원사업은 새로운 아이템과 아이디어를 실현할 수 있게 돕는다. 장차 스포츠산업 발전을 위한 토대를 튼튼하게 만드는 투자인 셈이다.

〈표〉 2010~2015년 국내 스포츠산업 현황

년도		업체 수 (개)	종사자 (천 명)	매출액 (십억 원)	내수 (십억 원)	수출 (십억 원)	영업이익 (십억 원)
2010년		69,315	234	34,482	32,627	1,855	3,930
2011년		69,027	236	36,513	35,234	1,279	2,958
2012년	구분류	68,826	242	38,691	37,688	1,003	3,493
	신분류	84,246	342	57,479	56,309	1,170	4,203
2013년	구분류	70,617	265	40,769	39,765	1,003	4,587
	신분류	90,493	355	61,853	59,978	1,875	7,382
2014년	구분류	71,140	274	41,370	40,637	733	3,455
	신분류	92,293	373	63,149	61,654	1,494	5,845
2015년	구분류	76,001	290	42,911	42,126	785	3,426
	신분류	93,350	383	65,145	63,831	1,314	5,832

출처: 문화체육관광부(2016)_2016 스포츠산업실태조사

　　스포츠창업의 중요성은 체육전공자의 일자리 문제 해결 측면에서
도 중요하다. 매년 문화체육관광부가 주최하는 스포츠 잡페어에 가보
면 프로구단이나 협회 취업을 희망하는 수많은 구직자를 만날 수 있
다. 하지만 그곳의 채용 인원은 한정적이라 좋은 일자리를 구하기가
더욱 어려운 실정이다. 국내 체육계열 전공 졸업지는 연간 약 13,000
명으로 취업자는 5천여 명에 불과해 취업률이 40%에 미치지 못한다
(한국스포츠개발원, 2016).

2016 체육백서에 따르면 2~3년제 전문대학의 경우 2016년 체육계 학과는 254개, 학생 수는 17,524명이다. 세부 전공별로는 사회체육학과 1,892명, 생활체육과 1,164명, 레저스포츠학과 1,154명 순으로 나타났다. 4년제 2016년 체육계열학과는 501개, 학생 수는 71,643명이다. 세부 전공별로는 체육학과 6,794명, 체육교육과 5,222명, 사회체육학과 4,215명, 태권도학과 3,539명, 생활체육학과 2,614명 순으로 나타났다. 또 2016년 대학원 체육계열학과는 337개, 학생 수는 7,428명이고, 세부 학생 수는 체육교육전공 2,944명, 체육학과 891명, 무용학과 411명으로 나타났다. 박사 과정은 122개 학과, 1,579명이었으며, 세부 학생 수는 체육학과 858명, 무용학과 143명, 스포츠과학과 103명 순으로 나타났다. 이들 중 졸업자 대부분이 매년 원하는 일자리를 잡지 못해 다른 분야로 빠져나가는 경우가 많다.

극심한 취업난 속에 갈수록 구직자가 늘어만 가는 추세가 스포츠계도 다를 바 없이 지속되고 있다. 이렇기에 스포츠 잡페어에서는 취업만 염두에 두지 않고 창업 관련 구성의 비중을 늘려나가고 있다. 스포츠창업의 중요성이 갈수록 강조되고 있는데 그를 통해서 일자리 창출 효과를 기대할 수 있기 때문이다. 스포츠창업이 이뤄질 때마다 대표자는 직장을 갖게 되며 직원 고용도 기대할 수 있다. 스포츠창업이 하나의 흐름이 되고 촉진됨으로써 긍정적 인식은 확산된다. 또한 창업이 차선책이 아닌 취업과 동등한 선택지 혹은 진로가 될 수 있다. 스포츠 분야 취업난 해소에 도움이 되는 일종의 대안인 셈이다. 물론 스포츠창업이 활성화되는 것이 완벽한 해결책은 아니다. 스포츠 분야 채용도 더욱 늘어나면서 스포츠창업도 함께 확대되는 것이 바람직하다.

스포츠 분야에서 일하는 인구가 증가할수록 산업 전반에 활기를 줄 것으로 기대한다. 스포츠창업이 더욱 활발해진다면 자본이 유입되고 부가적인 스포츠 수요가 창출되며 시장 확대와 경제 활성화라는 스포노믹스가 이뤄질 것이다. 그리고 기존 스포츠 단체나 프로구단, 관련 업체에서 더 많은 인력을 원하게 된다. 스포츠 분야 취업자와 창업자가 동시에 늘어나면서 선순환 구조가 형성될 수 있다. 물론 중요한 축인 스포츠창업이 건강하게 제 역할을 해줄 때 가능한 이야기다.

과거에도 스포츠창업 사례가 없던 것은 아니지만 주로 스포츠 단체, 구단, 매체 등에서 풍부한 경력을 쌓은 전문가들이 시장의 수요와 가능성에 눈을 뜨고 독립한 경우가 대부분이었다. 한마디로 스포츠산업 자체가 성숙되지 않은 상황에서 시장으로 진입하는 개척자가 폭발적으로 늘어났던 것은 아니다.

스포츠산업 일자리 창출방안 연구(한국스포츠개발원, 2016)에 따르면, 구직자의 창업 의향은 57% 가량(574명 기준)이 긍정적인 것으로 나타났다. 특히, 세부전공별 구직자의 창업 의향으로 보면 스포츠산업학과 전공자의 경우 63% 정도(64명 기준)가 더 긍정적으로 생각했다. 그러나 구직자가 인식하는 창업 시 애로사항도 분명했다. 응답자 574명의 비율 순으로 보면 '실패 시 부담할 큰 위험'(40.2%), '창업자금 확보 애로.'(31.7%), '안정적 일자리를 선호하는 사회적 편견'(11.3%) 등으로 조사된 것이다.

조사 결과는 실제 창업 시 어려운 점과 거의 일치한다. 그중에서도 창업자금* 확보는 지속적으로 이뤄져야 하는 매우 현실적인 문제이며, 단시간에 수익을 내기 어려운 스타트업을 힘들게 만드는 부분이다. 또 창업교육 기회 부족, 창업컨설팅 및 멘토링 부족, 경영능력 부족, 아이템 개발 문제 등 수많은 애로사항이 존재한다. 스포츠 분야 창업에 대한 긍정적인 인식이 전보다 늘어났음에도 스포츠 스타트업이 확연히 늘어나지 않는 이유로 볼 수 있다.

그 와중에 스포츠 업계에서 조금 더 벤처(venture)스러운 젊은 창업자의 등장이 최근 들어 두드러진다. 프로스포츠가 양질의 발전을 거듭하고, 주 5일제의 정착에 따른 여가, 웰빙에 대한 관심이 늘어나면서 관람형 스포츠뿐 아니라 참가형 스포츠 모두 인기를 끌게 되었다. 또한 ICT의 발전으로 컴퓨터로 접할 수 있는 스포츠콘텐츠뿐 아니라 스마트폰과 연결되면서 판은 더욱 커졌다. 이제 외국에서 일어나는 스포츠도 훌륭한 콘텐츠 상품으로 국내에서 소비되고 있다.

---

* 중소기업진흥공단, 소상공인시장진흥공단, 서민금융진흥원, 신용보증재단 등 여러 기관을 통해서 창업자금을 대출받을 수 있다. 시중 금리보다 우대 혜택이 있으며, 기관에 따라 자금운용 컨설팅을 제공하는 장점도 있다.

나는 스포츠로 창업을 꿈꾼다

국내에서 스포츠비즈니스가 활발해지면 필연적으로 더 큰 시장으로 눈을 돌리게 된다. 축구와 야구 종목에서 선수들의 해외 진출이 왕성한 것이 단적인 예다. 관련하여 스포츠매니지먼트 기회가 증대되고 있음을 알 수 있는데 실제 에이전트 지망생도 부쩍 늘었다.

또 뛰어난 ICT 기술과 여건을 바탕으로 애플리케이션을 개발하거나 SNS를 비즈니스 아이템으로 활용하는 스포츠 스타트업도 계속 증가 추세이다. 특히, 스포츠콘텐츠 분야의 창업이 활발한 편인데 초기 창업자가 어려움을 겪는 홍보 부분에서 SNS는 효과적인 도구로 이용되고 있다.

국내 스포츠 선수, 머천다이징, 게임, 애플리케이션, 콘텐츠 등은 해외에서도 통할 만한 상품성을 갖추고 있어 대외 경쟁력 강화 기여에 도움이 될 것이다. 스포티즌의 AFC 투비즈 인수와 해외 시장 진출에 적극 나서는 갤럭시아SM의 사례가 늘어날수록 창업 초기부터 해외시장을 목표로 삼는 '본 글로벌(born global)' 기업의 탄생도 기대해 볼 만하다.

스포츠산업의 발전, 일자리 창출, 대외 경쟁력 강화 등 기대되는 효과 외에도 왜 스포츠창업이 주목받는지는 개인적인 이유에서도 찾을 수 있다. 스포츠 분야가 유망직종이라서 창업 아이템으로 각광받기도 하지만 스포츠 팬이라면 좋아하는 것을 직업으로 삼을 수 있는 훌륭한 기회이기도 하다. 스포츠창업은 분명 리스크가 따르지만 원하는 곳에서 원하는 일을 할 수 있는 점이 또 다른 매력이다.

START
03
스포츠창업,
어떻게 해야
성공할까?

Inner view 01

스포츠플랫폼

스포츠플랫폼(sports platform)은 스포츠미디어나 스포츠콘텐츠와 연계되는 부분이 많다. 미디어가 기본적으로 일방향의 매체라면, 플랫폼은 승강장이라는 사전적 의미에서 나타나듯이 콘텐츠를 다방향으로 공급하는 경로다. 직접 콘텐츠를 제작하여 공급 경로를 마련하고 유통에 나설 수 있지만 플랫폼 비즈니스에 따라서는 유통 서비스 자체에만 집중하는 경우도 있다. 또 플랫폼 운영자 측에서 직접 콘텐츠를 공급하더라도 외부에서 다양한 사람들이 참여할 수 있도록 개방성을 바탕으로 한 플랫폼의 비중이 높다. 여기에서는 스포츠시설 등 물적 기반보다 웹 기반의 스포츠플랫폼 창업 사례를 중점적으로 다룬다.

형성과정

　4차 산업혁명 시대에 플랫폼 비즈니스의 중요성이 더욱 강조되면서 스포츠플랫폼도 비교적 최근 급성장하고 있는 분야이다. SNS가 일상화되던 2010년대부터 스포츠플랫폼 비즈니스가 활성화되기 시작했다. 초기에는 온라인 카페나 커뮤니티, 페이스북 등의 SNS를 통해 스포츠 관련 메시지를 전파하고 정보를 공유하였다. 이후 스포츠플랫폼 비즈니스의 가능성을 깨달은 스타트업이 하나둘씩 등장했다. 프로스포츠나 스포츠이벤트 관련 소식과 정보를 기사 형태로 제공하는 미디어형 플랫폼이 대표적이다. 기존 미디어와의 차이는 전문적인 기자나 에디터가 아니어도 스포츠 팬이 참여하여 함께 콘텐츠를 만들고 공유할 수 있는 장으로서 플랫폼이 기능하는 부분이다. 콘텐츠를 제공하고 이용하는 주체 면에서 플랫폼이 더 다양하다고 볼 수 있다.

정보나 콘텐츠 전달에서 나아가 온라인과 오프라인을 연결하는 O2O(On-line to Off-line) 형태의 스포츠플랫폼도 각광을 받고 있다. 그동안 O2O 형태의 플랫폼은 쇼핑, 배달, 여행 등의 분야에서 강세를 보였다. 이제 스포츠플랫폼으로서 위피크, 프렌트립 등은 애플리케이션을 매개로 하여 이용자가 스포츠 및 레저, 액티비티 이벤트를 선택하거나 직접 만들 수 있게 한다. O2O형 스포츠플랫폼이 ICT와 연계한 비즈니스 모델이라면, 커무브의 좀비런이나 케이아이 스포츠 페스티벌처럼 참여형·관람형 이벤트도 일종의 스포츠플랫폼으로 볼 수 있다.

업계현황

스포츠플랫폼은 스포츠산업 분류에서 스포츠서비스업-스포츠정보서비스업-데이터베이스 및 온라인정보제공업에 해당한다. 오늘날 스포츠플랫폼은 프로스포츠협회나 구단 등이 팬서비스와 고객정보 확보를 위해서도 적극적으로 활용하고 있다. 그리고 여러 스타트업이 저마다의 개성이 드러나는 콘텐츠나 방향성으로 스포츠플랫폼을 선보이며, 스포츠미디어나 스포츠콘텐츠 분야와 결합된 형태로 더욱 각광받을 전망이다.

위피크는 생활스포츠플랫폼을 구축하는 스포츠 네트워크 기업이

나는 스포츠로 창업을 꿈꾼다

다. 다양한 신체활동 프로그램을 기획하고 관련 용품을 제작·판매한다. 또한 복합 스포테인먼트 테마파크인 '스포츠몬스터'도 생활스포츠를 접하고 즐길 수 있는 오프라인 플랫폼이며, 그 외 주니어 스포츠클럽 운영과 스포츠창의아이디어공모전 개최에 나서고 있다.

소셜 액티비티 플랫폼인 프렌트립은 다양한 스포츠, 레저, 아웃도어, 액티비티 이벤트를 취향에 따라 선택하여 이용할 수 있게 해준다. 또한 비슷한 관심사를 가진 이용자를 연결해주는 네트워킹 기능이 매력적인데, 혼자 하기 부담스러운 액티비티를 가능하게 돕는 측면도 있다. 프렌트립이 플랫폼으로서 웹 사이트를 제공하면 각 프립 호스트가 진행하는 프립이라는 참여형 이벤트를 올리게 된다. 이후 프립 진행 후 발생한 수익에서 플랫폼 수수료를 제외한 금액이 호스트에게 지급되는 방식이다.

위드플레이어는 생활체육 스포츠플랫폼, 뉴미디어 스포츠콘텐츠, 매니지먼트, 프로퍼티 관련 서비스를 제공하는 스타트업이다. 위드플레이어 앱은 함께 운동할 수 있는 동료를 찾아주는 생활체육 스포츠플랫폼으로 운동 일상 공유, 스포츠클럽 개설, 스포츠 스타의 노하우 및 일상 공유도 가능하다. 참여형 소셜 스포츠플랫폼인 스포브릿지 같은 스포츠플랫폼도 꾸준히 등장하고 있다.

개인 참여형 경기진행 서비스 플랫폼인 플랩풋볼은 '혼자와도 축구 할 수 있다!'라는 슬로건으로 매칭 플랫폼의 특색을 잘 나타낸다. 애플리케이션을 통한 개별 신청으로 풋살 및 축구 매치를 진행하는 서비스를 제공한다. 경기 후 평점, 선수 매너 평점 입력을 통해 자기 기록을 관리하고 다른 참가자의 정보도 얻을 수 있다.

스포츠산업 채용정보서비스 플랫폼인 스포츠잡알리오는 독보적인 영역을 구축하고 있다. 각종 스포츠산업 채용 정보 외에 취업, 진로 컨설팅 및 특강 등을 제공하며, 해당 플랫폼을 통해 구인·구직과 관련한 정보를 얻고 또 구직자 간 소통 커뮤니티로 이용한다. 또한 스포츠산업 분야의 취업정보를 담은 서적을 발간하고 스포츠 분야 종사자와 인터뷰 형식으로 취업 정보를 제공하는 스포츠잡알리오TV도 운영 중이다.

애스앤아이스카우트는 유스코픽이라는 축구 디지털 스카우트 플랫폼을 선보였다. 선수, 중개인, 구단을 대상으로 한 축구 비즈니스 전문 네트워크 시스템을 제공한다. 해외에는 관련 플랫폼이 존재하지만 국내에서는 희소성이 높은 편이다.

축구영상 데이터 분석 스타트업인 비프로일레븐(bepro11)은 축구 경기 영상분석 플랫폼인 '비프로 애널리틱스(bepro analytics)'를 출시하여 독일 분데스리가 구단과 레알 마드리드 유소년 팀 등 유명 팀도 이용하고 있다. 독일 함부르크에 지사를 세웠으며, 우리나라를 비롯하여 유럽(독일, 오스트리아, 네덜란드, 이탈리아), 미국, 태국 등에서 글로벌 서비스를 전개하고 있다.

스포라이브의 경우 경기 중계, 스포츠 게임 및 데이터 등을 제공하는 스포츠 통합 플랫폼이다. 주요 유럽 축구리그 중계권을 보유한 방송사와 계약을 체결하여 실시간 스트리밍 서비스를 제공한다. 그와 함께 실시간 스포츠 예측·적중 게임 및 전 세계 주요 축구리그의 데이터, 매치분석을 제공한다. 세컨그라운드처럼 스포츠 기록 플랫폼도 의외로 활용 가치가 높은 플랫폼이다.

창업방향

스포츠 유비쿼터스 시대에 스포츠 팬은 언제 어디에서든지 본인이 원하는 정보를 얻고자 한다. 스포츠플랫폼 창업 시 스포츠 팬의 수요에 부합하는 경기 내용과 결과, 선수 프로필, 각종 일정 등의 콘텐츠를 직접 제작하여 유통에 나설 수도 있지만 플랫폼 비즈니스에 따라서는 유통 서비스 자체에만 집중하는 방법도 있다.

또 플랫폼 운영자 측에서 직접 콘텐츠를 생산하고 공급하더라도 외부에서 다양한 사람이 공동 참여할 수 있도록 개방하는 형태가 늘어나고 있는데, 위키피디아가 대표적인 사례. 양질의 콘텐츠도 중요하지만 앞서 스포츠 팬뿐 아니라 많은 사람이 쉽게 모이고 이용할 수 있는 승강장(platform)처럼 커뮤니케이션 네트워크를 어떻게 구축하느냐가 스포츠플랫폼 비즈니스의 관건이다.

그런 측면에서 스포츠콘텐츠 포털 및 큐레이션 플랫폼, 스포츠 컨설팅과 디지털 마케팅 서비스를 제공하는 브라더는 연관성이 높은 업체이다. 브라더는 K리그 프렌즈, 기어 랩 같은 애플리케이션을 개발하였는데, 특히나 팬서(panther)라는 스포츠콘텐츠 플랫폼을 통해 스포츠 팬이 함께 만들어가는 실험적인 콘셉트로 기대를 모았다.

노엘스는 행사 홍보 및 일정관리 플랫폼을 제공한다. 구체적으로 스포츠, 축제, 이벤트 정보를 각 주제별 혹은 통합적으로 제공한다. 게시판이나 달력 형식으로 모든 행사를 볼 수 있도록 플랫폼을 구성하여 가독성이 높다. 연관하여 전국에서 개최되는 지자체별 스포츠이벤트 정보를 통합적으로 제공하는 플랫폼 개발도 고려해볼 만하다.

O2O 플랫폼의 다양화도 주목할 대목이다. 가령, 엑스크루(브라운 컴퍼니)는 소셜 액티비티 플랫폼, 아웃도어 커뮤니티 사이트를 운영하는 업체이다. 캠핑, 런닝, 등산 등의 아웃도어 커리큘럼을 취향에 따라 선택하여 참가할 수 있다. 웹 사이트인 플랫폼을 통해 아웃도어 커리큘럼 및 장비 임대서비스 외에도 아웃도어 용품 체험 리뷰 및 서포터즈 활동, 정보 공유 및 소통 커뮤니티를 제공한다.

레드블루는 피트니스 온라인 예약 플랫폼과 헬스 및 뷰티 O2O 플랫폼을 제공한다. '바디코디'는 지능형 통합센터운영플랫폼(BMS)

으로 피트니스센터의 온라인 예약과 커뮤니케이션에 특화되어 있다. '운동이땡길때'는 고급 피트니스 및 레저스포츠 O2O 이용권 중계플랫폼으로 많은 이용자를 확보하고 있다.

기존 정보나 콘텐츠 전달 외에 재미, 사회공헌, 기부, 인적 매칭 등 다양한 가치 측면에서 스포츠플랫폼을 바라보는 시도가 나타나고 있다. 플레이콕은 스포츠 활동 연결 서비스(매칭) 플랫폼으로 스포츠 관련 강습이나 세미나 참여, 스포츠 모임 개설, 프로 경기 직관 및 아마추어 대회 출전, 스포츠 기부 등의 서비스를 제공한다.

스포츠본도 생활체육 참가자와 스포츠 전문가의 매칭 플랫폼을 운영한다. 오픈아레나는 e스포츠(electronic sports) 대회 전문 크라우드 펀딩 플랫폼으로서 지속적인 대회 개최를 가능하게 한다. 이는 건강한 e스포츠 문화 조성과 생활체육의 한 분야로 자리 잡게 하려는 방향성이 있다.

이처럼 스포츠플랫폼 분야 창업은 어떤 콘텐츠를 어떻게 이용자에게 전달할 것인지를 구상하고 구현하는 것이 핵심이다. 또한 온라인과 오프라인을 아우르는 서비스 감각이 필요하다. 정보 플랫폼으로서 전통적인 매체 혹은 SNS는 이미 많은 종류로 형성되어 있다. 그럼에도 스포츠플랫폼의 경우 오프라인과 온라인을 연결하거나 특정 종목에 특화된 형태로 계속 등장할 것으로 기대된다. 이와 관련하여 e스포츠 플랫폼인 'WEGL'을 런칭하고 중국의 e스포츠 시장 개척에 나선 액토즈소프트나 한 공간에서 스크린야구 및 축구, 인도어 양궁 등을 즐기는 체험형 스포츠플랫폼인 클라우드게이트의 사례도 눈여겨볼 만하다.

마이플레이컴퍼니의 풋살·축구 매칭 플랫폼 '플랩풋볼'

플랩풋볼(http://plabfootball.com)의 서비스 제공자인 마이플레이컴퍼니의 창업 사례 역시 참고할 부분이 많다. 뚜렷한 콘텐츠 아이디어를 바탕으로 대학생 창업에 성공했기 때문이다. 마이플레이컴퍼니는 2015년 국민대학교 창업교육센터 지원사업에 선정되면서 출발한 스포츠 스타트업이다. 2016년 마이플레이캠으로 개인사업자 설립 후 대학교 창업보육센터 입주기업 선정, 서울시 아스피린센터 창업성장 지원사업 선정, 중소기업청 창업선도대학 아이템사업화 정부지원사업 선정, 서울창업디딤터 창업성장 지원사업 선정 등 다양한 지원을 거쳐 마이플레이컴퍼니로 법인전환한 행보가 눈에 띈다. 그 과정에서 서비스 아이템을 바꾸는 과감한 전환도 이뤘다. 이후에도 스포츠산업 엑셀러레이팅 지원사업 선정, 콘텐츠코리아랩 기업 맞춤형 지원사업 선정 등으로 기업 가치를 인정받았다. 플랫폼 비즈니스를 위해 초기 개발 및 운영 자금이 필요하므로 다양한 지원사업 선정도 적극 고려하면 도움이 된다.

나는 스포츠로 창업을 꿈꾼다

참고사례

기업명	설립연도	주요 제품·서비스	홈페이지
위피크	2011	생활스포츠플랫폼, 신체활동 프로그램 기획 등	http://wepeak.co.kr
프렌트립	2013	스포츠, 레저, 아웃도어, 액티비티 소셜 플랫폼 등	www.frip.co.kr
스포라이브	2013	스포츠 경기중계, 스포츠 게임 및 데이터 플랫폼 등	www.spolivecorp.co.kr
엑스크루 (브라운컴퍼니)	2013	소셜 액티비티 플랫폼, 아웃도어 커뮤니티 사이트 등	http://xcrew.co.kr
스포츠잡 알리오	2015	스포츠산업 채용정보서비스, 스포츠산업 취업·진로 컨설팅 및 특강 등	www.sportsjobalio.com
위드 플레이어	2015	생활체육 스포츠플랫폼, 뉴미디어 스포츠콘텐츠, 매니지먼트, 프로퍼티 등	www.with-player.com
플레이콕	2015	스포츠 활동 연결 서비스 플랫폼 등	http://playkok.co.kr
레드블루	2015	피트니스 온라인 예약 플랫폼, 헬스 및 뷰티 O2O 플랫폼 등	www.bodycodi.com
브라더	2015	스포츠 컨설팅, 디지털 마케팅, 시스템 통합 등	www.brauther.com
노엘스	2017	스포츠 및 축제 홍보, 일정관리 플랫폼 등	www.noels.kr

Interview 01

누구나 스포츠 활동을 즐기는
문화를 꿈꾸는 '플레이콕'

생활스포츠 플랫폼_플레이콕. 정아람 대표

생활스포츠 중개 플랫폼을 기획하다

플레이콕의 정아람 대표는 대학 진학을 위해 어릴 적부터 검도를 시작했다. 용인대학교 동양무예학과에 입학하고 경영학과를 복수전 공하면서 일반 기업체의 스포츠 관련 부서나 프로스포츠 중심의 스포츠 매니지먼트 위주로 진로를 고민했다. 졸업 후 대형유통 브랜드 홈플러스, 스포츠용품회사 케이엔에서 경력을 쌓았다. 엘리트체육이 전부인 줄 알았던 그녀는 첫 직장에서 생활체육 시장에 눈을 떴고 '현장에 답이 있다'는 것을 깨달았다.

"회사를 다니면서 충격을 받았던 건, 직장 동료들이 한 달에 150만원을 내며 퍼스널트레이닝을 받는다는 거였어요. 스킨스쿠버를 배우는 데는 300만 원을 낸다고 하더라고요. '도대체 이 사람들이 이 시장에 왜 이렇게 돈을 투자하지?'라는 생각이 들었어요. 운동을 하러 검도장에 갔을 때 생활체육을 하는 일반인을 보고 그때 '이게 바로 내가 미처 보지 못한 시장이었구나'하고 깨달았죠. 퇴사하고 나서 유럽여행을 떠났는데 독일에서 생활체육 클럽 활동을 보게 됐어요. 본래 직업을 가진 이들이 저녁이 되면 스포츠 지도자가 되어 클럽에서 활동하는 모습이 너무 신선했어요. 한국으로 돌아와서 유럽과 미국 스포츠 시장의 생활체육인을 분석하기 시작했죠."

시장을 분석해보니 스포츠를 취미로 하고 싶은 욕구는 있지만 대부분 강사와 시설 중심으로 이루어지는 탓에 자신에게 꼭 맞는 취미를 갖지 못하는 사람이 많았다. 반면에, 은퇴 선수 등 지도력은 충분하지만 이를 활용해 일자리를 얻지 못하는 강사도 많았다. 수요를 파악한 후 생활스포츠 중개 플랫폼을 기획하기 시작했다. 두 집단을 이어주는 것이 바로 플레이콕이다.

플레이콕은 '놀다, (행동)하다'라는 뜻의 'play'와 '콕 찌르다, 콕 집다'라는 뜻의 '콕'의 합성어이다. 소비자가 스포츠를 놀이처럼 즐기고 자유롭게 활동하도록 정제된 콘텐츠를 콕 집어 콕 찌를 수 있는 환경을 만들어주자는 뜻을 가지고 있다. 플레이콕은 스포츠 활동을 원하는 소비자에게 전문 강사 소개부터 장비 대여, 장소 대관까지 '스포츠 버킷리스트' 실현에 필요한 스포츠콘텐츠를 제공한다. 지역, 성별, 소득수준, 장애와 상관없이 누구나 스포츠 활동을 즐기는 건강한 문화를 만드는 '글로벌 스포츠 큐레이션 플랫폼'으로 성장하는 것이 플레이콕의 비전이다.

1인 창업이나 평소 알고 지내던 사람과 창업하는 방식과 다른 과감한 선택을 했다. 기획안 하나만 들고 발품을 팔며 일면식도 없는 기획자와 개발자를 채용했다. 다년간의 유통 및 기획 경력을 지닌 정아람 대표는 스타트업을 함께할 사람을 모집할 때 중요한 점을 연애에 비유한다.

"그동안 아는 사람과 일해보기도 했고 모르는 사람과 일해보기도 했는데요. 친구 사이에서 연인이 되거나 소개팅을 해서 연인이 되거나 결국 연애를 시작하면 전혀 예상치 못한 변수가 나오잖아요. 결국 많이 알고 조금 알고의 문

나는 스포츠로 창업을 꿈꾼다

제가 아니라 우리가 나아갈 방향에 대해 얼마나 많은 고민을 하는지가 중요해요. 그래서 함께 일할 사람을 뽑을 때 우리의 가치와 방향에 대해 고민을 계속 해왔던 사람인지, 그리고 주어진 역할을 잘 수행할 사람인지 판단했어요."

'내가 고객이라면 그것을 하겠는가'를 생각하다

창업 준비 단계부터 수많은 지도자와 은퇴 선수가 강사를 하고 싶다며 플레이콕을 찾아왔다. 정아람 대표는 플레이콕 자체를 알리기보다 강사의 전문성을 노출하는 데 주력했다. 현재 플레이콕은 30개 이상 종목, 100명 이상의 전문 강사진을 보유하고 있다. 이를 바탕으로 일대일강습, 체험강습, 심화강습, 세미나, 자격증 등 다채로운 스포츠 프로그램을 개설한다. 어릴 적부터 시작해 20~30년의 경력을 가진 지도자들이기에 이용자는 강사 소개 동영상만 봐도 신뢰감을 느낄 수 있다. 필요한 종목에 따른 강사를 모집할 때마다 일자리 창출 효과가 자연스럽게 따라온다.

이러한 서비스를 제공할 때 어려운 점은 장소 대관보다 수요 예측이었다. 지금까지 생활체육 시장은 시설 중심으로 이루어져왔다. 5만 5천 곳이 넘는 국내 등록 체육시설에서는 무분별하게 프로그램을 개설하고 비전문 프리랜서를 강사로 고용하는 경우도 다반사다. 단순히 자리팔기 식의 서비스 제공이 이루어지다보니 제대로 된 수요 조사 자료가 없었다. 수요를 분석하는 도구, 하고자 하는 기업, 할 수 있는 환경 세 가지가 모두 부재했던 것이다. 이에 플레이콕은 수요 예측을 위한 수치화 작업부터 시작했다. 백지 상태에서 시작했기에 여러 번 난관에 부딪혔지만 작업을 할수록 탄탄한 데이터베이스를 구축할 수 있었다. 시장의 가능성을 스스로 높인 시도였다.

플레이콕은 콘텐츠를 기획할 때 고객들과 적극적으로 소통한다. 정아람 대표는 프로그램에 참가한 고객과 SNS 친구를 맺는다. 대표이기 전에 스포츠인으로서 이야기 나누는 것을 즐거워한다. SNS를 통해 고객들에게 자신들이 하고 싶은 프로그램을 개설해달라는 요구도 종종 받는다. 기획 아이디어의 원천은 고객이나 다름없다. 프로그램을 기획할 때는 'WIDIT' 정신에서 출발한다.

"Would I do it? 내가 고객이라면 그것을 하겠는가 생각하는 거죠. 고객만족, 고객지향적 서비스를 제공하기 위한 고민을 많이 해요. 플레이콕이라는 기업이 지속하기 위해서는 고객이 저희를 끊임없이 이용할 수 있도록 하는 것이 중요하니까요. 그래서 플레이콕을 이용한 모든 고객이 기억에 남아요. 모두들 생활체육인으로서 앞으로 변화할 스포츠산업에 대한 기대감을 많이 이야기해주셨어요. 기업 대표가 대단할 게 있나요. 그저 상품 판매자일 뿐이고 그이전에 스포츠인으로서 소통하는 게 중요하다고 생각해요."

중소기업 비즈니스 컨설팅 지원사업으로 선정되다

2016년 3월 엘리트체육만 관장하던 대한체육회(Korean Olympic Committee)와 국민생활체육회가 현재의 통합된 대한체육회(Korean Sport & Olympic Committee)로 거듭났다. 엘리트스포츠와 생활스포츠를 구분 짓던 구시대적 정의에서 탈피하기 위해서다. 그러나 여전히 이 분법적 사고는 해소되지 못하고 시장의 성장을 더디게 한다. 스포츠 창업에 대한 정부 기관의 지원 정책이 아직도 산업화 시대의 관점에 머물러 있는 점도 한계로 지적된다.

플레이콕은 '사회적기업가 육성사업' 선정, '정부3.0문화데이터 경진대회' 최우수상, '서울시 영등포구 사회적경제기업 창원지원 기업' 선정 등 스포츠플랫폼으로서 가치를 인정받았다. 하지만 지원금을 받는다고 해서 온전히 사용할 수 있는 것은 아니었다. 지원금에 대한 사용처가 제한적이었기 때문이다. 플레이콕은 2017년 5월 국민체육진흥공단에서 실시한 '중소기업 비즈니스 컨설팅 지원사업'으로도 선정되었다. 실질적으로 지원이 필요한 것은 플랫폼 개발에 필요한 IT개발 지원, 강사 인프라 지원이었는데, 공단에서 제공하는 지원금 사용처는 모두 제조업에서나 가능한 항목이었다. 여전히 제조업의 잔상이 남은 점이 아쉬웠다.

그나마 다행인 부분은 정부 기관에서 계속해서 지원금을 늘리고, 스포츠계도 변화의 필요성을 느끼고 있다는 점이다. 국내 창업 시장이 이미 포화상태에 이르렀다는 주장도 있지만 스포츠산업은 이제부터 시작이다. 시장의 규모를 키우기 위해서 창업 지원 분야도 앞으로 계속 늘어날 전망이다.

플레이콕 사무실은 서울 성동구에 위치한 '소셜캠퍼스 온'이다. 이곳은 2017년 4월 고용노동부와 한국사회적기업진흥원이 개소한 청년 사회적기업가 및 소셜벤처 혁신 지원 공간으로 서울, 부산, 전주에 거점을 두고 있다. 이곳에는 분야를 막론하고 다양한 배경을 거쳐 창업을 선택한 사람들이 모여 있다.

창업을 시작하려는 사람들은 직장 생활을 경험하고 창업을 하는 것이 좋은지, 졸업 후 바로 창업에 뛰어드는 것이 좋은지를 고민한다. 정아람 대표 역시 여러 창업자와 의견을 공유했다.

"사람마다 다른 것 같아요. 여러 창업자와 많은 얘기를 나눴는데 서로 아쉬워해요. 취업 경험이 없는 분은 '나도 기업에 있다가 올걸'하며 생각하고, 반대의 경우 '굳이 기업 경험이 필요했나?'라고 생각하더라고요. 서로 부족한 부분이 다르니까 그렇게 받아들이는 거죠. 저는 대기업에서 일한 시간이 많다 보니 다른 기업에 비해 세세한 부분까지 신경을 많이 써서 프로젝트 진행이 늦어지는 경향이 있어요. 처음부터 창업하신 분은 소위 말하는 '스타트업 정신'으로 일을 빨리 부지런히 진행해 나가더라고요. 정답은 없어요. 다만 유사 업종에서 일한 경험이 있다면 진행 프로세스에 대해 기업이 어떻게 돌아가는지 잘 알 수 있어요. 실패에 대처하는 방식이나 네트워크적인 측면에서도 문제에 맞닥뜨렸을 때 어디서부터 어떻게 해결해야 하는지 빨리 판단할 수 있겠죠?"

해외 시장 분석으로 다양한 기회를 노려라

해외취업을 향한 취업준비생의 관심이 높아지고 지원 프로그램도 활성화되고 있다. 체육 분야에는 문화체육관광부와 국민체육진흥공단 스포츠개발원이 주최 및 주관하는 국내외 인턴지원사업이 있다. 생활스포츠에 관심 있는 사람이라면 해외 시장에 진출할 가능성을 더욱 열어두는 것이 좋다. 플레이콕에서 일했던 직원의 경우에도 영어영문학과를 졸업하고 미국에서 스포츠 분야 인턴 생활을 하며 이벤트 기획 업무 경력을 쌓은 바 있다고 한다. 생활스포츠 선진국 혹은 태권도와 같이 우리나라 전통스포츠가 인기를 끌고 있는 동남아시아 국가에서 일하는 경험 역시 향후 큰 자산으로 남을 것이다.

"프로스포츠, 국내 언론사, 협회 소식 외에 해외 생활스포츠 시장도 분석하라는 이야기를 하고 싶어요. 현재 우리나라 스포츠산업은 '국가주의의 폐해'라는 말이 있을 정도로 엘리트스포츠 중심이에요. 선배 창업자들이 시장 규모를 키우기 위해 끊임없이 노력하고 있지만 여전히 판이 좁은 것이 현실이고요. 다들 프로스포츠, 스포츠마케팅이라는 한정된 분야만 노려서 취업이 어려운 점도 있어요. 스포츠클럽, 센터, 지도자로 넓게 보면 해외에서는 특히 대학에서 체육을 전공했다고 하면 더 좋게 평가해요. 오히려 공급자가 부족한 곳이 많거든요. 급여 면에서도 주거비, 교통비 등 추가적인 지원도 있어서 적은 액수는 아니라고 생각해요. 국내외 시장을 객관적으로 조사하여 기존 한국 시장에서 활동할 수 있는 범위 외에 다양한 활동의 기회를 포착하길 바라요."

유토피아 같은 휴식처가 되기를 소망하다

스포츠플랫폼은 스포츠와 플랫폼 두 가지 무형의 결합이다. 그래서 더욱 어렵게 느껴진다. 그러나 정아람 대표는 스포츠플랫폼은 '서포터즈'라고 간단히 정의한다. 결핍과 욕구를 가진 집단을 서로 연결해 상호작용하여 결핍을 보완하고 욕구를 충족하도록 하는 것이다. 그 가운데서 기업이 잘났다는 것만 자랑하기 바쁘다면 창업의 미래는 불투명해질 것이다. 스포츠플랫폼에서는 스포츠 영역 안에서 IT를 기반으로 어떤 결핍과 욕구가 존재하는지, 어떤 새로운 연결을 만들어낼 수 있을지 찾는 것이 바람직하다. 정아람 대표는 이러한 결핍과 욕구를 찾아내 해결하는 것이 스타트업이 할 일이자 국민의 기본권을 지키고, 자부심을 느끼는 일이라고 말한다.

"스포츠는 국민의 기본권이에요. 국가에서 기본적으로 제공해야 하는 복지이자 취미생활이자 여가생활이죠. 스포츠 활동은 당연히 삶을 즐기는 활동

나는 스포츠로 창업을 꿈꾼다

중 하나인데 그게 지켜지지 않는 현실이 아쉬워요. 저에게 창업은 이런 문제점을 해결해주는 분야라고 할 수 있어요. 모든 스타트업, 특히 소셜벤처나 사회적기업은 우리가 해결해야 할 문제점을 인식함으로써 시작해요. 물론 기존 기업도 그런 역할을 하지만 저는 창업이야말로 기성세대가 변화하지 않을 것이라고 이야기했던 것을 '변화가 가능하다'고 말할 수 있는 방법 같아요. 저역시 스포츠창업을 한 이후 개인적으로 추구하는 삶의 가치와 방향에 변화가 찾아왔어요. 창업하면서 사회적 문제와 직접적으로 연결된 일도 많이 접했어요. 특히 여성, 장애인이라는 이유로 기본권인 스포츠에 참여할 기회조차 주지 않는 경우가 많다는 사실을 알게 되었습니다. 회비를 지불하였지만 다른 회원들이 불편해한다며 아무런 이유도 없이 쫓겨나는 사례까지 발생하기도 했으니까요.

앞으로 다양한 사회문제를 해소하기 위한 프로젝트를 진행하려고 해요. 훗날 플레이콕의 스포츠 활동이 사람들에게 갈등 없이 즐길 수 있는 유토피아 같은 휴식처가 되었으면 좋겠습니다."

Inner view 02

스포츠콘텐츠

스포츠콘텐츠(sports contents)는 스포츠 관련 내용(contents)을 다양한 형태로 가공하거나 재해석한 것으로 스포츠머천다이징, 출판물, 이미지나 영상 같은 디지털 상품을 비롯하여 이벤트, 프로모션 등을 광범위하게 포함한다. 여러 종류의 스포츠콘텐츠는 각종 스포츠플랫폼과 미디어를 통해 전달되는데, 상호 결합되거나 연관성이 높은 분야인 관계로 어느 한쪽만 영위하는 형태가 드물다. 그럼에도 여기에서는 스포츠콘텐츠의 크리에이티브(creative), 즉 창조적 역량과 독창적인 콘텐츠 제작의 비중이 높은 창업 사례를 중점적으로 다룬다.

형성과정

스포츠콘텐츠에 대한 수요는 1980년대 프로스포츠 도입과 서울 하계올림픽 개최를 계기로 급속히 늘었다. 초기 스포츠콘텐츠는 경기 관련 기사에 활용되는 사진이나 영상이 주를 이뤘으며, 방송사나 스포츠 관련 매체에서 생산하는 콘텐츠를 소비자가 접하는 방식이었다. 이후 1990년대 스포츠코리아처럼 스포츠콘텐츠 에이전시가 생겨났지만 당시에는 사진취재를 대행하는 활동이 대부분이었다.

국내에서 메가스포츠이벤트가 열릴 때마다 관련 내용을 다룬 신문, 잡지가 대중적으로 팔린 스포츠콘텐츠였다. 더하여 화보집도 주류를 이룬 상품이었다. 이후 경기와 선수 등을 대상으로 한 스포츠 관련 방송과 사진, 신문, 잡지, 서적 등으로 대표되던 스포츠콘텐츠는 2000년대 디지털 콘텐츠 시대가 열리면서 새로운 전기를 맞이했다.

필름 카메라가 아닌 디지털 카메라의 도입은 상징적이다. 그로 인해 촬영물을 곧바로 확인할 수 있게 됐고, 이후의 피드백도 훨씬 빨라졌다. 이미지 보정 프로그램이나 영상 장비 및 편집 프로그램의 활용도 풍부한 콘텐츠 양산에 영향을 미쳤다. 또한 케이블방송의 도입과 함께 스포츠 전문채널이 확대되면서 다양한 스포츠콘텐츠가 만들어지기 시작했다. 그 결과물은 인터넷의 발달에 힘입어 손쉽게 퍼져나갔고 확대·재생산되기에 이르렀다.

초기 디지털 콘텐츠 시장은 전통적인 스포츠미디어가 주도했다. 온라인 방송이나 뉴스 포털 및 웹 사이트에 적합한 형태의 스포츠콘텐츠가 제작되었다. 이후 SNS가 활성화되면서 뉴미디어가 급부상했고 기존의 콘텐츠와 다른 개성 넘치는 스포츠콘텐츠 크리에이티브 시대가 개막하였다.

업계현황

이제 인터넷 시대를 넘어 SNS 시대가 펼쳐지면서 차별화된 스포츠콘텐츠가 각광받고 있다. 2010년대에 들어서 그런 추세가 두드러진다.

가령, 업계에서 신생 스타트업에 속하는 TNS 스포테인먼트는 스포츠 관련 사진과 영상을 활용한 소셜미디어 콘텐츠를 제작 및 유통하는 업체이다. 스타트업임에도 스포츠 시설과 이벤트 운영에 직접 나서며 스포츠콘텐츠를 생산할 정도의 규모를 갖춘 점이 돋보인다. TNS 스포테인먼트는 자체적으로 야구장을 보유하여 사회인 야구리그(나눔리그) 운영 및 연예인야구대축제 주관을 맡고 있어 전속적인 인터뷰나 하이라이트 영상, 사진 콘텐츠의 제작이 용이한 측면이 있다.

국내 동영상 광고 시장 규모는 1조 원을 넘어섰으며, 대표적인 동영상 서비스 매체인 유튜브의 국내 광고 매출액은 최소 3천억 원으로 추산된다. 특히, 스마트폰이라는 플랫폼이 대중화되면서 스포츠콘텐츠가 소비되는 양상에도 변화가 생겼고 그 가치도 더욱 커졌다. 이제 2~3시간 정도의 경기가 2~3분가량의 하이라이트 영상으로 편집되어도 많은 사람이 선호하는 콘텐츠가 된 것이다. 여전히 방송사나 언론 매체에서 그런 종류의 콘텐츠를 공급하고 있지만 최근에는 다양한 스포츠콘텐츠 스타트업이 소비자의 기호를 충족하고 있다.

인스파이어드아시안매니지먼트에서 운영하는 빅풋티비는 제작사보다 더 유명세를 타고 있는 스포츠콘텐츠이다. 빅풋티비는 축구 전문 MCN* 방송을 통해 독특한 축구 콘텐츠를 공급함으로써 많은 구

---

* 　MCN은 다중 채널 네트워크(Multi Channel Network)의 약어이며, 유튜버(Youtuber)나 아프리카TV의 BJ(Broadcasting Jockey) 같은 1인 방송 창작자(creative)를 종합적으로 관리하는 서비스 혹은 기획사를 의미한다.

독자를 확보하였다. 빅풋티비는 축구 콘텐츠 양성소를 지향하며 국내 최초의 축구 전문 MCN 방송을 운영 중이다. 팟캐스트 스포츠 부문에서 큰 인기를 끄는 '히든풋볼'을 중심으로 '꽃길싸커', '나섹풋볼', '스티브의 시선' 등 다채로운 축구 전문 콘텐츠를 만들어내고 있다.

스포츠콘텐츠도 크리에이티브의 시대에 돌입했다. 스포츠 경기나 이벤트, 선수 등에 초점을 한정하지 않고 다른 장르나 소재를 접목한 콘텐츠가 나타난 것이다. 빅풋티비, 비즈볼 프로젝트, 힘콩의 재미어트 등이 대표적이다.

오버더피치는 스포츠콘텐츠 크리에이티브라는 표현이 가장 잘 어울린다. 오버더피치의 경우 웹 사이트를 통해 축구 패션 및 문화 콘텐츠, 웹 매거진을 제공한다. 유니폼 같은 축구 관련 패션, 라이프스타일에 초점을 맞춘 풋볼 뮤즈, 풋볼 스타일링, 풋볼 컬처 등은 독특한 콘텐츠다. 축구를 경기 외적으로 즐기도록 하는 커뮤니티 역할을 하면서 관련 스포츠용품이나 브랜드의 홍보 창구로도 활용된다.

여전히 일반적인 스포츠콘텐츠도 가치 있다. 데이터베이스의 관점에서 특히 그렇다. 스포츠투아이는 스포츠 기록 데이터베이스를 기반으로 통계 관련 솔루션 및 콘텐츠, 정보 서비스 등을 제공한다. 특히, 한국야구위원회의 공식기록업체로서 방대한 야구 DB를 활용한 야구 기록물을 출판하고 있다. 또 최근 스포츠협회나 연맹, 구단에서 데이터베이스를 바탕으로 인포그래픽(infographics)*을 활용하는 흐름이 두드러진다. SNS 플랫폼에 적합한 형태의 경기 분석 및 대회 관련 정보를 보기 좋게 디자인하는 것이다. 인포그래픽에서 디자인 요소가 부각되긴 하지만 표현 방식이나 내용을 구성하고 콘텐츠의 연속성과 연계성을 고려해서 제작하는 게 중요하다. 이제는 단순한 경기 결과도 인포그래픽으로 표현하기에 따라 특별한 스포츠콘텐츠가 될 수 있다.

스포츠구루처럼 스포츠 경기 분석 자체가 콘텐츠가 될 수 있다. 나아가 스포츠 애널리스트를 양성함으로써 더욱 다양한 콘텐츠를 만들어내는 인적 자원을 기대할 수 있다. 스포츠구루는 스포츠 경기 분석 콘텐츠를 제공하는 업체로 축구, 농구, 야구, 배구 종목의 스포츠 애널리스트를 보유하고 있으며, 스포츠구루 애널리스트를 양성하기도 한다. 웹 사이트에서 제공하는 스포츠 경기 분석 콘텐츠는 해당 경기를 이해하는 데 도움을 주기도 하고 스포츠 복권의 참고 자료로 활용되기도 한다. 스포츠구루TV를 통해 축구 방송도 하고 있다.

창업방향

요즘은 전문가 못지않게 장비를 갖추고 촬영하는 사람이 많다. 때

---

* 　인포그래픽은 인포메이션 그래픽(information graphics)의 줄임말이며, 시각적인 표현기법을 활용하여 정보나 자료 등을 더욱 효과적으로 전달한다.

문에 접근성은 좋지만 상품성을 확보하기 쉽지 않은 영역이다. 스포츠코리아, 에프에이포토스, 스포츠공감은 스포츠 사진을 전문적으로 공급한다. 각 업체는 특성이 조금씩 다른데 스포츠코리아는 1996년 설립 당시 전·현직 스포츠·연예 전문 기자들이 만든 스포츠코리아 사진 연구소가 모태가 됐다. 일찍부터 시각 이미지의 콘텐츠 가치를 인식하고 스포츠 사진취재, 비주얼 뉴스 콘텐츠, 홈페이지 구축 및 DB 관리 등에 공들여왔다. 현재는 스포츠를 비롯한 연예, 문화 분야의 사진과 동영상 등 전문적인 종합 비주얼 뉴스 콘텐츠 생산에 초점을 맞추고 있다. 또 대한체육회, 한국프로축구연맹, 한국프로농구연맹 외 프로스포츠 구단 및 매체 등 폭넓은 파트너십을 구축하고 있다.

에프에이포토스는 축구 전문 포토에이전시로 명성이 높다. 축구 종목에 특화된 사진과 방대한 데이터베이스를 활용하여 콘텐츠를 제공한다. 여러 매체의 보도용 사진뿐 아니라 광고·홍보, 방송, 출판 등에 필요한 디지털 콘텐츠로 활용된다.

스포츠공감은 스포츠 행사 촬영대행 및 이미지 대여를 전문적으로 하는 스포츠 사진 에이전시다. 스포츠공감의 구윤경 대표는 한 포털사이트에 '구윤경의 포토카툰'으로 꽤 알려진 스포츠 전문 사진기자다. 본인의 특색 있는 콘텐츠를 확보함과 동시에 1인 기업 형태로 창업에 나섰다.

스포츠에픽은 온·오프라인 정보서비스업을 영위하는 1인 미디어 겸 크리에이티브다. 간접 출판 형태로 국내에서 드문 주제의 스포츠 도서를 발행한다. 동시에 창업 초기부터 줄곧 지역 기반의 스포츠콘텐츠 에이전시로 포지셔닝을 유지하며 연고 지역 기반의 프로스포츠 및 스포츠이벤트 콘텐츠 제작, 취재 대행, 스포츠마케팅 컨설팅 등을 비즈니스로 삼고 있다.

요즘은 방송사 아나운서도 스포츠 분야 1인 미디어 콘텐츠 크리에이티브로 활동하고 있으며, 축구 BJ 감스트는 해당 분야에서 유명한 인물이다.

영상 콘텐츠 부문에서는 맞춤형으로 스포츠 현장, 선수를 촬영하거나 하이라이트 영상 서비스를 제공하는 업체도 나타났다. 축구기록분석 전문업체인 에이치스포츠는 비프로일레븐과 함께 협력하여 2016년 프로축구연맹과 계약을 맺고 K리그 주니어 리그와 U17&18 챔피언십의 경기영상, 기록분석 콘텐츠 등을 제공한다.

마이플레이캠이나 고알레처럼 프로스포츠가 아닌 아마추어 경기나 선수 관련 영상을 전문적으로 촬영·편집하는 서비스도 나타났다. 마이플레이캠은 경기 촬영 서비스를 활용한 스포츠 전문 MCN 회사로 운영된 바 있다. 드론과 캠코더를 활용하여 스포츠 경기를 촬영하여 클라이언트의 요구에 따라 전체 영상 혹은 하이라이트 영상을 제공했다. 주로 촬영한 영상은 대학스포츠 경기나 리그, 프로리그 등이며, 경기 분석용 데이터베이스로 활용되었다. 또한 스포츠 크리에이터 양성을 위한 촬영과 편집 교육을 진행하기도 했다.

풋앤볼 코리아는 비디오 스카우팅 시스템을 구축하여 전력분석 서비스를 제공한다.

정보와 재미를 함께 제공하는 비즈볼 프로젝트, 힘콩스포츠는 딱 딱하지 않으면서 신뢰성을 바탕으로 한 스포츠콘텐츠로 주목받고 있다. 비즈볼 프로젝트는 스포츠 분야 칼럼, 리서치, 팟캐스트 방송, 콘퍼런스(BISCO), 토크콘서트 등을 지속적으로 공급하는 스포츠콘텐츠 제작 단체다. 엄밀한 의미에서 창업체로 보긴 어렵다. 비영리 단체로서 영상 PD, 콘텐츠 에디터 및 디자이너, 이벤트 기획자 등 구성원이 프로젝트 팀 형태로 구성되었기 때문이다. 스포츠콘텐츠 분야 창업을 고려한다면 비즈볼 프로젝트의 새로운 조직 구성과 운영을 참고할 만하다.

힘콩의 재미어트는 동명의 스포츠콘텐츠로 사업화에 성공했다. 그동안 '재미있는 다이어트' 콘셉트로 SNS 채널을 통해 홈 트레이닝 영상을 공급해왔다. 이후 홈짐기구와 관련 상품을 판매하는 온라인 쇼핑몰을 운영하고 있다. 또한 다양한 채널을 활용하여 실시간 운동 영상, 운동 상담 등의 콘텐츠를 제공한다. 이런 스포츠 레슨 콘텐츠는 스포츠 특유의 특성을 잘 반영한 아이템이다. 단순히 보고 즐기는 게 아니라 직접 따라한다는 데 의미가 있다.

피트니스나 트레이닝 관련 스포츠 레슨 콘텐츠는 무척 다양하며

나는 스포츠로 창업을 꿈꾼다

박지성의 더 레전드 클래스(축구 레슨), 서울삼성 썬더스의 슈팅스타(농구 레슨) 등 다양한 스포츠콘텐츠가 등장하고 있다.

또 다른 관점에서 과거 에이치에스컴이 프로구단 치어리더 팀과 빅 타이드 스턴트 치어리딩 팀을 매니지먼트하며 내놓은 음원과 치어 공연도 스포츠콘텐츠로 볼 수 있다. 풀뿌리문화공동체예종이 운영한 '그라운드 OST' 프로그램도 참고할 만하다. 이 프로그램은 스포츠 주제가 또는 응원가를 만드는 것이다. 관련하여 스포츠 주제가, 응원가, 배경음악 등 음원 콘텐츠를 전문적으로 만드는 업체도 생각해볼 수 있다.

아이디어를 구현하는 능력과 기술적인 부분도 중요하지만 개인의 매력적인 콘텐츠가 있다면 저비용으로 시작하기 좋은 분야가 스포츠 콘텐츠이다. 이제 짧은 영상 콘텐츠만으로도 세계적인 주목을 끌어내는 시대이다. 스포츠와 콘텐츠는 언어의 장벽을 뛰어넘는 힘이 있기 때문이다. 스포츠콘텐츠 분야 창업을 생각한다면 'ICT융합스포츠콘텐츠 개발지원사업' 같은 지원사업을 활용해보도록 하자.

비카인드의 소셜 스포츠콘텐츠
'슛포러브'

비카인드의 슛포러브(Shoot for Love) 캠페인(www.facebook.com/ shoot4love)은 스토리텔링 측면에서 주목할 만한 스포츠콘텐츠이다. 비카인드는 재미있는 자선 모금 문화를 확산하기 위해 2012년에 설립된 소셜벤처(사회적기업)이다. 직접적인 스포츠 분야의 창업체라고 할 수 없지만 김동준 대표가 평소 자주 묻는 '축구가 세상을 바꿀 수 있을까요?'라는 질문과 함께 2014년 4월에 시작한 '슛포러브' 캠페인은 성공한 스포츠이벤트이자 스포츠콘텐츠로 손꼽힌다. 수익성과 거리가 있지만 화제성에서 축구의 콘텐츠 가치를 드높였다. 안정환, 박지성, 이천수, 이청용, 기성용, 손흥민, 카를레스 푸욜, 라울 곤잘레스, 존 테리, 파트리스 에브라, 프랭크 램파드, 카카, 해리 케인 등 국내외 유명 축구선수를 특별 미션에 참여하게 하여 그 수익금을 소아암 환자를 돕는 데 기부했다. 특별 미션 영상은 매번 100만 뷰를 넘나들며 SNS에서 많은 관심과 구전 효과를 유발했다. 이후 '슛포레스트검프' 캠페인 등 새로운 콘텐츠로 대중의 참여를 유도하였으며, 캠페인 동영상 조회 수 1회당 후원사로부터 지정금액을 받는 식으로 기부를 지속하고 있다. 또한 한국프로축구연맹, 홈플러스, 해태제과 등 다양한 단체와 협업을 만들어가고 있다.

참고사례

기업명	설립연도	주요 제품 · 서비스	홈페이지
스포츠 코리아	1996	스포츠 사진취재, 비주얼 뉴스 콘텐츠, 홈페이지 구축 및 관리 등	http://pr.isportskorea.com
에프에이 포토스	2011	축구 전문사진, 디지털 콘텐츠 등	www.faphotos.co.kr
스포츠 공감	2012	축구 및 스포츠 사진, 온라인 콘텐츠, 이미지 대여 등	www.sportsgg.co.kr
비즈볼 프로젝트	2013	스포츠콘텐츠, 콘퍼런스, 팟캐스트, 리서치 등	www.facebook.com/ bizballproject
힘콩 스포츠	2013	홈 트레이닝 콘텐츠, 운동용품 판매 등	http://jamietshop.co.kr
스포츠 에픽	2013	스포츠콘텐츠, 정보서비스, 스포츠마케팅 및 컨설팅 등	www.sportepic.net
스포츠 구루	2014	스포츠 경기 분석 콘텐츠, 스포츠 애널리스트 양성 등	www.facebook.com/ sportsgurukorea
빅풋 티비	2015	축구 콘텐츠, 축구 전문 MCN 방송 등	www.biggestfootballtv.com
고고고 알레알레알레 (고알레)	2015	아마추어 축구 콘텐츠 서비스, 트레이닝 서비스, 쇼핑몰 등	http://goalemall.com
오버더피치	2016	축구 패션 및 문화 콘텐츠, 웹 매거진 등	http://overthepitch.com

Interview 02

현장의 감동을 사진으로 담는 '스포츠공감'

스포츠 사진 에이전시_스포츠공감. 구윤경 대표

공으로 나누는 감동을 택하다

구윤경 대표와 스포츠의 인연은 2006년으로 거슬러 올라간다. 사진을 전공한 대학 시절 지인을 따라 경기장에 가면서 축구와 정들기 시작했다. 그때까지만 해도 축구보다 이영표*가 더 좋았으나 점차 K리그에 빠져들었다. 구단 시즌권을 구입하고 홈경기가 있는 날이면 빠짐없이 축구장으로 향했다. 졸업 후 우연한 기회에 축구 전문 인터넷 매체 축구공화국에 입사한 것은 지금의 스포츠공감을 만들어 준 시작이나 다름없다.

"축구공화국을 거쳐 축구 전문 월간지 베스트일레븐으로 이직해 스포츠 사진기자 경력을 쌓았어요. 일을 해보니 생각보다 따분한 게 많았어요. 잡지사는 취재기자 중심으로 돌아가기 마련이거든요. 취재기자가 이렇게 하자고 하면 저는 따르는 식이에요. 무료함을 느껴서 그만둘까 말까 1년을 고민하다 퇴사를 하고 아웃도어 브랜드 촬영 팀으로 입사했어요. 거기서는 기자가 아닌 사무직으로 일했는데 적성에 안 맞더라고요. 늘 유동적인 기자 생활을 했던 터라 정시출근 정시퇴근이 어색했죠. 다시 스포츠 현장이 그리워졌어요."

---

* 이영표는 1999년부터 2011년까지 대한민국 축구국가대표로 활약했다. 축구선수로 워낙 유명하지만 선수 은퇴 후 축구 해설위원과 와이피트웰브의 대표를 겸하는 창업자이기도 하다. 사회적기업 형태로 삭스업(socks up)이라는 양말 브랜드를 운영 중이다.

무엇보다 그리웠던 것은 현재 스포츠공감의 핵심 콘텐츠인 '포토 카툰'이다. 포토카툰은 구윤경 대표가 첫 직장에서부터 꾸준히 만든 콘텐츠로 사진 속에 설명과 함께 인물의 심리를 담은 말풍선을 더한 입체적인 이야기 형식이다. 사진에 글을 넣어 재구성함으로써 현장의 분위기를 독자에게 더욱 생생하게 전달한다. 직접 주제를 정하고 사진을 찍고 글쓰기를 좋아하는 사람에게 언론사에서 필요한 사진만 주야장천 찍는 것도, 정해진 시간 동안 앉아서 일만 하는 사무직도 어울리지 않았다. 그리하여 2012년, 다시 스포츠 현장으로 돌아가는 대신 '스포츠공감'이라는 이름으로 홀로서기를 택했다.

스포츠공감은 '공으로 나누는 감동'이라는 의미로 스포츠 현장을 공감할 수 있는 이야기와 이미지를 담겠다는 취지가 담겨 있다. 경기장에서 가장 유의하는 부분은 기자의 시각이 아닌 팬의 시각으로 렌즈를 보는 것이다. 유명한 선수나 득점, 세리머니 장면에 집착하지 않고 후보 선수, 관중, 볼보이 등 경기장을 이루는 다양한 요소를 관찰하고 독자에게 전달하고자 한다.

콘텐츠의 가치가 경쟁력이다

양질의 콘텐츠를 지녔다 한들 대중에게 전달하지 못하고 또 수익을 낼 수 없다면 창업의 의미가 없다. 콘텐츠를 가지고 있다면 이를 유통할 플랫폼이 필요하다. 구윤경 대표는 스포츠 시장에 처음 뛰어든 사람처럼 초연의 자세로 돌아가 포트폴리오부터 차근차근 준비했다. 그리고 일면식도 없는 포털사이트 콘텐츠 담당자에게 제안서와 함께 메일을 보냈다. 허나 돌아오는 답변은 하나같이 현재 계약 중인 콘텐츠와의 재계약 기간까지 기다리라는 것이었다. 정말 기다림밖에 할 수 있는 게 없었다. 원하는 일을 하겠다고 퇴사까지 했는데 아무에게도 인정받지 못할 수도 있다는 불안감이 가득한 시간이었다.

> "그때 보여줄 수 있는 건 나만의 콘텐츠밖에 없었어요. 경력이 많은 것도 아니고 대단한 메이저 언론사에서 일한 것도 아니었으니까요. 제가 가진 경쟁력은 콘텐츠를 잘 만드는 것뿐이었어요. 포트폴리오에 포토카툰을 소개하면서 '스포츠는 남자들만 보는 것이고, 이해하기 어렵다'는 시각을 바꿔보겠다고 강조했어요. 처음 봐도 재미있고 편하게 볼 수 있는 콘텐츠를 만들겠다고 했죠. 그래서 이야기를 풀어내는 방식도 사진에 그림을 추가해서 쉽게 접근하려고 했고요. 다행히 담당자도 제 방식을 신선하게 보고 높게 평가해줬어요."

이후 포털사이트 미디어다음과 정식으로 계약을 맺고 '구윤경의 포토카툰'이라는 이름으로 연재가 이뤄졌다. 정식으로 스포츠공감의 사업자등록도 마쳤다. 차별화된 콘텐츠로 주목을 받으면서 방송이나 잡지에서 인터뷰 제의도 들어왔다. 사실 성격상 인터뷰가 편하지는 않았지만 홀로서기를 한 창업자가 가릴 처지가 아니었다. 홍보 차원에서 마다하지 않고 나섰다.

독자들도 새로운 형태의 스포츠콘텐츠에 관심을 기울이기 시작했다. 90분이 지나면 축구 경기는 종료되지만 찰나의 순간을 담은 사진은 영원히 남는다. 포토카툰은 선수의 훈련 모습, 벤치에서의 모습, 감독의 표정 등 선수단의 장면뿐만 아니라 선수 가족, 응원하는 관중, 경기장을 관리하는 청소부까지 경기장을 이루는 다양한 사람들의 이야기를 담는다. 포토카툰은 팬들이 미처 다 보지 못한 부분을 전달한다는 점에서 분명한 경쟁력을 가진다. 독자들에게 경기 내용 외적으로 기자가 가까이 지켜본 것에 대한 호기심을 불러일으킨다. 비하인드 스토리에 관한 궁금증을 자극하는 것이다. 그러니 애독자들은 포토카툰이 연재되는 날만 기다린다.

콘텐츠로 독자의 신뢰를 얻기까지 날선 비난도 많이 받았다. 낯선 콘텐츠의 등장에 대한 부정적인 댓글, 젊은 여성이 스포츠를 다룬다는 아니꼬운 시선 등 관심에 비례한 만큼 많은 악플에 시달렸다. '기자가 소설을 쓴다', '없는 이야기를 꾸며내 미화한다', '여자가 무슨 축구를 안다고, 블로그나 해라' 등 자극적인 댓글은 큰 상처가 되기도 했다. 그럼에도 콘텐츠에 대한 독자의 반응을 살피기 위해 계속 모니터링하고 피드백을 반영했다.

더 좋은 콘텐츠를 만들기 위해서 사실 정보를 더 많이 가지고 있어야 했다. 거짓이 아닌 진실이라는 것을 증명하기 위해서는 더 많은 사진을 찍고 그것을 있는 그대로 보여주는 게 해답이었다. 독자가 의심하지 않고 믿음을 갖는 콘텐츠를 만들자는 일념으로 '취재현장에 남들보다 일찍 가고, 늦게 나오자'는 목표를 세웠다. 현장에서 많은 정

나는 스포츠로 창업을 꿈꾼다

"저는 선수들이 라커룸으로 들어갈 때까지 찍어요."

보를 수집하는 것에서부터 콘텐츠의 가치를 끌어올렸다.

"보통 취재를 가면 사진기자들은 취재를 먼저 하고 기자실로 들어가서 포토뉴스를 쓰고 가는 편이에요. 하지만 저는 선수들이 라커룸으로 들어갈 때까지 찍어요. 언젠가 기성용 선수는 저를 보더니 그만 찍으라며 또 말풍선 달아서 올릴 거냐고 농담을 하더라고요. 이청용 선수는 '사실 그때 저 찍고 있는 거 알고 있었어요'라고 말하기도 했어요. 제가 계속 사진을 찍으니까 다 알고 있었지만 의식 안 하는 척했나 봐요. 선수들이나 팬들이나 포토카툰을 알아봐주면 기억에 많이 남아요."

선한 영향력을 가진 사진으로 보람을 느끼다

시간이 지나면서 포토카툰은 선한 영향력을 가진 콘텐츠로 성장했다. 남들이 주목하지 않는 장면을 포착하고 그것이 팬들에게 전해질 때마다 큰 보람을 느낀다. 신인 선수의 데뷔 골을 지켜본 가족, 왜곡된 보도로 비난받은 선수의 속사정, 땀 흘리며 고생하는 마스코트에게 물을 건넨 어린아이 등 포토카툰을 통해 선한 메시지를 전달하면서 구윤경 대표의 창업에 대한 자부심도 함께 커져갔다.

"스타급 선수가 아닌 선수의 이야기를 담아서 선수를 향한 관심도가 높아질 때, 남들이 보지 못한 부분을 내가 담아서 이슈가 돼서 다른 좋은 일로 이어질 때 가장 기분 좋아요. 기억에 남는 사진은 광주FC 정영총 선수의 부모님 사진이에요. 경기 전에 정영총 선수가 부모님과 이야기하는 것을 보고 그 경기 내내 부모님을 지켜봤는데 정말 간절하게 경기를 보시더라고요. 그날 우연찮게 정영총 선수가 골을 넣었는데 데뷔 1년 만에 데뷔 골이었어요. 부모님이 울먹거리시는데 그 장면을 찍으면서 저도 감동받았어요. 남들은 화려한 골과 세리머니에 주목하지만 저는 그런 장면이 시간이 지날수록 더 기억에 남아요. 또 예전에 이천수 선수가 인천에서 뛰던 시절도 기억이 나요. 갖은 고생 끝에 인천으로 복귀해서 첫 경기를 치렀는데 상대팀 후배 머리를 때렸다는 기사가 났어요. 아직도 정신을 못 차렸다는 여론이 형성됐죠. 그날 저는 이천수 선수가 경기 끝나고 상대 선수에게 가서 머리를 토닥여주면서 사과하는 모습을 봤어요. 한창 이슈가 되는 과정에서 그 장면이 담긴 포토카툰이 연재되면서 팬들이 달라진 반응을 보였어요. 제가 만든 콘텐츠로 여론에서 생긴 오해가 풀리니까 기분 좋았죠. 제가 봤던 장면을 다른 이야기와 섞지 않고 그대로 보여주는 것이 진짜 팩트라고 생각해요."

스포츠공감은 미디어다음에 연재하는 '구윤경의 포토카툰'이 주요 콘텐츠지만 그 외에도 스포츠 촬영대행과 이미지 대여를 전문으로 하는 사진 에이전시다. 언론사와 가장 큰 차이점은 개인적으로 촬영대행을 할 수 있고 스포츠이벤트가 열리면 언론사 소속이 아닌 대회 소속으로 개인 활동이 가능하다는 점이다.

스포츠공감은 2014 인천 아시안게임과 2013 인천 실내&무도 아시아경기대회 당시 조직위원회가 선정한 공식 촬영 팀의 제의를 받아 함께 취재에 나서기도 했다. 2015년 1월에는 다음스포츠 소속으로 2015 AFC 호주 아시안컵 취재에 동행했다. 다음카카오는 호주 아시안컵이 열리기에 앞서 호주정부관광청, 호주 퀸즈랜드주 관광청과 함께 대표 팀 관련 미디어콘텐츠를 생산하는 '호주 브리즈번 원정대'를 모집했다. 구윤경 대표는 멘토 자격으로 동행하기로 수락했는데, 출국 하루 전날 임신 사실을 알게 됐다. 자칫 위험한 상황이었지만 흔치 않는 기회를 놓칠 수 없었다. 1인 미디어와 같은 프리랜서가 메이저 축구 대회의 취재권과 지원을 따내는 것은 쉽지 않기에 큰 결정을 내렸다. 다행히 건강히 출산하고 현재는 가정과 일 모두에 충실하고 있다. 더불어 월드컵 현장 취재라는 더 큰 목표도 생겼다.

스포츠를 보는 눈을 넓혀야 좋은 콘텐츠가 보인다

1인 미디어는 장단점이 분명하다. 상관의 지시 없이 원하는 취재를 마음껏 할 수 있지만 주요 언론사보다 취재 지원이나 보호가 불안정하다. 창업 당시 구윤경 대표의 자산은 카메라 장비와 차량이 전부였다. 초기에는 지인들에게 장비를 빌려서 쓰기도 했다. 그녀에게 스포츠 창업에 관해 물었더니 스포츠콘텐츠, 스포츠 사진기자 분야의 전망에 대해서 긍정적으로 답변했다.

"스포츠콘텐츠 분야의 창업은 사업적인 측면도 중요하지만 콘텐츠가 더 중

나는 스포츠로 창업을 꿈꾼다

요한 것 같아요. 내가 어떤 걸 보여주느냐에 따라 달라지겠죠. 언론사에 얽매이지 않고 상사 눈치 보지 않고 개인이 보고 싶은 것을 보고, 하고 싶은 것을 할 수 있는 건 엄청 좋아요. 언론사에 소속되면 수입은 고정적이지만 각종 대회나 행사에 촬영을 가서 추가적인 수입을 받을 수는 없죠. 하지만 수입은 단점이 될 수도 있어요. 스포츠이벤트가 적은 겨울에는 상대적으로 긴축정책에 들어가서 봄까지 곰처럼 지내기도 해요. 취재비용도 직접 부담해야 하고 수입이 안정적이지 않지만 자기가 발품을 팔수록 더 크게 성장할 수 있어요. 스포츠 사진이 분명 희소성 있는 콘텐츠는 맞아요. 이 일을 하는 사람 자체가 많지 않다는 점도 경쟁력이 있는 부분이죠. 그래서 더 좋아질 것이라고 전망하고요."

아는 만큼 보인다고 했던가? 스포츠전문 사진기자가 되기 위해서, 좋은 스포츠콘텐츠를 생산하기 위해서는 많이 보고 경험하며 기본기와 지식을 쌓아야 한다. 누구나 좋은 카메라로 두세 달 연습하면 금방 익숙해지고 좋은 사진을 찍을 수 있다. 관건은 스포츠에서 어떤 장면을 보고 무엇을 찍을 것인지에 대한 감각이다. 무작정 찍는 것에 집착하지 않고 스포츠를 보는 눈을 넓혀야 한다. 그러기 위해서는 경기도 많이 보고 기사도 많이 읽고 관련된 콘텐츠에 어떤 것들이 있는지 꾸준히 살펴야 한다. 경기 규칙을 이해하는 것은 기본이다. 구윤경 대표는 대한축구협회에서 발간하는 매거진 '온사이드'를 즐겨 보며 초중고리그부터 K3리그, 내셔널리그 등 한국 축구의 전체적인 흐름을 살펴며 모티브를 얻는다.

"제가 활동하는 걸 보고 '이런 칼럼을 쓰고 싶다', '저처럼 혼자 활동하고 싶다' 고 이야기하는 분이 많아요. 저는 언론사에 먼저 들어가서 시스템이 어떻게 돌아가는지 보면서 기본기를 쌓는 것이 먼저라고 생각해요. 무턱대고 처음부 터 혼자 시작해서 겉핥기식으로 활동하는 것보다 제대로 배우고 나서 활동하 는 것이 본인에게 유익하고 장기적으로도 큰 도움이 될 거예요. 초기 자본 마 련도 필요하고요. 자신만의 무기를 갈고 닦아서 세상 밖으로 나와야죠. 특히 나 창업을 하려면요."

어느덧 스포츠전문 사진기자로 활동한 지 12년이 되었고 스포츠 공감은 창업 7년차가 되었다. 콘텐츠 창작은 조바심과 인내심이 한 끗 차이다. 일이 쉽게 풀리지 않으면 때로는 감각이 무뎌졌나 하는 생 각이 들 때도 있다. 걱정을 털어내고 인내할 수 있는 원동력은 스포츠 공감이 갖는 '세상과 소통하는 창구'라는 가치다. 세상에 전하고픈 메 시지를 스포츠를 통해 사진에 담아 표현한다. 창업 후 스포츠 현장에 서 더 큰 행복과 만족을 얻을 수 있었다.

"제가 일을 시작할 때는 저의 콘텐츠를 보여줄 공간, 즉 포털사이트와 계약을 맺는 것이 가장 중요했어요. 그러나 지금은 특정 매체나 SNS, 플랫폼과 별도 의 계약 없이도 콘텐츠를 이용해 수익을 창출할 수 있는 구조가 다양합니다. 자신이 가진 아이디어를 어떤 플랫폼에 적용했을 때 가장 매력적인지 파악해 서 그 플랫폼에 맞는 콘텐츠를 제작한다면 창업에 도움이 될 거예요. 스포츠 는 아직 시장이 크게 형성되지 않았기 때문에 패션, 미용, 게임 등 대중성이 높은 전문 분야의 콘텐츠를 모방해 스포츠에 적용하는 것도 하나의 방법이라 생각해요."

Inner view 03

스포츠디자인

스포츠디자인(sports design)은 무척이나 광범위하다. 로고, 마크, 엠블럼 같은 각종 휘장부터 의류, 신발, 액세서리, 스포츠용품, 홍보 및 광고 등 다양한 곳에서 사용되기 때문이다. 특히, 유명 스포츠브랜드의 경우 저마다 독특한 디자인으로 소비자의 마음을 사로잡는다. 스포츠 영역을 넘어 일상적인 패션으로 여겨질 정도다. 여기에서 제시하는 스포츠디자인은 그러한 스포츠브랜드나 용품사의 측면이 아니다. 주로 스포츠 라이선싱(licensing) 및 머천다이징(merchandising)으로 이어지는 과정에서 디자인 서비스를 전문적으로 제공하는 창업 사례를 다룬다.

형성과정

현재와 달리 과거의 스포츠디자인을 따로 떼어서 언급하기에는 콘텐츠 자체가 부족하다. 1980~90년대의 스포츠 단체나 대회, 프로 구단에서 판매하는 스포츠용품은 디자인 작업 후 제조하는 게 아니라 기성품에 로고나 마스코트 등을 새기는 형태였기 때문이다. 당시 희소성은 있을지라도 스포츠디자인 자체의 미적 가치나 상품성을 따지기는 어려운 상황이었다.

2002년 한일 월드컵을 전후로 국내 축구계에도 전문적인 축구 디자인 상품의 수요가 형성되었다. 초기 선도자 역할을 했던 업체가 조이포스(현 조이포스플러스)와 다이브인풋볼이다. 조이포스는 90년대 중반부터 다양한 종목의 디자인 상품을 만들어온 1세대 축+ 및 스포츠디자인 업체로 볼 수 있다. 2005년에 창업한 다이브인풋볼은 축구 전문 머천다이징 업체로서 신선한 바람을 일으켰다.

두 업체의 등장 이후 천편일률적인 모양이 아닌 구단의 개성을 담은 디자인 상품이 나오기 시작했다. 또한 프로야구의 인기에 힘입어 유니폼과 야구모자 같은 기본 상품 외에 다양한 수요에 맞춘 색다른 디자인의 응원용품과 구단 상품이 만들어졌다.

또 다른 축으로 개인 디자이너가 프리랜서 형식으로 스포츠디자인 작업물을 내놓기도 한다. '1세대 축구 전문 디자이너' 장부다, '광작가' 김민석, '스포츠 일러스트레이터' 홍기훈 씨가 대표적이다. 기존에는 개인 디자이너가 고용되는 형태였다면 스포츠를 좋아하거나 애착이 있는 디자이너가 직접 사업체나 브랜드를 만들어 활동하는 경향도 두드러지고 있다.

업계현황

유니폼과 시즌티켓은 프로스포츠 팬이 주로 구입하는 상품군에 해당한다. 두 가지 모두 연간 사용빈도가 높은 공통점이 있다. 자주 착용하거나 지니고 있기에 이왕이면 멋지고 예쁜 디자인을 선호하는 게 당연하다. 유니폼은 판매 수익과 함께 팬을 경기장으로 이끌어내는 역할도 한다. 마음에 쏙 드는 옷을 사면 밖에 나가서 뽐내고 싶어지듯이 말이다. 결국 디자인은 그 자체로 훌륭한 마케팅이 된다.

때문에 각 프로구단은 사용자 경험(UX, User Experience) 차원에서 팬들의 기호를 파악하기 위해 노력하고 있다. 과거에는 일방적으로 디자인한 결과물을 내놓고 판매하는 방식이었다면 이제 선택안을 제시하여 팬들이 뽑을 수 있게 하거나 아예 제작 단계부터 서포터즈와 힘을 합치는 구단도 있다. 주 소비자인 팬들의 선호도를 정확히 파악하여 반영한 상품일수록 판매량 증대를 꾀할 수 있다. 관련하여 최근 두드러진 또 하나의 흐름은 스포츠디자인 업체를 통해 구단상품을 개발하는 것이다.

가령, 라보나 크리에이티브, H9피치 스튜디오, 스미스 스포츠처럼 스포츠·축구 디자인 전문업체로서의 폭넓은 활약은 눈여겨볼 만하다. 세 업체 모두 2015년 무렵에 설립했음에도 단기간 내 축구 팬의 마음을 사로잡았다.

라보나 크리에이티브의 공동대표 조주형 디자이너는 한 스포츠용품사에서 재직하던 시절부터 차별화된 디자인의 K리그 유니폼으로 실력을 인정받은 인물이다. 라보나 크리에이티브는 포항스틸러스의 새 유니폼과 시즌권 패키지, 부천FC1995의 창단 10주년 기념 엠블럼 및 유니폼 디자인을 맡아 각 구단의 정체성과 이미지를 부각했다. 2016년에 팬들의 요청으로 제작한 경남FC 10주년 기념 엠블럼과 유니폼도 라보나 크리에이티브의 작품이다. 또한 프로 팀뿐만 아니라 일반 아마추어 팀도 수준 높은 디자인의 엠블럼과 유니폼을 이용할 수 있게 하고 있다.

이른바 커스텀* 유니폼 부문에서는 H9피치 스튜디오도 유명세를 타고 있다. H9피치 스튜디오는 자체적으로 운영하는 축구 전문의류 브랜드 '포워드'를 통해 '축구를 즐기는 사람들에게 다양한 축구 디자인과 문화를 제공하고 나아가 축구라는 문화를 더 많은 대중에게 디자인, 예술 콘텐츠와 접목해 소개하는 데 의미를 둔다'고 말한다. 지난 2015년 상주상무의 특별유니폼 디자인을 비롯하여 포항스틸러스 스냅백, 성남FC 김철호 선수의 300경기 출장기념 티셔츠 등을 제작했다. 또한 성남FC의 유니폼, 시즌권 패키지와 아트디렉팅, 브랜딩, 익스테리어, 비디오 제작도 맡으며 구단 용품을 넘어 디자인의 광범위한 활용 가능성을 선보이고 있다.

스포츠디자인 전문업체인 스미스 스포츠는 다양한 종목에서 그래픽 및 편집 디자인, 구단 상품 디자인, 스포츠 아트디렉팅 감각을 뽐낸다. 앞서 수원삼성, FC안양, 원주동부프로미 농구단과 파트너십을 맺고 다양한 디자인 상품을 출시한 바 있다. 특히, 스미스 스포츠가 디자인한 수원삼성과 수원FC의 수원더비 기념 엠블럼은 상품성과 상징성을 동시에 품은 한국 축구의 자산이기도 하다. 스미스 스포츠는 2017 시즌 수원삼성과 수원FC, 서울이랜드FC의 연간회원권 기념 패키지를 새롭게 선보였으며, 인천유나이티드와 광주FC, 아산무궁화

---

* 　커스텀은 커스터마이징(customizing)에서 유래했으며, 고객의 요구에 따라 특정 제품을 맞춤형으로 주문 제작해주는 서비스다.

등 여러 프로구단과 협력하고 있다. 스미스 스포츠가 대구FC와 함께 내놓은 '2017 D MEMBERSHIP LOCKER PACK'는 양측의 개성이 잘 드러나는 디자인 상품이다. 스미스 스포츠는 지향점으로 '스포츠 토탈 솔루션 컴퍼니'를 언급한다. 표현의 차이는 있겠지만 디자인이라는 핵심 가치 혹은 관점의 비중은 변함없어 보인다.

풀베이스 스포츠는 2013년부터 야구 유니폼, 모자 디자인 및 생산, 판매 등을 전문적으로 하고 있다. 단체 주문인 경우 팀 로고 디자인이 가능하며 커스텀 유니폼의 디자인에도 반영이 된다. 또한 다양한 형태의 야구모자와 야구 콘셉트의 패션의류를 디자인 및 자체 생산하여 야구계 디자인 상품에서는 눈에 띈다.

IADG(International Art Directors Group)는 스포츠 일러스트 및 그래픽, 디자인, 브랜드 콘텐츠 등을 만드는 아트디렉터 단체다. 김민석 대표는 '광작가'라는 필명으로 유명한 스포츠 일러스트레이터이다. IADG는 에어피규어(부력조형물)를 제작하고, 농구 페스티벌인 트리플더블과 축구행사인 트리플스쿼드를 기획·개최했다. 2012년 런던 올림픽 기간에 국외 최초로 '2012 한국스포츠아트전'을 개최했고 여러 공공기관과 기획전을 열었다. 프로구단과도 꾸준히 콜라보레이션 작업을 하고 있다.

과거에는 구단이나 협회, 연맹에서 상품 디자인을 맡기면 발주에

응하는 다소 수동적인 운영 형태였지만 이제 기획 단계부터 제작·판매까지 주도적으로 움직이며 다양한 고객층을 끌어들이는 추세다. 수요가 있고 어느 정도 시장이 형성되었으니 참신한 디자인으로 무장한 전문업체가 스포츠 판에 더 많이 등장할 것으로 예상된다.

창업방향

프로구단은 다양하고 매력적인 상품군을 갖추길 원한다. NC 다이노스처럼 디자인 전문 부서를 두거나 인하우스 디자이너를 채용하는 형태도 여전히 존재하지만 전문적인 스포츠디자인 업체와 협업을 확대하고 있다.

스포츠디자인 업체 중에 다이브인풋볼처럼 프로구단의 열정적인 지지자가 디자인 상품 제작에 본격적으로 뛰어드는 경우도 종종 찾아볼 수 있다. 특히, 축구 쪽에서 대전시티즌과 매치데이 그리고 인천유나이티드와 반디에라, 공삼이컴퍼니(032COMPANY)가 대표적인 조합으로 손꼽힌다.

반디에라의 탄생이 재미있는 까닭은 타 업체에서 제작하던 인천유나이티드의 구단 상품에 대안을 제시하기 위해 팬들이 직접 나섰기 때문이다. 반디에라는 자신들의 작업물이 '단순한 상품이 아닌, 우리가 함께 만들어나가는 사건과 행동을 기념, 기록하는 우리의 역사'라고 규정했다. 그리고 인천 구단만의 정체성과 독창성을 담은 디자인으로 티셔츠 등의 상품을 만들어 판매한 바 있다.

이후 인천유나이티드의 공식상품화권자로서 구단 온·오프라인 쇼핑몰을 운영하고 있기도 한 공삼이컴퍼니 역시 인천 팬이 만든 업체다. 업체 명에 인천광역시의 지역번호를 넣을 정도로 구단을 향한 애정이 강하게 느껴진다. 2017 시즌부터 인천유나이티드의 머플러, 무릎담요, 의류 등을 출시하여 좋은 반응을 얻고 있다.

2016년부터 대전시티즌과 파트너십을 체결한 매치데이의 대표자도 대전 구단의 열렬한 팬으로 알려져 있다. 매치데이는 데뷔 시즌부터 김은중 선수의 은퇴를 기념한 대전시티즌의 레트로 유니폼으로 호평을 받았다. 또 '자주자주'를 슬로건으로 한 의류 및 깃발, 사인볼, 머플러, 보틀을 비롯하여 모자, 컵 등의 다채로운 디자인 상품을 선보이고 있다.

연고 구단의 밀착형 상품을 만드는 업체가 존재함으로써 구매자의 만족도가 높아지고 특별한 이야기도 창출된다. 해당 구단을 지지하는 팬들의 구심점 역할을 할 수도 있고 패션이나 응원문화를 주도하는 영향력이 생긴다. 또한 팬들이 기념하고 기록하고 싶은 구단의 역사를 상품화하여 가치를 더욱 향상할 수 있다. 수익금의 일부를 구단이나 서포터즈 활동에 기부함으로써 팬들의 자부심과 참여를 촉진하는 측면도 있다.

프로구단과 연계하지 않아도 참여형 스포츠 팬을 대상으로 한 커스텀 시장이 확대되고 있다는 것에 주목할 필요가 있다. 플레이어스는 2016년 만들어진 커스텀 스포츠의류 전문 스타트업이다. 주로 스포츠 커스텀 전사 유니폼 및 의류 디자인 등을 제공한다. 주문제작 방식으로 고객이 원하는 디자인, 색상, 폰트 등을 반영하여 유니폼 디자인이 이뤄진다. 제작은 유니폼 원단에 특수잉크를 프린팅하는 전사 방식(DTP, Digital Textile Printing)을 쓰는데 다품종 소량생산이 가능하다. 엠블럼이나 백넘버 등을 부착하는 방식보다 비용이 저렴하고 통기성이 좋으며 세탁 후에도 상함이 덜하다는 장점이 있다.

벤써스포츠는 스포츠 엠블럼, 유니폼 및 의류 디자인, 그래픽 디자인 등을 제작하는 스타트업이다. 주로 축구 유니폼과 엠블럼 디자인의 비중이 높다. 또 제이지스포츠(크누트), 준타스(레지스타), 에이매치 스포츠(스타코어스) 등이 스포츠 커스텀 웨어 부문에서 두각을 나타낸다. 커스터마이제이션 스포츠디자인에서 경쟁력을 확보하기 위해서는 주요 업체처럼 자체 브랜드를 보유해야 한다. 스튜디오의 전문성과 가격우위를 확보할 수 있기 때문이다. 이러한 커스텀 시장은 건강과 여가에 관심이 날로 높아지면서 직접 스포츠 활동을 즐기는 이들의 수요도 동반 성장할 것으로 기대된다.

나는 스포츠로 창업을 꿈꾼다

스포츠 팀 아이덴티티 및 브랜드 디자인 스튜디오인 인플라톤 디자인 스튜디오처럼 선택과 집중을 택하는 것도 또 다른 창업 방법이다. 인플라톤 스튜디오는 그동안 목포시청축구단, 부산FC, 경주한수원여자축구단 등의 팀 아이덴티티(엠블럼 포함) 작업을 맡았으며, 프로야구단의 캐릭터 디자인도 진행한다. 또 엘리트스포츠뿐 아니라 동호인 클럽의 엠블럼 제작도 하고 있다.

IADG 김민석 대표처럼 활동하는 방식도 있다. 그는 2002년부터 로고 디자이너 겸 스포츠 일러스트레이트 작가로 활발하게 이름을 알렸다. 스포츠, 라이프스타일, 광고 등 폭넓은 영역을 소화하고 있지만 농구 관련 디자인 작업물이 대표적이다.

장부다 씨는 축구단 엠블럼 디자인 전문가이며, 홍기훈 씨는 스포츠 및 로고 일러스트레이션, 웹툰 작가로 활동하고 있다.

스포츠디자인 업종의 특성상 프리랜서로 활동하거나 디자이너 1인 창업·창직이 용이한 장점이 있다. 한양대학교 스포츠산업학과의 디머스(DeMers, Design, Merchandising, Sales) 과정처럼 관련 인력을 체계적으로 양성하려는 움직임도 업계에 긍정적인 영향을 미칠 것으로 기대된다.

장부다 씨가 창직한
'축구 전문 디자이너'

대전시티즌, 서울유나이티드, 경남FC, 광주FC, 수원FC, 안산그리너스 등 여러 축구단의 엠블럼이 한사람의 손을 거쳐 나왔다면 믿어지겠는가? 바로 축구 전문 디자이너인 장부다 씨가 그 주인공이다. 그는 한국 축구 대표 팀 공식 서포터즈 '붉은악마'의 상징물(치우천황), 2002년 한일 월드컵의 입장권 구입 신청서와 포스터 디자인, 한국월드컵조직위원회 소식지 제작을 하며 유명세를 탔다. 이후 장부다 씨가 디자인한 축구 팀이나 이벤트 관련 상징물, 유니폼, 머플러 등은 꾸준히 좋은 반응을 얻었고 그간 작업물만 50종이 넘는다. 그중에는 프로축구단뿐 아니라 WK리그와 K3리그, 박지성축구센터(JSFC), 홍명보장학재단의 'SHARE THE DREAM', 리스펙트 엠블럼 등도 포함되어 있다. 엠블럼 같은 상징물을 만들기 위해서는 디자인 감각뿐 아니라 축구에 대한 지식과 애정이 필수적이다. 여러 작업물을 보면 장부다 씨의 뛰어난 능력을 엿볼 수 있다. 직접 스포츠 분야 창업에 뛰어들지는 않았지만, 초기 국내 스포츠디자인 업계 및 스타트업에 새로운 이정표를 제시한 성공사례로 손색이 없다. 1세대 축구 전문 디자이너로서 자연스럽게 창직을 한 셈이다.

나는 스포츠로 창업을 꿈꾼다

참고사례

기업명	설립연도	주요 제품 · 서비스	홈페이지
IADG (국제아트디렉터스 그룹)	2008	스포츠 일러스트 및 그래픽, 디자인, 브랜드 콘텐츠 등	www.facebook.com/ IADGcenter
풀베이스 스포츠	2013	야구 유니폼, 모자 디자인 및 생산, 판매 등	www.fullbase.net
H9피치 스튜디오 (포워드)	2014	축구 및 스포츠디자인, 컬처 디자인, 브랜딩 및 아트 디렉션 등	http://h9pitch.com
제이지 스포츠 (크누트)	2014	스포츠 커스텀 유니폼 및 마킹, 용품 판매 등	http://jgspo.co.kr
스미스 스포츠	2015	스포츠디자인, 스포츠머천다이징 등	www.smithsports.co.kr
라보나 크리에이티브	2015	스포츠디자인, 팀 커스텀 웨어, 아트디렉팅 등	www.ravonafootball.com
플레이어스	2016	스포츠 커스텀 전사 유니폼 및 의류 디자인 등	www.withplayers.com
인플라톤 디자인 스튜디오	2016	스포츠 팀 아이덴티티 및 브랜드 디자인 등	www.inflaton.co.kr
매치데이	2016	스포츠머천다이징, 온·오프라인 스토어 운영 등	www.facebook.com/ matchdaykorea
공삼이 컴퍼니	2017	스포츠머천다이징, 온·오프라인 스토어 운영 등	www.032company.com

Interview 03

시각적이고 창의적인 디자인을 추구하는 '라보나 크리에이티브'

스포츠디자인 전문회사_라보나 크리에이티브. 조주형 · 이남석 공동대표

좋아하는 일을 직업으로 택하다

라보나 킥은 디딤발 뒤로 다른 쪽 발을 교차해서 공을 차올리는 기술로 축구의 고급 테크닉 중 하나다. 축구 좀 하는 사람이라면 한번쯤 시도해 봤을 것이다. 라보나 킥처럼 시각적인 즐거움, 창의적인 디자인을 추구하는 두 디자이너가 만나 창업에 나섰다. 그리하여 스포츠디자인 전문회사 '라보나 크리에이티브'가 탄생했다.

라보나 크리에이티브는 스포츠와 디자인을 사랑하는 조주형, 이남석 대표가 공동으로 운영한다. 이제 4년차 업체지만 잔뼈가 굵은 그들의 경력을 바탕으로 빼어난 디자인이 빠르게 입소문을 타고 있다. 사업은 크게 두 가지 영역으로 나뉘는데, 프로구단(클라이언트)을 상대로 유니폼 디자인과 머천다이징 상품을 기획·제작하고(B2B), '라보나풋볼'이라는 스포츠 의류 브랜드 사업을 전개하며 주로 아마추어 팀 고객에게 커스텀디자인 축구유니폼을 제작해주는 일을 한다(B2C).*

FC서울의 오랜 팬인 이남석 공동대표는 스포츠디자인의 꿈을 품은 채 엔터테인먼트 산업에서 먼저 경험을 쌓았다. 취업 장벽에 부딪혀 돌아가는 길을 택했지만 스포츠산업 진출을 위한 준비에 여념이 없었다.

---

* B2B는 'Business to Business'로 기업 대 기업 간 거래 방식이며, B2C는 'Business to Customer'로 기업과 소비자 간 거래를 뜻한다.

"저는 대학교를 졸업하면 바로 축구산업으로 가고 싶었어요. 디자인을 전공해도 스포츠 분야로 갈 수 있다고 생각했는데 당시에 면접장에 가면 '디자이너가 여기를 어떻게 지원했어요?'라는 식의 반응이었어요. 그래서 축구 말고 하고 싶은 디자인을 생각하다 엔터테인먼트 회사에서 머천다이징 상품 디자인을 시작하게 되었어요. 입사하고 나서도 주말에는 개인 포트폴리오 작업에 몰두했어요. 프로축구연맹에서 주최하는 축구산업 아카데미도 수료하고요. 거기서 연맹 직원 분을 알게 되었는데 덕분에 창업할 무렵 연맹 직원들을 대상으로 라보나 크리에이티브를 소개할 시간을 가질 수 있었어요." - 이남석 공동대표

조주형 공동대표는 학창 시절 자신을 '반에 꼭 한 명씩 있는 항상 그림 그리는 아이'로 회상한다. 수업 시간에는 책에 낙서를 하고, 쉬는 시간에는 축구를 즐겼다. 가장 좋아하는 두 가지를 업으로 삼은 그는 '덕업일치'를 이룬 '성공한 덕후'이다. 대학에서 디지털미디어디자인을 전공하고 2011년 글로벌 스포츠의류 회사에 웹디자이너로 입사해 5년간 K리그 7개 구단의 유니폼 디자인 업무를 맡았다. 대표적으로 2014 전북현대 20주년 기념 유니폼, 2012 대구FC 10주년 기념 유니폼, 경남FC 유니폼 등이 그의 손을 거치며 축구 팬들의 뜨거운 반응을 이끌어냈다. 입사 당시 본업인 쇼핑몰 웹 디자인, 브랜드 그래픽 디자인 외에 유니폼 디자인을 따로 기획해 제안했을 정도로 축구에 열정적이다.

첫 직장에서 이미 디자인과 축구, 좋아하는 일을 모두 경험했지만

나는 스포츠로 창업을 꿈꾼다

일에 대한 만족도가 떨어지기 시작했다. 직장은 좋았지만 해마다 반복되는 업무와 디자인 외적인 업무가 가중되며 성취감이 떨어져갔다. 직장 생활 5년차, 나태해진 스스로를 발견하고 이제는 독립적으로 디자인을 해서 좋아하는 일을 더 오래 싶다는 생각이 들었다. 마침 3~4년간 SNS를 통해 축구 디자인을 공유하며 지내던 이남석 공동대표와 의기투합하여 실행에 옮기게 됐다. 2015년 여름, 두 사람은 새로운 출발점에 나란히 섰다.

> "창업을 준비하면서 구단 관계자 분들이 매년 11월이면 다음 시즌 예산 책정이 끝나니까 그 전에 알릴 수 있으면 좋다고 조언해주셨어요. 그래서 디자인 포트폴리오를 책자로 만들어서 돌렸죠. 사무실을 구하기 전까지는 비용 절감 차원에서 카페나 PC방에서 주로 작업했어요. 밤샘 작업을 하고 집에 돌아가 서너 시간 자고 다음 날 또 만나서 작업했어요. 시즌까지 시간이 촉박했으니 그렇게라도 해야 했죠." - 이남석 공동대표

깊은 통찰과 감각적인 디자인으로 입소문을 타다

창업 초기에 사무 공간을 마련하는 과정도 쉽지 않았다. 사업장 신고를 위해서 여기저기 가야 할 곳도 많았다. 게다가 공동대표는 절차상 제반서류 발급이 인터넷으로는 불가능하다고 하여 꼭 함께 기관에 방문해야만 했다. 금쪽같은 시간이 순식간에 지나갔다.

그동안 모아놓은 자금으로 서울 동대문역사문화공원역 인근의 큰 대로변 건물에 사무실을 마련했다. 디자인 회사는 외관도 중요하기 때문에 인테리어가 어느 정도 이뤄진 곳을 구해서 공간 투자에 대한 비용을 줄였다.

창업과 동시에 디자인 의뢰가 들어왔다. 처음에는 아마추어 유니폼 사업이 주가 될 것으로 예상했는데 막상 뚜껑을 열어보니 구단 측 의뢰가 먼저 들어왔다. 첫 업무는 2015 시즌 포항스틸러스와 계약 종료를 앞둔 황선홍 감독을 위한 고별 상품 디자인이었다. 기념 액자 시안을 보이니 구단에서 긍정적인 반응을 보였다. 라보나 크리에이티브는 판매용 패키지 상품 제작을 역으로 제안했다. 구단은 고별 행사 디자인부터 상품까지 모든 기획을 맡겼고 조주형, 이남석 공동대표는 액자, 머플러, 기념 티켓, 엽서를 묶어 한정판 패키지로 제작했다.

"패키지 부속품이 막바지에 완성돼서 나오자마자 바로 터미널로 가서 포항 가는 버스에 부쳤어요. 완제품을 보내야 하는데 일정이 촉박하니 일단 다 들고 포항부터 간 거예요. 당일 새벽에서야 일을 다 마쳤어요. 사실 50개 한정에 가격은 10만 원이라서 걱정이 많았어요. 그런데 팬들이 전날 줄을 서서 텐트를 치고 기다릴 정도로 인기가 많았어요. 그동안 이런 상품을 판매한 경험이 없어서 우려했는데 다 불식됐죠. 구단에서도 상품 구성이 좋고 디자인이 좋으면 얼마든지 많이 판매할 수 있다는 걸 느꼈다고 해요." – 조주형 공동대표

우여곡절은 있었지만 고별 패키지라는 희소성과 그 가치를 잘 반영한 디자인 상품은 완판을 기록했고 구단도 크게 만족했다. 다소 고가의 머천다이징 상품이라도 훌륭한 아이디어와 디자인이 결합한다면 얼마든지 흑자를 낼 수 있다는 선례를 남긴 것이다. 이를 계기로 포항 구단과 꾸준히 파트너십을 이어가며 시즌권 디자인, 경기장 사이니지* 리뉴얼 등 2년간 거래를 해오다 2018 시즌 공식 상품 판매 대행사로 선정되어 단독 매장을 운영하고 있다.

라보나 크리에이티브는 2016년에 개장한 FC서울 팬파크에 들어간 머천다이징 상품에서도 실력을 인정받았다. 시장 신규진입자로서 확실한 콘셉트와 이미지가 필요했다. 이남석 공동대표는 SNS를 활용해 FC서울 팬들을 대상으로 사전조사를 진행했다. 가장 구매율이 높은 여성 팬을 타깃으로 정하고 선수들의 포즈를 귀여운 픽셀 스타일로 디자인한 에코백과 파우치를 제작했다. 또한 당시 중국에서 복귀한 데얀의 컴백을 기념하는 상품을 기획했다. 디자인 콘셉트는 데얀이 복귀 당시 인터뷰에서 언급한 "Champion, Like Always"라는 메시지에서 아이디어를 얻었다.

해당 머천다이징 상품은 성공적으로 FC서울 팬파크에 입성했다. 구단에 대한 사전조사와 깊은 통찰력 그리고 디자인을 결합하여 구단과 팬 모두를 만족시켰다. 여성 팬은 감각적인 팬시 디자인을 환영하

---

* 사이니지(signage)는 디지털 기술을 활용하여 공공장소나 상업공간에 설치하는 디스플레이의 일종이다.

며 일상에서도 자주 사용했다. 데얀의 메시지가 담긴 티셔츠, 머플러와 팔찌는 팬들의 충성도를 높이는 데 일조했다. 선수의 말 한마디가 구단 상품으로 탄생할 수 있다는 긍정적인 반응의 언론 소식도 보도됐다. 나아가 이 메시지는 그해 FC서울의 상징적 슬로건이 되었다. 라보나 크리에이티브가 제작한 상품의 인기는 입소문을 타고 여타 구단과 팬들의 관심을 불러 모았다. 스토리가 담긴 디자인은 이렇게 많은 변화를 이끌어낼 수 있다.

스토리텔링으로 디자인하라

구단 상품을 소비하는 팬들은 디자인에 투자하지 않는 구단에 불평한다. 반면 새 시즌 유니폼이 예쁘거나 상품이 마음에 들면 강한 호감을 표시한다. 디자인에 대한 팬들의 갈증을 풀어낸다면 충분히 시장을 개척하고 경쟁력을 확보할 수 있다. 스포츠디자인계의 강호로 떠오른 라보나 크리에이티브의 무기는 스토리텔링이다. 스스로를 디자인 '오퍼레이터'가 아닌 '크리에이터'라고 말하는 것도 같은 맥락이다.

"스포츠디자인에서 가장 중요한 것은 스토리텔링이에요. 스토리텔링은 '이 상품이 왜 사고 싶은지', '왜 가져야 하는지'를 어필하는 수단이 돼요. 이 안에는 구단의 역사를 담기도 하고 현재의 이슈가 소재가 될 수도 있어요. 그래서 구단의 의뢰를 받으면 작업 전 배경 조사에 시간을 많이 써요. 그리고 구단과 끊임없이 대화하면서 더 좋은 생각이 있으면 먼저 제안하고 상의해요. 저희에 대한 믿음이 쌓이다 보니 이제는 구단에서도 '어떻게 디자인 해달라'며 말하지 않고 '이번에 어떤 행사가 있는데 무엇을 준비하면 좋을까'라는 식으로 기획 단계부터 저희에게 맡겨요.

아마추어 축구 팀도 마찬가지예요. '우리 팀'만의 유니폼이라는 느낌이 들게끔 만드는 것이 우리의 목표예요. 엠블럼을 직접 제작할 때는 팀 컬러, 창단 연도, 상징물 등을 반영하고 유니폼은 엠블럼과 연관 지어 디자인으로 풀어내고 있어요. 그렇게 해야 진정한 차별화가 가능하거든요." – 조주형 공동대표

라보나 크리에이티브의 공동대표 시스템은 시너지 효과를 더한다. 조주형 공동대표는 유니폼 디자인을, 이남석 대표는 머천다이징 디자인을 각각 맡는다. 하지만 큰 틀에서 모든 디자인 결정은 공동대표의 공동만족으로 이뤄져야 한다는 원칙 아래 진행한다. 두 사람은 함께 고민할수록 디자인이 발전하는 것을 알기에 어떠한 의견도 숨기지 않고 공유한다. 서로의 디자인을 고집하기보다 서로의 장점을 이끌어내 더 우수한 디자인을 만들려고 노력한다. 흔히 볼 수 없는 그들의 '브로맨스'가 시너지 효과의 원천인 셈이다.

라보나 크리에이티브만의 스토리텔링으로 K리그 내 디자인 경쟁은 더욱 활발해졌다. 여러 구단이 시즌 개막 전부터 유니폼 디자인으로 경쟁을 펼치고 머천다이징 상품으로 팬들을 경기장에 끌어들인다. 라보나 크리에이티브는 포항스틸러스의 마스코트인 쇠돌이의 탄생

20주년을 기념한 레트로 패키지를 선보이며 2017년에 또 한번 신선한 디자인 감각을 자랑했다. 구단의 역사가 담기고 갖고 싶은 욕구를 일으키는 디자인이라 더욱 눈길이 간다.

이 밖에도 대구FC, 울산현대, 부천FC 등 여러 축구단과 파트너십을 맺고 꾸준한 행보를 이어가고 있으며, 2017-18 시즌부터 전주 KCC 이지스 프로농구단 상품사업을, 2018-19 시즌 수원한국전력 빅스톰 프로배구단 유니폼 디자인 등을 진행하며 활동 저변을 넓혀가고 있다.

폭넓은 관점으로 바라보고 경험을 쌓아라

무에서 유를 창조하는 디자인을 잘하려면 어떤 노력이 필요할까? 조주형 공동대표는 일상의 모든 것을 디자인과 관련짓는다. 자주 보는 SNS, TV 광고부터 길거리에 보이는 간판 하나, 조형물 하나라도 모든 것을 디자인과 연관 지어 생각하는 습관이 있다. 어떤 프로젝트나 디자인의 재료가 될지 모르기 때문에 종종 사진으로 남겨두기도 한다. 디자인의 영역을 스포츠에 한정짓지 않는다면 더욱 폭넓은 관점으로 포트폴리오를 쌓아갈 수 있다.

과거와 달리 스포츠디자인에 대한 소비자의 니즈는 갈수록 커지고 있다. 응원하는 팀 관련 상품이 나오면 갖고 싶은 심리가 작용하고 예쁜 디자인일수록 눈길이 가는 것이 당연하다. 정부의 생활체육 저변 확대 정책으로 아마추어 수요도 점차 증가하는 추세다. 이에 따라 과거에는 상품 판매를 수익 사업이라고 여기지 않았던 스포츠 관련 단체와 구단의 인식도 변화하는 중이다. 다른 엔터테인먼트 시장에 비해 규모는 작은 편이지만 니즈를 충족하는 디자인이라면 얼마든지 공략이 가능하다. 특히 팬들은 일반적인 잠재 고객보다 구매 의욕이 높은 가망 고객에 속한다. 상품화 사업을 주관하는 단체와 구단에서 고객관계마케팅(Customer Relationship Marketing)을 활용한다면 스포츠 디자인 상품화는 주요 사업으로 성장할 수 있을 것이다.

해외 사례를 보면 전 구단 통합 사업으로 효율성을 높이는 변화도 나타난다. 미국 메이저리그사커(MLS)의 통합 디자인 및 마케팅이나 일본 J리그 엔터프라이즈의 통합 머천다이징 사례를 참고할 만하다. 국내 프로축구연맹도 2018 시즌부터 K리그 통합 머천다이징 사업을 시행하며 라보나 크리에이티브가 디자인 개발을 맡아 진행했다. 앞으로 스포츠 분야 디자이너의 역량을 발휘할 수 있는 영역도 넓어질 것이라 기대된다.

"모든 경험은 도움이 됩니다. 저는 대학 시절 광고디자인, 영상, 모션 그래픽에도 관심이 있었고 뮤직비디오도 제작해봤어요. 졸업 작품으로는 디자인 티셔츠 쇼핑몰을 만들었고요.. 회사에서의 고객 응대, 창고 정리 등 지금 와서 생각해 보면 크고 작은 경험 하나하나가 창업에 도움이 됐어요. 그런 경험에 축구를 좋아하는 마음을 더해 이 일을 시작했고 지금까지 만든 결과물에 대해 많은 사람이 좋은 반응을 보여줬어요. 대학교 때 한 교수님께서 '자신이 좋아하는 일을 하면 그 결과는 반드시 돌아온다!'고 말씀해 주신 게 큰 동기부여가 됐는데 시간이 지나 저도 이 말을 전하고 싶어요.

앞으로 스포츠산업이 더 발전함에 따라 우리같이 스포츠를 좋아하는 디자이너들이 가치를 인정받으면서 일할 수 있도록 회사를 만들어가고 싶습니다."

– 조주형 공동대표

"자신이 좋아하는 일을 하면 그 결과는 반드시 돌아온다!"

Inner view 04

스포츠미디어

스포츠미디어(sports media)는 기사나 방송 프로그램 같은 스포츠 관련 정보를 한쪽에서 다른 쪽으로 전달하는 역할을 하는 것을 통칭한다. 일반적으로 미디어라고 하면 언론 매체를 쉽게 떠올리지만 TV, 라디오, 신문, 잡지와 같은 전통적인 4대 매체(ATL, Above The Line)에 더하여 뉴미디어까지 다양한 종류의 매체를 포함한다. 여기에서 스포츠미디어란 주로 스포츠 대회, 경기, 단체, 선수, 관계자 등에 관한 정보를 공급하는 활동으로 정기간행물, 인터넷뉴스, 중계방송, SNS를 활용한 창업 사례를 소개한다.

형성과정

한때 스포츠미디어를 대표하던 양대 산맥은 스포츠 일간지와 스포츠 방송이었다. 초기 전파 미디어는 1920년대 라디오를 통한 야구대회 중계에서 출발한다. 이후 TV가 등장함에 따라 1948년 런던올림픽의 단파방송이 이뤄지긴 했으나 1957년 전국고교축구선수권대회의 중계방송이 국내 최초의 TV 중계로 여겨진다. 일찍이 신문으로 대표되는 활자 미디어가 주류로 자리 잡았고 1960년대부터 스포츠가 중심이 되는 일간지가 등장했다.

1970년부터 한국 축구사를 쓰고 있는 베스트일레븐은 축구 전문 월간지를 내놓으며 새로운 전기를 마련한 바 있다. 기관지가 아닌 상업용 잡지로서 많은 축구 전문지가 나왔다가 사라지길 반복했다. 현재는 베스트일레븐, 포포투, 사커뱅크 정도의 축구 월간지가 남았다.

또 1995년부터 국내에 케이블방송이 도입되면서 스포츠 전문채널도 생겨났다.

IT의 발전에 힘입어 정보통신 미디어도 비약적인 성장을 거듭했고 디지털 시대로 전환이 이뤄졌다. 특히, 인터넷이 대중적으로 보급되었고 각종 포털사이트, 방송사 홈페이지 VOD(Video On Demand) 등을 통해 스포츠 관련 기사나 뉴스를 쉽게 접할 수 있게 됐다. 기사나 뉴스를 공급하는 스포츠 매체도 늘어나기 시작했으며, 자체적인 플랫폼을 구축했다. 2000년대에 등장한 스포탈코리아, 점프볼, 사커라인, STN스포츠 등이 대표적이다.

이후 스포츠미디어와 문화를 접목한 새로운 개념의 매체로 더그아웃 매거진, 애슬릿미디어 등이 나타났고, 1인 미디어도 늘어나기 시작했다. 또한 지상파 방송사의 스포츠 전문채널 개설이 확대되었고, DMB(Digital Multimedia Broadcasting) 같은 모바일 미디어의 등장은 다양한 스포츠콘텐츠와 동반 성장하게 됐다. 그러한 과정에서 스포츠 소비자의 다양한 욕구에 맞춰 스포츠미디어의 저널리즘 속성과 엔터테인먼트 요소가 혼재를 이루게 되었다.

나는 스포츠로 창업을 꿈꾼다

업계현황

　스포츠미디어업은 국내 스포츠산업 특수분류상 스포츠정보서비스업에 해당한다. 세부적으로는 스포츠 신문 발행업, 스포츠 잡지 및 정기간행물 발행업*, 스포츠 관련 라디오 방송업·지상파 방송업·프로그램 공급업·유선 방송업·위성 및 기타 방송업 등이 있다. 2016년 기준으로 스포츠미디어업의 전체 매출액은 9,120억 원에 달하는 것으로 나타났다(2017 스포츠산업실태조사). 크게 활자 매체, 전파 매체, 정보통신 매체로 구분했을 때 전파 매체의 비중이 여전히 크지만 정보통신 매체도 급격히 성장한 분야다. 물론 전통적인 활자 매체도 빼놓을 수 없는 중요한 부분을 차지한다.

　농구 전문 매체로서 루키는 1997년부터 농구 월간지인 '루키 더 바스켓' 및 인터넷 신문 등을 발행하고 있다. 또 제이앤제이미디어는 농구 전문지 '점프볼' 및 배구 전문지 '더스파이크' 등 정기간행물을 발행하고 있다. 2000년에 창간한 점프볼은 KBL 공식지정 농구 전문 월간지 겸 매체로 인정받고 있으며, 2015년에 창간한 더스파이크는 한국배구연맹 공식지정 배구 전문 월간지로 국내에서 유일하다.

---

*　동일한 제호로 1년에 두 번 이상 계속 발행하는 간행물(신문 제외)로서 잡지, 정보간행물, 전자간행물, 기타 간행물(월 1회 이하 발행되는 간행물 중 책자 형태가 아닌 간행물) 등은 정기간행물 등록을 해야 한다.

베스트일레븐은 1970년부터 축구 월간지를 만드는 국내의 대표적인 스포츠 전문 매체로 손꼽힌다. 연중 캠페인으로 축구기자 오디션을 운영하며 우승자에게는 객원기자로 활동하는 기회를 부여한다.

스포츠앤드비즈니스컴퍼니가 발행하는 축구저널은 국내에서는 드물게도 온라인뉴스와 월 2회 종이신문을 발행한다. 유소년부터 프로 및 국가대표 축구까지 폭넓은 국내 축구 소식을 전하는 것이 특징이다.

그동안 몇몇 야구 전문지가 등장했지만 '더그아웃 매거진'을 제외하고는 아쉽게도 오래가지 못했다. 더그아웃 매거진은 야구문화잡지의 포지셔닝을 취함으로써 차별성과 함께 생명력을 얻고 있다.

종합정보미디어그룹 미디어윌은 테니스 잡지 '테니스코리아' 및 기타 정기간행물을 발행하며 관련 용품을 판매하는 인터넷쇼핑몰도 운영한다.

포포투와 사커뱅크, 러너스 월드 같은 잡지와 골프, 피트니스, 배드민턴 등 여러 종목에 관한 잡지도 존재한다.

이제 스포츠미디어의 중심은 온라인 매체라고 해도 과언이 아닐 것이다. 초기 온라인 기반의 스포츠 매체인 스포탈코리아는 2000년대에 출발한 축구 전문 미디어다. 각종 포털사이트에 축구 기사 콘텐츠를 공급하고, 국내 유일의 ESM(European Sports Magazine) 회원사 자격을 획득하면서 풍부한 유럽 축구 소식을 제공한다. 또 스포탈코리아는 영국 축구 전문 잡지인 포포투(FourFourTwo)의 한국어판을 제작했고, 축구 전문 매거북 'F&'을 창간하였다. 그 외 축구 관련 협회, 구단, 에이전시 등의 홈페이지 리뉴얼 및 운영을 대행하고 있다. 조직 내 출판 및 웹 팀을 따로 둘 정도로 규모를 갖추고 있다. 스포탈코리아 웹 사이트에서 제공하는 기사를 보면 실시간 인기 기사 목록 및 독자 수를 알려줌으로써 다른 기사 클릭을 유도한다.

인터풋볼은 축구 전문 미디어로 스포츠 데이터 및 콘텐츠도 함께 제공한다. 국내외 축구 소식과 데이터 분석, 경기 프리뷰와 같은 콘텐츠도 주요 서비스다. 축구단 마케팅 대행이나 축구 용품 마케팅도 하나의 사업 영역이다.

스포츠Q는 종합 스포츠미디어로 스포츠·문화·연예 등의 콘텐츠를 제공한다. 야구 및 축구, 스포츠일반의 뉴스를 제공하는 데 더하여 스포츠산업·포럼 관련 콘텐츠가 눈길을 끈다. 스포츠Q는 스포츠포럼, 스포츠경영, 스포츠정책, 레저산업 등의 기사를 제공하는데, 다른 스포츠 매체에서 흔하지 않은 형태이다.

공중파 방송과 스포츠 전문채널은 여전히 파급력이 막강한 스포츠미디어다. 광범위한 도달 범위와 많은 시청자를 보유하여 중계권이나 광고 수익의 단위는 다른 매체보다 큰 편이다. 또 KT olleh tv, LG

U+ tv, SK B tv 등이 IPTV(Internet Protocol Television) 시대를 열면서 '스포츠 방송콘텐츠 다시보기' 같은 서비스도 매력적인 수익원으로 자리 잡았다.

STN스포츠, IB미디어넷, 스포티비는 스포츠 전문채널을 통해 스포츠 중계방송과 프로그램을 제공하고 있다.

STN스포츠는 스포츠 중계방송 및 통신사업, 스포츠신문, 스포츠 마케팅 등의 사업을 전개하고 있다. 국내 인터넷 중계방송 시대를 여는 데 앞장선 STN스포츠는 HD 중계차 및 중계방송시스템을 구축하고 비인기 종목까지 취재의 폭을 넓혔다. 주요 포털사이트를 비롯하여 여러 방송 및 미디어 채널을 통해 스포츠 경기를 생방송과 재방송 영상으로 제공하며, 내셔널리그와 WKBL(한국여자농구연맹) 등의 인터넷 방송채널도 운영한다. 최근 들어 여러 스포츠이벤트의 주관방송사로 선정되면서 입지를 더욱 굳건히 하고 있다.

IB미디어넷은 갤럭시아SM의 자회사로 종합스포츠채널인 IB스포츠를 통해 스포츠 중계방송을 공급한다. 야구, 축구, 농구, 골프, 프로레슬링, 격투기, 육상, 테니스, 당구 등 다양한 국내외 스포츠 프로그램을 제공하는 것이 특징적이다. 꾸준히 지역 방송이나 디지털 케이블 같은 신규 플랫폼을 통해 채널을 런칭하고 있다.

스포티비는 에이클라 엔터테인먼트의 계열사로 스포츠 중계방송,

광고, 스포츠 프로모션 등을 제공하는 스포츠 전문채널이다. 개국 초기부터 국내 프로스포츠 중계 편성을 시작으로 해외 스포츠 중계 편성까지 빠르게 넓혀나갔다. 방송 외에도 광고, 영상 프로덕션, 스포츠이벤트 대행, 방송기술 및 채널 사업도 영위하고 있다. 스포티비는 SPOTV, SPOTV TWO, SPOTV PLUS, SPOTV GAMES 등의 채널을 보유하고 있다.

창업방향

스포츠미디어 분야를 창업하려면 상당한 자본과 시간을 투자해야 한다. 인쇄, 방송, 온라인 등 매체의 형태에 따라 다르지만 공통적으로 콘텐츠 제작과 전달을 위한 매체 구축 등에 많은 비용이 든다. 또 미디어의 특성상 인지도와 함께 높은 수준의 신뢰도를 확보해야 하는 과제도 있다.

퍼스트디비전과 애슬릿미디어의 경우 축구와 야구 분야에서 전문성을 인정받고 있다. 축구 전문가 집단인 퍼스트디비전은 '풋볼리스트'를 통해 축구 전문 콘텐츠 서비스를 제공한다. 국내외 축구 기사와 칼럼, 영상 등 축구 미디어이기도 하지만 팟캐스트와 같은 축구 콘텐츠 제작을 바탕으로 축구여행(축덕원정대) 및 아카데미 프로그램도 운영한다. 풋볼리스트라는 브랜드에 초점을 맞춰 동명의 인터넷신문 웹 사이트와 출판 브랜드를 통해 축구 콘텐츠를 공급하고 있다.

애슬릿미디어는 2015년에 설립된 스포츠 스타트업으로 온라인 플랫폼을 통해 일반적인 스포츠 기사가 아닌 스포츠콘텐츠 형태의 서비스를 제공한다. 주요 구성원도 스포츠 기자가 아닌 에디터로 채워져 있다. 스타일리시한 사진과 에디팅이 돋보이는 인터뷰 기사나 영상, 선수 외 인물의 이야기를 다룬 독특한 콘텐츠를 제공한다. 애슬릿미디어는 투데이 애슬릿, 월간 애슬릿(웹진) 등을 발행하는 한편, 투구 궤적추적 시스템인 트랙맨의 한국 운영사이기도 하다.

퍼스트디비전과 애슬릿미디어는 일반적인 언론 매체와 다른 느낌을 풍긴다. 스포츠 저널리즘과 엔터테인먼트의 요소가 결합된 콘텐츠를 제공하는 일종의 하이브리드 매체이기 때문이다. 기존의 방송사와 신문사가 그 영역을 공고히 하고 있으므로 새로운 스포츠미디어라면 차별화된 콘텐츠가 필수다.

퍼스트디비전의 창업자인 서형욱 대표는 축구기자이자 작가, 스포츠해설가로 더 잘 알려져 있다. 해외 축구 웹진 토탈사커의 편집장 출신으로 여러 매체에서 축구 관련 기사를 쓰거나 해설하는 일을 하면서 1인 미디어의 가능성을 보여준 바 있다.

온라인 기반의 매체가 발달함에 따라서 블로그, 팟캐스트, 유튜브, SNS 등을 활용한 1인 미디어 시장이 형성되었고 더욱 확대될 전망이다.

국내 스포츠 분야에서 대표적인 1인 미디어로 서호정, 박동희, 손대범 기자를 꼽을 수 있다. 서호정 기자는 축구 전문 사이트 골닷컴 소속으로 활동 중인 축구기자이다. '서호정의 킥오프'라는 축구 칼럼을 포털사이트에서 연재하고 있으며, K리그 클래식 전문토크쇼 '풋볼 N토크 K'에 출연 중이다. 스포탈코리아, 일간스포츠, 포포투, 풋볼리스트 등 축구 전문 매체를 두루 거쳤다.

박동희 기자는 스포츠방송 야구해설위원 겸 야구 칼럼니스트로 이름을 알렸으며, 스포츠 방송의 야구전문기자로 활동 중이다. 스포츠 2.0 매거진과 스포츠춘추 기자를 거쳤는데, 스포츠춘추는 박동희 기자가 운영한 1인 미디어로 객원기자를 모집하기도 했다.

손대범 기자는 농구 매거진 점프볼의 편집장이자 스포츠방송 농구해설위원이다. XXL, 루키 그리고 점프볼까지 세 권의 농구 잡지 편집장을 경험했다. 여전히 기자라는 호칭이 어울리게 취재 활동을 이어가고 있다. 포털사이트에 '손대범의 맨투맨'이라는 칼럼을 연재하고, 농구 관련 기사 및 저술 활동을 왕성하게 하면서 소속 매체와 별개로 1인 미디어로서의 영향력도 보유하고 있다.

앞서 소개한 1인 미디어는 창업 형태가 아닌 다른 곳에 소속을 둔 반면, 스포츠니어스의 김현회 발행인은 직접 스포츠미디어를 창업했다. 그 역시 축구 관련 기사, 칼럼 작성 및 방송 경험을 바탕으로 1인 미디어의 입지를 구축한 인물이며, 2016년에 직접 인터넷 스포츠뉴스 사이트인 스포츠니어스를 설립하기에 이르렀다. 주로 축구 관련 뉴스의 비중이 높으며 국내외 축구 뉴스와 칼럼을 제공한다. 평소 톡톡 튀는 발행인의 성향이 스포츠니어스로 확장된 느낌이다. 스포츠니어스의 '100초 토론'의 경우 스포츠 토론 문화 활성화를 위해 매주 뜨거운 주제를 설문조사 형식으로 다룬다.

인터넷 기반의 스포츠미디어의 주 수익원은 웹 사이트 화면 및 기사나 영상 속 광고가 큰 비중을 차지한다. 특정 구단이나 단체의 콘텐츠 공급을 전담하는 서비스도 이뤄지고 있다. 일종의 미디어 에이전시로 이해할 수 있다. 또 팬북이나 매치매거진 제작처럼 세분화되고 전문적인 영역도 미디어 스타트업이 고려할 수 있는 부분이다.

또한 스포티안과 스포츠W처럼 매체가 전달하고자 하는 정보를 차별화하는 방안도 있다. 인터넷 스포츠신문사인 스포티안은 한국스포츠마케팅포럼의 '스포츠비즈니스 방향성 및 스포츠콘텐츠 생성에 관한 연구' 과정에서 만들어졌다. 인기 스포츠뿐 아니라 비인기 혹은 유소년·아마추어 종목과 스포츠산업 관련 콘텐츠를 제공하는 방향성을 가졌으며, 배드민턴 종목에 특화된 매체로 운영되기도 했다.

스포츠W는 독특하게도 여자 스포츠 전문 인터넷 미디어로 탄생했다. 스포츠 종목 중에서도 여자 선수와 종목의 기사 및 영상 등 차별화된 콘텐츠를 제공한다. 국내에서는 희소성이 높은 콘셉트의 매체이다. 선수뿐 아니라 스포츠 캐스터, 치어리더 등 스포츠 분야에서 활동하는 여성을 부각하면서 향후 여성 스포츠 저변의 확대와 나아가 여성 스포츠산업 발전에 기여하는 바가 클 것으로 기대한다.

인쇄 매체 측면에서 스포츠마케팅이나 비즈니스 관련 전문지의 수요가 존재한다. 그러나 국내에서 스포츠산업을 전문적으로 다룬 매체는 한국스포츠산업협회가 발간하는 계간지인 스포츠비즈니스리뷰가 유일하다.

스포츠산업, 마케팅, 비즈니스에 대한 관심은 날로 높아지는 가운데 관련 전문 매체가 갖은 희소성에 주목하여, 다른 매체와 시너지를 내는 연계 가능성을 생각해볼 만하다. 또한 대학스포츠 매거진인 고려대학교 'SPORTS KU', 연세대학교 'SIS-BOOM-BAH', 경희대 'REGULUS', 성균관대 'ESKAKA'의 등장과 SNS 연계 운영은 스포츠 인쇄 매체의 새로운 가능성을 찾을 수 있게 만든다.

대단한미디어의 야구문화잡지
'더그아웃 매거진'

더그아웃 매거진(www.dugoutmagazine.co.kr)은 2011년 4월 대단한 미디어가 창간한 야구 월간지다. 편집장을 겸하고 있는 김지형 대표는 사회인야구를 즐기던 중 국내에 야구 잡지가 없는 것에 의아해하며 직접 창간하기에 이르렀다. 이후 더그아웃 매거진이 단순한 야구전문잡지로 불리는 것을 거부하며, 야구문화잡지의 가치를 지향하고 있다. 국내외에서 활동하는 프로야구선수를 비롯하여 고교야구 팀, 리틀야구단 등 여러 아마추어 야구 팀과 생활체육 야구인 및 야구 팀을 소개해왔다. 더그아웃 매거진의 특징은 인물에 초점을 맞춘 것이다. 야구선수, 지도자뿐 아니라 야구 심판, 해설위원, 아나운서, 웹툰작가, 전문기자, 마케터, 응원 단장 및 치어리더, 야구 팬 등 여러 야구인까지 조명한다. 그동안 여러 야구 잡지가 존재했으나 유일하게 살아남은 스포츠미디어로서의 차별성이 있을 것이다. 자칭 '대한민국 최고의 야구문화잡지'라고 해도 과언이 아닌 듯하다. 독보적인 더그아웃 매거진의 성공에 힘입어 대단한미디어는 각종 연관 사업을 전개하고 있다. 잡지 발행 인프라와 노하우를 바탕으로 KBS N Sports 아나운서북, 롯데자이언츠 팬북, NC다이노스 Year-Book 등 야구 관련 인쇄 기획물을 제작하고, 스포츠 광고 및 화보 촬영, 야구 대회 및 이벤트 개최도 진행한다.

참고사례

기업명	설립연도	주요 제품 · 서비스	홈페이지
제이앤 제이미디어	2000	농구 및 배구 잡지, 정기간행물 발행 등	http://news.jumpball.co.kr www.thespike.co.kr
STN 스포츠	2009	스포츠미디어 및 중계방송, 스포츠마케팅 등	www.stnsports.co.kr
인터풋볼	2010	축구 전문 미디어, 스포츠 데이터 및 콘텐츠 등	www.interfootball.co.kr
스포티비	2010	스포츠 중계방송, 광고, 스포츠 프로모션 등	www.spotv.net
스포티안	2011	인터넷 스포츠 신문 등	www.sportian.co.kr
스포츠Q	2013	스포츠미디어, 문화·연예 종합 뉴스 등	www.sportsq.co.kr
퍼스트 디비전	2014	축구 전문 미디어 서비스, 축구 콘텐츠 제작, 축구여행 프로그램 등	www.footballist.co.kr
애슬릿 미디어	2015	스포츠미디어, 스포츠콘텐츠 등	www.atmz.co.kr
스포츠 니어스	2016	스포츠미디어, 스포츠콘텐츠 등	www.sports-g.com
스포츠W	2016	여자 스포츠 전문 인터넷 미디어, 영상 콘텐츠 등	www.sportsw.kr

Interview 04

미디어와 독자의 거리를 좁히는
'애슬릿미디어'

스포츠 종합 콘텐츠미디어_애슬릿미디어. 이용한 대표

새로운 시각과 호흡으로 다가가다

"저에게 스포츠는 인생에서 뗄 수 없는 당연한 거예요. 중학교 때 축구부와 농구부 동시에 스카우트 제의를 받을 만큼 운동을 좋아하고 곧 잘했어요. 대학에서 사진을 전공하고 평범하게 사진 스튜디오를 차렸는데, '나만의 매체를 갖고 싶다'는 생각이 들더라고요. 제가 원하는 방향으로 콘텐츠를 만들고 싶은 욕망이 있었어요. 콘텐츠는 무엇이 좋을까 생각하다가 그 당시에 사회인 야구에 푹 빠져 있어서 야구 잡지를 만들기로 했죠. 이후에는 야구에 한정하지 않고 모든 스포츠를 다루고 싶어졌어요. 그래서 애슬릿미디어를 창업했답니다."

이용한 대표는 2011년 잘하는 것에서 좋아하는 것으로 직업의 방향을 틀었다. 사진 스튜디오 창업에서 전향해 야구와 문화를 접목한 베이스볼&컬처 매거진 '더그아웃'의 창간 멤버가 되었다. 그 무렵 기존 야구 잡지들은 폐간된 상황인 반면, 야구 붐이 일어난 때라 시기적으로 잘 맞아떨어졌다. 4년 후 2015년 11월, 37세의 나이에 애슬릿미디어 대표로 새로운 창업에 나섰다. 빠르게 변화를 수용하는 온라인 매체, 모든 스포츠를 다루는 미디어를 만들고 싶었다.

애슬릿미디어는 자사 웹 사이트를 포함하여 네이버·다음 포털사이트, 유튜브, 페이스북·인스타그램 등 SNS 플랫폼을 통해 콘텐츠를 제작·유통하는 미디어다. 촌각을 다투며 기사를 양산하거나 종이 인쇄물을 발간하는 전통적인 미디어와는 다르다. 여러 온라인 채널에서 독자와 디지털 상호작용이 가능한 뉴미디어이며 특정 인물이나 이슈에 초점을 맞추어 기존 미디어에서는 다루지 않는 이야기를 전달하는 것이 목적이다.

대다수의 스포츠미디어는 매일 시간대별로 일정하게 기사를 송고하고 경기가 진행되는 중에도 계속해서 콘텐츠를 생산한다. 그러다 보니 행여나 기사에 오타가 있거나 제목과 내용이 어긋나는 낚시성 기사를 내면 순식간에 팬들의 뭇매를 맞기 일쑤다. 온라인미디어는 조회 수 늘리기에 눈멀지 않도록 경계해야 한다. 애슬릿미디어는 기득권층에 속하는 미디어가 지닌 타성에 젖지 않고 동시에 미디어로서의 본분을 지키기 위해 관점을 달리하는 데 집중한다. 애슬릿미디어만의 호흡을 갖는 것이다.

"접근법 자체가 다른 것이 특징이에요. 기존의 미디어는 스포츠를 다루는 방식이 정형화되어 있다 보니 변하지 않으려는 관성이 있어요. 하지만 저희는 한 명의 인물, 하나의 이슈에 초점을 맞춰요. 대신 다른 미디어가 다루지 않는 스토리를 말하는 것에 집중해요. 수십 수백 개의 기사를 낼 필요가 없으니 콘텐츠의 양에서 확연히 다르지만 높은 퀄리티로 만들려고 하죠. 더 진지할 수도 있고 더 재밌게 할 수도 있고, 그건 우리 마음이에요. 아마추어 같아 보일 수도 있지만 남들과 다르다는 점에서 색다른 접근이라고 생각해요. 이미 형성된 제도권 밖에서 벗어나서 '우리만의 호흡으로, 우리가 느낀 그대로, 우리 멋대로 콘텐츠를 발행하자!' 그런 시각을 가지고 있어요."

나는 스포츠로 창업을 꿈꾼다

채널을 세분화하고 차별화에 집중하다

빠르게 변화하고 생존 경쟁도 치열한 스포츠미디어 분야에서는 안정성과 유연성을 고루 갖춰야 한다. 이미 같은 업종에서 창업을 경험했지만 수익 모델을 설정하는 것은 가장 어려운 점이었다. 뉴미디어 플랫폼의 특성상 짧은 시간에 같은 채널에서 여러 개의 콘텐츠가 올라오면 독자가 보기에 어렵고 도달률이 떨어진다. 이 때문에 애슬릿미디어는 분야에 맞게 세분화·전문화하고 패션, 음식 등 다른 문화와 융합하여 개성을 살렸다. 애슬릿미디어라는 한 채널에 집중하기보다 스포츠 팬이 각자 좋아하는 것을 선택하여 수용하게 했다. 페이스북을 예로 들면 특성에 맞게 각각 애슬릿 피플, 애슬릿 스타일, 애슬릿 칼로리, 애슬릿 모터스 등으로 채널을 세분화했다. 독자들이 입맛에 맞는 채널을 골라 구독함으로써 자연스럽게 목표고객구분(targeting)이 가능했고 만족도 또한 높아졌다.

미디어가 대중에게 신뢰와 영향력을 준다면 이를 기반으로 마케팅 수익을 창출할 수 있다. 스포츠 선수가 자동차를 타거나 시계를 착용한 이미지를 통해 선수는 물론 자동차·시계 제품을 홍보할 수 있다. 홍보나 모델이 필요한 다른 브랜드에서는 미디어와의 협업을 마다할 리 없다. 그러나 마케팅 수익만으로 운영하기에는 초기 자본이 많이 드니 뒷받침할 수 있는 부차적인 자금줄을 마련해두는 것도 현명한 방법이다. 애슬릿미디어의 경우 데이터분석시스템 트랙맨

(Trackman)의 한국 운영을 맡아 프로야구 중계방송사에 실시간 데이터를 제공하여 수익을 낸다.

애슬릿미디어의 눈에 띄는 강점은 질적인 차별화다. 애슬릿미디어가 촬영한 인물의 사진은 흡사 연예인 화보 느낌을 풍긴다. 사진을 전공한 이용한 대표의 강점이 드러나는 부분이기도 하다. 좋아하는 일을 하면서 잘하는 일의 실력을 제대로 발휘하는 중이다. 선수를 촬영할 때는 유니폼을 입은 모습보다는 다양한 의상을 준비하고 포즈를 연출한다. 선수가 아닌 일반인 촬영도 마찬가지다. 자연스러우면서도 새로운 모습을 이끌어내려고 노력한다.

감동과 위안을 주는 콘텐츠에 충실하다

국정농단 사태, 미투 운동 등 일련의 사건마다 미디어는 사회의 부조리를 드러내고 진실을 밝히는 중요한 역할을 했다. 체육계에서도 승부조작, 심판 매수 등 스포츠 정신에 어긋나는 사건사고가 미디어를 통해 세상에 알려졌다. 미디어가 순기능을 한 것은 분명하다. 그러나 애슬릿미디어는 스포츠가 주는 감동을 알리는 것에 집중한다. 스포츠의 진정성을 조명함으로써 독자들의 아픔을 치유하고 희망을 품게 하기 위해서다.

"스포츠 관련 비리가 터지면 스포츠를 다루는 사람으로서 쓴소리를 해야 하지

　　　　　　　　　　　나는 스포츠로 창업을 꿈꾼다

않느냐는 이야기를 듣곤 해요. 하지만 저는 스포츠의 본질은 스포츠만이 갖는 리얼한 진정성이라고 생각해요. 대부분의 사람은 스포츠에서 부정적인 것을 찾지 않거든요. 조금 더 감동적인 것을 찾아 감상하고 인간 승리의 희열을 느끼기도 하잖아요. 그것을 더 알리는 게 저희가 지향하는 것이에요. 단, 거짓이 아닌 선에서 아름답게 비춰질 수 있도록 해야죠. 우리의 콘텐츠를 통해서 사람들이 조금이나마 위안을 얻었으면 좋겠어요. 그것이 우리의 차별점이고 질적으로도 중요한 점이라고 생각해요. 우리는 이 역할에 충실하고 다른 미디어는 또 다른 역할에 충실해서 모두가 함께 느끼고 공유하면 좋겠어요."

감동적인 이야기를 전달하겠다는 애슬릿미디어의 사명감은 2018년 평창동계올림픽을 앞두고 더욱 커졌다. 우려와 걱정은 잠시 뒤로 하고 자부심을 안고서 시리즈 콘텐츠를 기획했다. 스켈레톤 윤성빈, 피겨 박소연 등 동계 스포츠 선수들을 차례로 소개했다. 우리나라에서 열리는 메가스포츠이벤트와 한국 선수를 알리는 최선이자 최고의 노력이었다. 또 다른 콘텐츠로 스포츠에 빠져 사는 팬들을 소개하는 '너와 나의 연결고리 팬톡' 시리즈 역시 인기를 끌었다. 팬들이 직접 느끼는 스포츠의 재미를 전달하고 콘텐츠에 팬을 주인공으로 등장시키며 미디어와 독자 사이의 거리를 좁혀나갔다.

경쟁력 있는 스포츠미디어가 되기 위한 조건은 무엇일까? 스포츠의 본질을 왜곡하지 않고 전달하는 것은 기본이다. 여기에 콘텐츠의 속성을 파악할 필요가 있다. 글, 사진, 영상 세 가지로 나뉘는 콘텐츠의 속성은 아무리 미디어 환경이 빠르게 변화해도 근본적으로 변하지 않는 가치다. 이 세 가지 중 하나라도 제대로 만들 줄 안다면 차별화된 방식으로 경쟁에서 살아남을 수 있다. 단순히 경기결과를 보고하는 수준의 콘텐츠 생산에 그친다면 미디어의 수명은 오래 가지 못할 것이다. 애슬릿미디어도 이 세 가지를 핵심 가치로 내세운다.

미디어의 환경 변화는 수익 창출 방식의 변화와도 맞물린다. 예전이라면 미디어의 크기에 상관없이 광고주들의 관심과 광고비의 흐름이 고루 돌아갔다. 이제는 쌍방향 소통이 가능해지고 통신 및 미디어 구조가 복잡해졌다. 이러한 가운데 포털사이트와 같은 플랫폼이 중간 역할에서 많은 수익을 가져가고 실질적으로 콘텐츠 생산자에게 남는 이익은 극히 적다. 때문에 미디어는 자체 플랫폼을 가지기 위해 새로운 플랫폼을 만들거나 접근이 쉬운 SNS로 옮겨가는 추세이다. 스포츠미디어 창업을 위해서는 이러한 현상을 잘 분석하되 미디어와의 소통과 홍보에 인색한 구단과 협회 관계자를 설득하는 전략도 갖춰야할 것이다.

아무것도 하지 않으면 아무 일도 일어나지 않는다

항상 새로운 경기를 펼치고 때로는 예상치 못한 결과가 나오는 스포츠만큼이나 스포츠미디어 시장은 불안정하다. 매일이 위기인 창업의 길에서 계속 전진할 수 있는 힘은 어디에서 나올까. 이용한 대표의 원동력은 좋아하는 일을 선택하는 것, 좋은 동료와 함께하는 것에서 비롯된다.

"힘들고 넘어야 할 고비를 계속 맞닥뜨릴 때 어떤 동력으로 끝까지 포기하지 않고 밀고 나갈 것인지를 생각해봤어요. 첫 번째로 가장 좋아하는 것을 해야 겠더라고요. 현실적으로 자금난, 영업 네트워크 구축 등 어려움이 계속해서 닥치는데 자신이 좋아하는 일이 아니라면 더 힘들 거예요. 두 번째로 좋은 동료, 좋은 팀이 곁에 있어야 해요. 경영자는 굉장히 외로운 역할이에요. 가장 어려운 결정을 내려야 하고 동시에 모든 것에 대해 책임을 져야 하죠. 모든 일이 혼자서 이루어지진 않아요. 좋은 동료는 굉장히 소중한 존재예요. 저희 직원들은 서로를 잘 알아요. 스포츠미디어 시장이 계속 바뀌어도 직원들이 혼란스러워 하지 않고 잘 따라와 줘서 항상 고마울 뿐이에요."

전 메이저리거 데릭 지터는 등번호가 영구결번이 될 만큼 화려한 선수 인생을 보냈는데 인상적인 활약은 은퇴 후에도 계속됐다. 데릭 지터는 'The Player's Tribune'이라는 웹 사이트를 만들면서 스포츠미디어 창업자가 되었다. 이 웹 사이트는 선수와 팬들이 소통하는 새로운 창구가 되었고 코비 브라이언트, 케빈 러브 등 유명 선수들이 자신의 거취 관련 소식을 알리는 데 이용하기도 했다.

데릭 지터의 창업 사례에서 큰 동기부여를 얻었다. 또 테슬라모터스, 스페이스엑스, 솔라시티의 창업자이자 아이언맨의 모델인 엘론 머스크의 영향을 받기도 했다. 세상을 연결하고 변화시키는 그들의 모습을 존경함과 동시에 남 이야기라고 생각하지 않는다. 그들 못지않게 할 수 있는 일이 있다고 믿는다. 이처럼 창업을 두렵게 생각하지 않고 자신 있게 시작한 이용한 대표의 도전 역시 또 다른 누군가에게 영향력을 미칠 것으로 기대한다. 그는 스포츠미디어 분야 진출을 꿈꾸는 이들에게 'Just do it!'을 외친다.

"아직까지 저도 이 분야에서 우뚝 선 사람은 아니고 그저 열심히 일하는 창업자예요. 그만큼 달려온 길은 짧지만 과거를 뒤돌아보면 창업했을 당시의 모습이 뚜렷하게 떠올라요. 그때를 생각하며 하고 싶은 말은 일단 저지르라는 거예요. 그리고 미디어를 대할 때 유연한 사고가 필요해요. 너무 경직돼서 플랫폼 안에 갇히지 마세요. 핵심은 있되 환경 변화에 잘 적응할 수 있게 자유로워져야 해요. 또 한 가지 중요한 건 '아무것도 하지 않으면 아무 일도 일어나지 않는다'는 거예요. 좋아하는 것, 하고 싶은 것을 찾고 마음껏 해봐야 합니다. 아무런 리스크 없이 일하는 사람은 없어요. 어떤 위험이나 위기를 돈으로 해결할 수 있는 사람이라 할지라도 직접 어려움을 겪어보지 않으면 행복할 수 없을 겁니다. 일단 시작하고 위기가 찾아오면 좋은 사람들과 함께 이겨나가고 주변의 기회를 잘 활용한다면 자신만의 길이 열릴 거라 믿어요."

나는 스포츠로 창업을 꿈꾼다

Inner view 05

스포츠출판

스포츠출판(sports publishing)은 기본적으로 스포츠 관련 출판물을 만들어 내는 것을 뜻한다. 출판물(publication)은 대중에게 어떤 것을 널리 공표하고 전달하려는 의도가 담겨 있다. 출판물의 종류에는 일반적인 도서가 있고 잡지와 같은 정기간행물, 홍보 및 기록 책자 등이 있다. 흔히 도서는 책, 서적이라는 표현과 혼용된다. 형태에 따라서는 종이에 인쇄된 유형화된 책이 있는 반면, 전자책처럼 디지털 콘텐츠로도 존재한다. 여기에서는 이러한 종류와 형태로 스포츠 관련 서적을 부분 혹은 집중적으로 만드는 출판사의 창업 사례를 소개하고자 한다.

형성과정

스포츠출판은 스포츠의 가치나 즐거움을 다양한 관점에서 알리는 역할을 한다. 또한 정보 전달과 기록의 의미도 있으며 부가가치를 창출하기도 한다. 초기에는 스포츠출판이 교재의 영역에 초점을 맞추었다.

1984년 경인문화사로 창립한 대한미디어는 국내 최초로 해외 체육 분야 원서를 번역 출판했으며, 오늘날 스포츠 전문 출판사로 디자인 및 인쇄대행도 겸하고 있다. 그동안 체육이론 및 스포츠종합, 스포츠과학 및 의학, 건강·노인체육, 스포츠 종목별 서적 등을 펴냈다.

대경북스는 1990년에 설립되어 체육 및 스포츠, 보건 전공교재, 실기서적, 스포츠물리요법 및 대체의학 관련 서적 등을 출간하고 있다. 주로 전국의 대학에 체육·스포츠·보건 계열 및 물리치료과에 전공교재를 보급하며, 일반인을 위한 건강 및 대체의학 서적도 간행한다.

도서출판 홍경은 1995년부터 체육, 스포츠, 레저, 건강 관련 서적을 출판하고 있다.

또 다른 스포츠출판 영역으로는 프로스포츠 시장이 있다. 프로야구, 프로축구, 프로농구, 프로배구 등 프로스포츠가 발달함에 따라 기본적으로 연맹이나 협회, 구단이 각종 가이드북과 기록집, 홍보책자 등을 매년 내놓고 있다. 가령, 한국야구위원회(KBO) 공식기록업체로서 프로야구 연감, 기록집, 가이드북, 야구규칙서 등 데이터 기반의 서적을 출판하는 스포츠투아이가 대표적인 사례다.

대중을 위한 유명 스포츠 인물의 자서전이나 관련 스포츠 도서가 틈틈이 나오긴 했지만 여전히 그 종류와 양은 한정적이다. 일반을 대상으로 한 스포츠 종합서나 교양서는 딱딱한 느낌이 강하다. 스포츠출판 관점에서 이제는 프로스포츠의 발전과 메가스포츠이벤트의 개최로 점차 다양하게 스포츠를 즐기는 데 관심이 생겼고, 각 종목과 대상의 소재별 세분화도 시작되었다.

업계현황

국내 스포츠출판 시장의 큰 흐름 중 한 가지는 해외 인기 서적을 번역해서 출간하는 것이다. 세계적인 스타플레이어의 자서전이나 일

나는 스포츠로 창업을 꿈꾼다

대기를 다룬 콘텐츠는 많은 스포츠 팬들에게 읽히고 있다. 한스미디어의 《나는 즐라탄이다》, 《위르겐 클롭》, 《박지성 마이 스토리》, 《나는 생각한다, 고로 플레이한다》, 《최고의 골키퍼 노이어》 등이 그 예다.

한스미디어는 스포츠, 비즈니스, 인문사회 도서를 만드는 출판사로, 국내 주요 출판사에서 기획, 편집, 영업, 마케팅 등 다방면에서 경력을 쌓은 전문가가 모여 출판사를 세웠다. 첫 책인 《인생을 두 배로 사는 아침형 인간》으로 성공을 거뒀다. 《한 권으로 끝내는 축구 전술 70》, 《좌익 축구 우익 축구》, 《올 어바웃 사커》 등 주로 축구 관련 서적을 펴내고 있다.

대한미디어와 레인보우북스처럼 스포츠 분야 학술 도서를 전문적으로 만드는 출판 형태가 있다. 대한미디어는 《골프 닥터》 등 골프 관련 도서를 비중 있게 기획·출간하고 있으며, 《NEW 골프바이블》은 꾸준히 사랑받는 스테디셀러다. 국민체육진흥공단, 대한축구협회, 체육과학연구원 및 국내 여러 체육 관련 학회나 협회와 협력 관계에 있다. 또한 세계적인 스포츠 전문 출판사인 휴먼키네틱스(Human Kinetics)의 국내 파트너로서 원서와 한국어판 번역서를 독점 공급하고 있다.

레인보우북스는 체육 및 스포츠 학술·실용 도서를 출판한다. 주로 체육이론 및 체육교육, 스포츠매니지먼트, 특수체육 분야의 책을 발행하고 있다. 그동안 《스포츠철학 시론》, 《인문적 체육교육》, 《정신건강과 정신분석》, 《스포츠인문학》, 《스포츠와 체육의 역사 철학》 등은 문화체육관광부 우수학술도서로 선정되기도 했다. 2007년부터 무지개 출력센터를 설립하여 체육 및 스포츠 학회지에서 명함까지 다양한 인쇄·간행물을 제작하고 있다.

슈퍼루키와 지식닷컴은 스포츠 분야 국가기술자격증인 스포츠경영관리사 관련 이론서를 매년 펴내고 있다. 또 국민체육진흥공단의 체육지도자 자격검정 제도가 개편됨에 따라 전문스포츠지도사, 건강운동관리사, 생활스포츠지도사, 유소년스포츠지도사, 노인스포츠지도사, 장애인스포츠지도사에 대한 수요가 생겨났고 관련 이론서는 매년 지속적인 판매가 이뤄지고 있다.

삼호미디어는 1993년 설립된 이후 스포츠, 레저, 건강·미용, 취미·실용 분야의 책을 만들고 있다. 90년대에는 농구, 수영, 탁구, 스키, 배구, 테니스, 야구, 축구 등 다양한 종목을 주제로 한《파워 교본》시리즈와《파워 골프완성》, 《골프스윙 완성》 등 골프 관련 서적을 선보였다. 종목별 교본 서적 외에도《스포츠 일러스트》, 《스포츠테이핑》같은 책도 펴냈다. 최근에는《실전축구》, 《실전수영》 등 실전 시리즈와《현정화의 퍼펙트 탁구 교본》, 《New 농구교본 개인전술》, 《톱 플레이어 개인기 100》, 《야구 전술 플레이북》 시리즈, 《김동현의 리얼 스트렝스》 같은 교본류를 꾸준히 출간하고 있다.

스포츠라는 소재의 특성상 해외의 유명 리그나 프로스포츠 관련 내용을 다룬 가이드북도 매 시즌 꾸준히 소비되는 출판물이다. 북카라반은 스포츠, 취미·실용, 인문사회 도서를 만드는 출판사로 그동안 《재미있는 야구사전》, 《재미있는 축구사전》, 《유럽 3대 리그 스카우팅 리포트》 시리즈, 《메이저리그 스카우팅 리포트》 시리즈, 《하루쯤 축구여행》, 《유로 스카우팅 리포트 2016》, 《프로야구 스카우팅 리포트 2017》 등을 펴냈다.

또한 출판업계에서 전자출판과 주문형 도서출판, 일명 POD(Printing On Demand) 같은 새로운 서비스가 도입됨에 따라 스포츠출판에도 긍정적인 영향을 미치게 되었다. 싸이프레스는 스포츠, 헬스·다이어트, 취미·레저 도서 등을 출판하는 콘텐츠 공급회사로서 종이책 출판을 바탕으로 전자책과 같은 출판 매체의 다각화를 시도하고 있다. 설립 초기부터 《근육만들기 가이드》, 《변신남 프로젝트》, 《하루 3분 스트레칭》, 《임팩트 바디 플랜》, 《다이어트 마스터》 등 주로 다이어트 및 헬스 관련 책을 펴냈다. 그 외 건강·취미·레저 도서를 만들고 있으며, 《야구 마스터 가이드》, 《탁구 마스터 가이드》, 《수영 마스터 가이드》, 《처음 배우는 골프》 등 스포츠 서적도 냈다. 이후 루이스 수아레스, 크리스티아누 호날두, 리오넬 메시, 네이마르 등 축구 스타를 주제로 한 책도 출간하며 관심을 끌었다.

창업방향

스포츠출판을 하기 위해서는 기본적으로 출판업을 이해해야 한다. 우선 교정·교열, 디자인, 인쇄, 유통, 인세 지급 등을 위해서 자금과 인력이 필요하다. 전자출판의 경우는 비용을 절감할 수 있지만 어쨌든 최소한의 자금이 있어야 한다. 결정적으로 출판을 하려면 저자와 원고를 확보해야 하는데, 그에 앞서 출판사의 기획 방향이 분명해야 한다. 국내 평균 독서량이 저조한 가운데 스포츠 관련 책을 사서 보는 수요도 한정적인 편이다. 그렇기 때문에 출판사 입장에서는 독자의 구미를 당길 만한 기획이 필수적이다.

가령, 보누스는 스포츠, 취미·실용, 자연과학, 논픽션 분야의 도서를 출판한다. 초기에는 스포츠 분야에서는 스트레칭, 트레이닝, 다이어트 관련 서적을 내다가 스포츠 교과서 시리즈로《야구 교과서》,《축구 전술 필드가이드》,《야구 룰 교과서》,《승마 교과서》,《배드민턴 교과서》,《클라이밍 교과서》,《서핑 교과서》 등을 출간했다. 또 '축구의 전설 프리미어리그' 시리즈로 소개한《맨체스터 유나이티드》,《첼시》,《리버풀》,《아스널》,《퀸즈 파크 레인저스 QPR》도 좋은 반응을 얻었다. 이후《FC 바르셀로나 축구전술》 시리즈, 축구의 신화 프리메라리가 시리즈, 야구의 전설 한국시리즈 등의 기획물을 지속적으로 내놓고 있다.《유럽 축구 엠블럼 사전》과《월드컵 축구 엠블럼 사전》도 흥미로운 출간물이다.

1인 출판사의 등장도 주목할 만하다. 일단 출판업 활성화를 위해 일반 출판사 외에 1인 출판사 신고 요건이 간소화되었다. 또 소자본에 무점포로도 시작할 수 있는 장점이 있다. 1인 출판사의 경우 주로 편집 및 인쇄, 디자인, 유통 업무 등은 협력사를 통해 해결하고 출판 기획, 콘텐츠 발굴, 홍보 등 핵심 업무에 초점을 맞추는 형태로 운영된다.

그리조아FC는 국내에서 드문 축구 도서 전문 출판사이다. 1인 출판사로 2013년에 창업했으며, 축구 외에 모든 종류의 콘텐츠를 다루는 '그리조아'라는 출판 브랜드를 따로 운영한다. 그리조아FC의 김연한 대표는 출판 경력자이자 오랜 축구 팬으로서 국내에서 축구 책을 다양하게 접할 수 없다는 데 아쉬움을 느껴 직접 출판사를 차리기에 이르렀다고 한다. 국내 축구리그, 축구 팬, 대표 팀에 좋은 영향을 줄 수 있는 해외의 콘텐츠를 주로 소개하고 있다.《스페셜 원 무리뉴》,《호날두 완벽을 향한 열정》,《네이마르》,《메시 소년에서 전설로》,《이케다 효과》,《축구 잘하는 법》 등이 대표적인 번역서이다.《그들은 왜 이기는 법을 가르치지 않는가》,《무엇이 세계 최고 선수를 만드는가》처럼 국내 저자의 독특한 축구 경험도 책으로 만들고 있다.

그리조아FC처럼 출판 방향의 세분화와 함께 점점 다양화도 이뤄지고 있다. 스포츠인저리 출판사의 경우 스포츠손상 이야기나 운동선수의 재활이야기를 담은 책을 내고 있으며, 도서출판 스포츠메디컬연구소 역시 스포츠의학과 메디컬 전문 도서를 만들고 있다. 북마크와 브레인스토어 같은 출판사는 스포츠비즈니스 관련 서적으로 좋은 반응을 얻었다.

북마크는 스포츠, 비즈니스 도서, 교양서, 실용서 등을 출판한다. 《황홀하고 격정적인 한국 축구를 위하여》, 《승리의 함성, 하나 된 한국》, 《끝나지 않는 축구 이야기》, 《스포츠마케팅 쪼개기》 시리즈, 《골프로 통하는 비즈니스》, 《그녀, 축구를 만나다》, 《스포츠잡 알리오》 등을 펴냈다.

브레인스토어는 다양한 종류의 스포츠 서적을 지속적으로 출판한다. 2010년부터 《두산베어스 때문에 산다》를 기점으로 기아타이거즈, 롯데자이언츠, 삼성라이온즈, LG트윈스, 넥센히어로즈, 한화이글스 등을 다룬 한국프로야구단 시리즈와 《우리 야구장으로 여행갈까?》, 《나의 야구는 끝난 것이 아니다》 등 야구를 주제로 한 책을 펴내고 있다. 또 《한국인 프리미어리거 영웅전》, 《스페인 대표 팀의 비밀》, 《K리그 레전드》, 《축구는 사람을 공부하게 만든다》 등을 비롯하여 《누구보다 축구 전문가가 되고 싶다》, 《누구보다 첼시전문가가 되고 싶다》처럼 축구를 중심으로 한 '누구보다 ~전문가가 되고 싶다' 시리즈도 좋은 반응을 얻고 있다. 그리고 《푸마리턴》, 《틀을 깨는 야구 경영》, 《협상은 스포츠에서 배워라》 등 스포츠비즈니스 관련 서적과 크리스티아누 호날두, 리오넬 메시, 마리아노 리베라, 스티븐 제라드, 아르센 벵거, 안드레스 이니에스타 등 스포츠 스타를 다룬 책도 꾸준히 만들고 있다.

도서출판 사람들은 《축구에 관한 모든 것》 시리즈와 《축구 전술사》 등을 출간했다. 특히, 《축구에 관한 모든 것》 시리즈를 통해 축구 관련 스타디움, 광고, 에이전트, 심판, 국제축구연맹 등을 주제로 한 20권이 넘는 책이 나왔다. 50권을 목표로 국내에서 전무후무한 시리즈 출간을 이어가고 있다.

하빌리스는 국내 최대의 만화전문회사인 대원씨아이의 취미·실용서 브랜드로 2016년에 런칭하였으며, 《프로야구 스카우팅 리포트》을 시작으로 야구 및 스포츠, 교양 도서 등을 출판하고 있다. 또 《초보자를 위한 프로야구 스카우팅 리포트 2016》, 《야구야 고맙다》, 《메이저리그 가이드 2018》 등의 야구 관련 서적을 선보였다. 《프로야구 스카우팅 리포트》는 매년 국내 프로야구 시즌 개막에 앞서 발간하고 있으며, 많은 야구 팬이 기다리는 출판물로 자리매김했다.

한편, 흔히 POD라고 부르는 주문형 도서출판의 상용화와 독립출판, 도서정찰제 등은 출판업계에 새로운 가능성을 던져줬다. 출판업 자체를 사양산업으로 여기지만 스포츠출판만 놓고 보면 출간할 수 있는 콘텐츠가 무궁무진하다. 다만 좋은 책을 만들어도 스포츠 팬에게 읽힐 수 있도록 다양한 마케팅 방안이 마련되어야 할 것이다. 더하여 부크크, 해피소드(북랩) 같은 자가 출판 플랫폼을 통해 출판에 대한 과정과 감각을 미리 익히는 것도 스포츠출판업을 시작하기 위한 좋은 방법이다.

퍼스트디비전의 스포츠출판 브랜드 '풋볼리스트'

스포츠출판 분야의 전문화 측면에서 퍼스트디비전의 축구 및 스포츠출판 브랜드인 풋볼리스트가 대표적으로 손꼽힌다. 축구 해설위원으로 활동하고 있는 서형욱 대표가 직접 설립했으며, 초기부터 축구 콘텐츠에 집중했기 때문이다. 퍼스트디비전은 2013년 출판사 등록 후 한국프로축구연맹과 함께 손잡고 첫 책인 《2013 뷰티풀 K리그》를 출판했다. 이후 《풋볼멘》, 《스쿼드》 시리즈, 《리오 퍼디난드》, 《축구직업설명서》, 《카를로 안첼로티》, 《과르디올라 컨피덴셜》, 《슈퍼 에이전트 멘데스》, 《발롱도르》 등 주로 축구 관련 책을 냈으며, 뚜렷한 독자층을 확보하고 있다. 번역서의 비중이 높지만 《축구직업설명서》의 경우 국내 축구 전문직 종사자가 공동저자로 축구 분야 취업에 관한 생생한 조언을 담아내 신선하다는 평을 받았다. 또한 퍼스트디비전은 풋볼리스트 외에 도서출판 '글리'라는 자체 출판 브랜드를 통해서 《야구직업설명서》를 펴내기도 했다. 축구 및 야구 분야의 직업을 소개한 책과 연계한 오프라인 아카데미를 개설하여 스포츠 분야 구직자의 호응을 얻은 바 있다.

참고사례

기업명	설립연도	주요 제품 · 서비스	홈페이지
대한미디어	1984	스포츠 전문 출판, 디자인 및 인쇄대행 등	www.daehanmedia.com
대경북스	1990	체육 및 스포츠, 보건 전공교재, 실기서적 등	http://dkbooks.co.kr
레인보우북스	1993	체육 및 스포츠 학술·실용 도서 출판 등	www.rainbowbook.co.kr
한스미디어	2003	스포츠, 비즈니스, 인문사회 도서 출판 등	www.hansmedia.com
북마크	2005	스포츠, 비즈니스 도서, 교양서, 실용서 출판 등	http://blog.naver.com/ chung389
브레인스토어	2007	스포츠 서적 출판 등	www.facebook.com/ brainstorebooks
싸이프레스	2009	스포츠, 헬스·다이어트, 취미·레저 도서 출판 등	www.cypressbook.co.kr
그리조아FC	2013	축구 도서 전문 출판 등	www.grijoa.com
풋볼리스트	2013	축구 및 스포츠 도서 출판 등	www.footballist.co.kr
하빌리스	2016	야구 및 스포츠 도서 출판 등	www.dwci.co.kr

Interview 05

축구 발전의 견인차
'그리조아FC'

축구 책 전문출판사_그리조아FC. 김연한 대표

출판사 경력 10년차에 1인 출판사를 창업하다

김연한 대표보다 오랫동안 창업을 기다린 사람은 드물 것이다. 대학 졸업 후 여러 회사에서 일했지만 처음 생각과 달리 적성에 맞지 않아 오래 있지 못했다. 학창 시절부터 책을 좋아해서 이번에는 출판사로 눈을 돌렸다. 일본어를 전공했고 웹에 관한 지식이 있어 웹 사이트 관리자 역할로 출판사에 취직했다. 당시 나이 20대 후반, 그러나 관리자 역할에도 한계가 있었다. 편집부로 부서를 옮겨 편집장까지 역임했지만 연차가 쌓여도 미래는 어두웠다. 사실 그는 이미 오래 전부터 1인 출판사 창업을 염두에 두고 있었다. 입사 10년째가 되던 해인 2013년, 비로소 그리조아 출판사의 대표가 되었다.

"그리조아는 '글이 좋아'와 '그리(그렇게) 좋아'로 해석할 수 있어요. 이름을 정할 때 외래어를 쓰지 말고 한글을 쓰자, 받침이 없는 발음하기 편한 단어로 고르자는 원칙을 세웠어요. 예를 들어, 삼성과 현대는 나라마다 발음이 달라요. 하지만 소니는 그렇지 않죠. 모두가 똑같이 발음해요. 그래서 그리조아라는 이름을 지었고 축구 책으로 노선을 정하고 나서 이름에도 축구 느낌이 들어가게끔 조금 다른 의미의 FC(Football Contents)를 넣었어요. 그리조아가 상위 브랜드고 그 아래 그리조아FC가 있는 구조예요."

문화체육관광부의 출판사 검색시스템(http://book.mcst.go.kr)에 따르면 국내 출판사 등록업체 수는 약 9만 3천여 개이며, 그중에서 영업 중인 곳은 6만 3천여 개다. 1년에 한 권이라도 종이책을 내는 출판사는 3천 곳 정도로 추산된다. 김연한 대표는 행여나 같은 출판사명이 있지 않은지 살펴보고 재빨리 상표권을 등록했다. 자본과 인력이 부족한 1인 출판사는 대형 출판사처럼 책을 대량으로 낼 수도 없고 서점 영업을 활발히 할 수도 없다. 그래서 대형 출판사가 장악한 영역에 도전하기보다는 틈새시장으로 축구를 낙점했다.

첫 출판은 안정적인 콘텐츠를 확보하는 것이 중요했다. 상표권 등록 후 빠른 출간을 위해 해외서 번역판을 선택했다. 2013년 11월 그리조아 도서로 경제 분야의 《미라이 공업 이야기》를, 같은 해 12월에는 그리조아FC 도서로 《스페셜 원 무리뉴》를 출간했다. 이후 그리조아FC는 《호날두 완벽을 향한 열정》, 《이케다 효과》, 《메시 소년에서 전설로》, 《네이마르》 등의 번역판을 연이어 계약하며 축구 책 전문 출판사로 자리매김했다.

누구나가 아닌 나만의 아이템으로 특색을 드러내라

그리조아FC는 《그들은 왜 이기는 법을 가르치지 않는가》를 통해 1인 출판사의 가능성을 확인했다. 김연한 대표는 세계적인 더비매치인 '엘 클라시코(El Clasico)' 직관을 통해 스페인 축구에 관심을 갖게 되었다. 그리고 당시 스페인에서 유소년 지도자 연수 중이던 조세민 코치의 SNS를 유심히 지켜봤다. 마침 조세민 코치가 책을 내고 싶다고 밝혔고 김연한 대표는 스페인과 한국의 문화 차이를 중심으로 스페인의 유소년 지도법에 대한 글을 쓸 것을 제안했다. 조세민 코치도 이에 동의했고 1년여의 노력 끝에 출간된 책은 축구계에서도 신선한 바람을 일으켰다. 조세민 코치는 출간 이후 서울이랜드 유소년 코치, 부산아이파크 아이키즈 총괄감독으로 영입되었다. 더불어 김연한 대표는 K리그 홈경기 때 책을 판매하는 이색적인 프로모션을 진행할 수 있었다.

"책을 출간할 때 솔직히 망할 줄 알았어요. 서점 구매담당자 중에 축구 좋아하는 사람 찾기가 힘들잖아요. 다들 '메시, 호날두 이런 책을 또 내시죠?'하는데 저는 조세민 저자의 책을 더 팔아야 한다고 생각했어요. 그리조아 출판사의 첫 국내서이고 한국 축구를 조금이나마 바꿀 수 있는 기회였어요. 그래서 저자 강연회도 열고 홍보 동영상도 제작했어요. 사람들 반응이 좋았고 서울이랜드 구단주가 그 책을 보고 조세민 코치를 영입했다고 하더라고요. 한편으로는 일선 지도자 몇몇이 불쾌감을 표시했다고 해요. 문화적 차이 때문에 스페인축구의 지도방식이 통하지 않을 거라는 비판도 있더군요. 그런데 저는 문화 차이보다 관행의 문제라고 봐요. 이런 날선 작품을 많이 만들고 싶어요. 한 구단 관계자가 '이 책이 잔잔한 유소년 축구에 파문을 일으켰다'고 말한 걸 전해 들었는데 기분이 좋더라고요."

프로모션은 구단의 마케팅 직원이 먼저 제안한 것이다. 김연한 대표는 무조건 좋다고 답한 뒤 경기장 답사부터 했고 구단의 적극적인 협조 덕에 순조롭게 현장 프로모션을 진행했다. 막상 프로모션을 해 보니 독자층을 더욱 뚜렷이 구분할 수 있었다. 축구 팬이 좋아하는 책, 축구선수나 관계자가 좋아하는 책이 달랐던 것이다. 이를 테면 축구 팬은 호날두, 메시 등 유명 선수의 자서전을 선호하는 반면, 선수나 관계자는 전술서, 지도서를 선호했다. 스포츠 책은 단순히 서점 판매대에 올려놓고 파는 것보다 목적에 맞게 마케팅 방법을 다양화하는 것이 중요함을 깨달았다. 김연한 대표는 앞으로 더 많은 축구 책에 맞는 프로모션을 진행할 계획이라고 전했다.

그리조아FC는 '한국 축구 발전에 도움이 되면서 나아가 한국 사회를 변하게 하는 책'을 지향한다. 축구에 투자와 관심이 많은 중국과 일본의 틈바구니에서 한국이 살아남을 수 있는 방법은 유소년 축구 활성화라고 생각했다. 그 핵심가치에 맞춘 책이 앞서 소개한《그들은 왜 이기는 법을 가르치지 않는가》였다. 이후에도《무엇이 세계 최고 선수를 만드는가》등 유소년 축구 관련 책을 출간했다.

김연한 대표는 어린 시절 폐쇄적이고 대인기피증이 심했던 성향을 책으로 치유하고 자기애를 키웠다. 독서의 긍정적 효과를 몸소 겪었기에 누구보다 중요성을 잘 안다. 책은 인터넷뉴스나 잡지보다 수명이 기므로 다른 매체보다 콘텐츠를 선정하는 데 신중을 기해야 하고 멀리 내다볼 수 있어야 한다. 그만큼 대중에 오랫동안 영향력을 미친다는 장점도 있다. 때문에 출판 콘텐츠를 선정하는 기준에는 그리조아FC의 가치관을 확고히 반영한다. 축구 책은 다 통할 거라는 처음의 예상은 유명한 선수나 감독의 자서전에만 해당되는 이야기였다. 누구나 출간할 수 있는 아이템은 출판사만의 특색을 드러낼 수 없다. 더하여 책이 전달하는 메시지를 출판사 대표부터 공감할 수 있어야 한다. 책과 사람의 가치관이 비슷하고 일관성 있어야 출판사에 대한 독자의 신뢰가 쌓일 수 있다.《미라이 공업 이야기》가 대표적인 예다. 일본의 전기부품 제조사인 미라이 공업은 직원 존중 문화를 바탕으로 다품종 소량생산에 기반하여 대기업의 아성을 무너뜨린 중소기업이다. 김연한 대표에게 창업에 대한 영감을 준 롤 모델이기도 하다.

직원 교육부터 차별화 방식까지, 그리조아FC 역시 미라이 공업을 닮아가려 한다. 그런 맥락에서 대형 출판사가 기본으로 하는 마케팅에는 큰 비중을 두지 않는다. 어차피 억지로 판다고 팔릴 책이 아니기 때문이다. 한때 남들이 다 하는 온·오프라인 서점 이벤트를 해보기도 했지만, 이내 그만뒀다. 내가 하는 일이 독자에게 어떤 영향을 미치는가를 생각해보면 과한 포장, 과도한 연출은 안 하게 된다. 그래서 지나친 홍보보다는 SNS를 통해 책을 낸 이유라든가 저자의 말 등 진솔한 마음을 전하려고 애쓴다.

충분히 경험하고 끊임없이 자기 검증을 하라

출판업계는 규모가 큰 서점의 입김이 세고, 작은 출판사는 대형 온·오프라인 서점의 눈치를 볼 수밖에 없는 구조다. 출판사에게 1차 고객은 독자가 아니라 서점이다. 김연한 대표는 창업 초기 서점 직원을 상대하는 것에 어려움을 겪었다. 서점이 갑, 출판사가 을의 위치에 있기 때문에 서점 구매담당자를 찾아가서 책에 대해 설명하고 잘 보이는 곳에 배치해달라고 부탁하는 것이 1차 영업의 최선이다. 그러나 대형 서점은 매출에 민감하기 때문에 구매담당자가 1인 출판사에 좋은 반응을 보이지 않는 경우도 있다.

책의 판권 계약부터 디자인, 편집 등 홀로 출판 과정의 모든 것을 도맡는 상황에서 영업에만 열을 올릴 수 없었다. 때문에 전반적으로 영업 비중을 줄이되 콘텐츠 계발에 투자했다. 이후 도서 판매량은 손익분기점을 훌쩍 넘겼다. 평소 '먹고 사는 데 지장 없으면 됐다'는 미니멀리즘을 추구하는 김연한 대표는 안도감을 갖고 자신의 가치관을 밀고 나갔다. 스포츠출판업에서 다소 희망을 봤다.

"일단 출판사 매출은 매년 떨어지고 있어요. 종이책을 보는 독자가 줄고, 볼거리가 다양해지면서 사람들이 책을 사는 데 많은 돈을 쓰려고 하지 않아요. 반면에 전자책 매출은 늘고 있지만, 아직 종이책을 대체할 매출 수준도 아니고, 기대한 만큼 널리 읽히진 않는 것 같아요. 도서 매출 하락은 대형 출판사일수록 타격이 더 큽니다. 조직이 크면 뭔가 바꾸기가 쉽지 않아요. 1인 출판사는 혼자 결정할 수 있어서 더 유연하고 한곳에 집중할 수 있다는 장점이 있지요. 향후 종이책이 사라지고 전자책으로 대체된다고 해도 금방 갈아탈 수 있다고 생각합니다. 스포츠 관련서의 경우는 아직도 덜 개발된 시장이라고 생각해요. 원래 책을 잘 읽는 분이 스포츠에 관심이 없고, 스포츠에 관심이 많은 분은 책을 좀 멀리하는 경향이 있습니다. 기존 도서 시장 밖에 있는 스포츠업 종사자, 팬, 선수 가족 등을 끌어들일 수 있다면 시장을 키울 수 있지 않나 싶습니다."

더 높은 곳으로 올라가기 위한 그리조아FC의 향후 목표는 다양한 축구 책을 출간하는 것이다. 책을 통해서 한국 축구의 유소년 시스템이나 지도 방식의 폐단이 고쳐졌다는 이야기를 듣는 것이 궁극적인 목표다. 또한 소설이든 만화든 장르에 상관없이 축구를 주제로 새로운 저자와 독자를 발굴하는 데 힘쓰고 싶어 한다. 연간 두세 권만 내더라도 오랫동안 영향력이 지속되며, 부드러운 책부터 폐부를 찌르는 날카로운 책이 그리조아FC가 향후 선보일 책이다. 김연한 대표는 선불리 도전하기보다 충분한 경험과 끊임없는 자기 검증을 통해 창업을 결정하길 권한다.

"출판사를 창업해서 '대박'을 노리는 분들이 종종 있어요. 1인 창업의 장점이 책만 보고서는 대형 출판사인지 1인 출판사인지 티가 잘 나지 않아서 큰 곳과 경쟁이 가능하고 운 좋게 베스트셀러가 나올 수도 있죠. 하지만 그거 하나만 보고 견디기에는 출판업이 녹록치 않아요. 이미 6만 여개에 달하는 경쟁자가 있는데 굳이 들어올 필요가 있을까요? 하지만 정말 하고 싶다면 자기만의 가치관과 색깔 그리고 최저 시급밖에 못 받아도 살아갈 수 있다는 각오가 있어야 해요. 출판 시장은 제가 창업할 때보다도 가혹해졌습니다. 그걸 다 아는 상황에서 '이래도 할래?' 물었을 때 하려는 사람은 지속 가능성이 있다고 봐요."

남을 의식하지 않고 자신의 길을 걸어가라

출판업계를 이해하기 위해서는 관련 경험을 우선적으로 쌓아야 한다. 아르바이트, 인턴, 무보수일지라도 경험을 통해 출판 프로세스를 파악하는 것이 좋다. 편집자, 영업자, 디자이너까지 세 역할 모두 경험한다면 금상첨화다. 인디자인과 포토샵 등 디자인 프로그램을 배우는 것도 도움이 된다. 이 외에 평소에 꾸준히 독서하고 맞춤법 공부를 하는 습관을 기르는 것을 권장한다. 모두 시간과 돈으로 연결되기 때문이다. 김연한 대표는 디자인과 편집을 직접 해서 관련 비용을 아낄 수 있었다. 그러지 않았다면 초기 투자비용 5천만 원을 책 한두 권 내는 데 다 썼을지도 모른다.

독서는 누구나 중요하다는 것은 알지만 길들이기 어려운 습관 중 하나다. 김연한 대표는 20대가 종이책을 보진 않아도 글 자체는 많이 읽는 편이라고 말한다. 스마트폰으로 연예, 스포츠 뉴스, SNS 등 다양한 글을 보는 경우가 많기 때문이다. 그런 글에도 가치가 있을 순 있다. 문제는 혼자만 보는 게 아니라 모든 사람이 다 보는 글이라는 점이다. 남들이 다 보는 글만 보다 보면 생각도 똑같아지지 않을까? 글의 깊이에 대해 고민해볼 필요가 있다. 누구나 보는 글보다는 남들이 안 보는 글까지 깊이 있게 꾸준히 읽다 보면 그 분야에서만큼은 본인의 능력을 잘 발휘할 것이다.

김연한 대표는 매달 꼬박꼬박 월급 받았던 과거보다 수입은 불안정하지만, 자유롭게 일할 수 있어서 현재 생활이 더 만족스럽다. 상사눈치 보지 않고 내 의견을 당당하게 말할 수 있는 창업자의 길을 선택하기까지 거쳐 온 수많은 경험은 인생에 많은 변화를 가져왔다. 그의가치관이 담긴 그리조아FC의 다음 책이 궁금해진다.

"과거에는 내가 뭔가를 얻으려면 고통스러워야 하고 힘들게 일해야 한다고 생각했는데 지금은 그렇지 않아요. 어떤 사람은 즐겁게 일하는 반면 어떤 사람은 힘든 일을 열심히 하는데도 행복하지 않더라고요. 그러면 왜 싫은 일을 억지로 해야 하느냐 싶었죠. 그래서 저와 제 아내는 돈에 상관없이 원하는 일을 하며 살기로 했어요. 직장에서 받았던 스트레스를 받지 않는 지금의 자유가 정말 좋아요. 무조건 참고 좋은 세상이 오기만을 기다리지 말고 하고 싶은건 당장 하는 게 좋은 것 같아요.. 당장 내일 죽을지도 모르니까. 스티브 잡스가 했던 말처럼 자신의 가슴과 직관이 원하는 대로 따라가길 바랍니다. 또한남과 경쟁하지 말고 자신의 색깔에 집중했으면 합니다. 비슷한 업체가 잘나

가면 조급한 마음에 남을 따라가기 급급해지기도 하는데요. 그때부터 잘못된 선택을 내리기 쉬워집니다. 그러다 보면 어느새 자기 색깔을 잃고 흔한 제품을 내놓는 회사가 되어버리죠. 남을 의식하지 마세요. 자기가 원래 가려던 길, 자기가 잘하는 것이 뭔지 늘 잊지 말고 거기에 집중했으면 합니다."

Inner view 06

스포츠ICT

스포츠ICT(Sports Information and Communication Technology)에서 ICT는 웹 기반의 정보기술 및 통신기술을 통칭하며, 스포츠 분야와 밀접하게 연계된다. ICT는 4차 산업혁명의 핵심 기반으로 기존의 모든 산업과 결합하여 제품 및 서비스를 고도화하며, 새로운 상품을 창출한다. 때문에 스포츠산업과 스포츠과학에도 큰 영향을 미친다. 여기에서는 스포츠 관련 애플리케이션(앱), SNS, 빅데이터 및 스탯(stats), O2O 서비스, 사물인터넷(IoT), 가상현실 및 증강현실, 각종 디지털 콘텐츠 및 커뮤니케이션 서비스 등을 대표적인 아이템으로 한 창업 사례를 다룬다.

형성과정

오늘날 스포츠는 일상화되고 있다. 꼭 경기장이 아니라 언제 어디서든 관심 있는 종목이나 인물의 콘텐츠를 접할 수 있다. 많은 사람이 하루 종일 지니고 다니며 이용하는 스마트폰 덕분이다. 스마트폰에 최적화된 애플리케이션(application)은 이용자의 편의를 위해 제작한 여러 가지 응용 소프트웨어로 보통 앱(app)이라고 부르며 오늘날 큰 부가가치 생산과 e-비즈니스화를 가속화했다.

그중에서도 몇 가지 유형으로 스포츠 앱을 나눠볼 수 있다. 가령, 사용자가 감독이 되어 선수 구성을 결정하고 경기 전술을 운용하는 앱이 있다. 게다가 유명 선수의 영입이나 이적도 결정할 수 있으니 가상의 체험이지만 얼마나 짜릿하겠는가. 스포츠 경기별 리이브 스코어와 경기 내용 및 분석 정보를 제공하는 유형의 앱도 다수 존재한다. 실제 경기를 하는 듯한 게임 앱도 있다.

이는 ICT의 발전에 힘입은 결과다. 국내에서는 1990년대 말부터 IT 벤처 붐이 일면서 관련 기술을 스포츠에 접목하려는 시도가 계속되었다. 앞서 서울 올림픽과 2002 한일 월드컵을 계기로 체계적인 데이터베이스 관리와 경기 분석 시스템이 필요하던 참이었다.

초기 스포츠ICT 분야에 진입한 게임원은 2004년 야구 보급형 기록실 서비스를 선보인 바 있다. 이후 기록관리가 가능한 야구 팀 및 리그 홈페이지 서비스를 시작했고, 야구레슨 동영상 채널도 개설하는 등 ICT의 발전에 따라 통계, 기록(stats)과 플랫폼을 활용한 다양한 서비스를 제공하고 있다.

프로구단에서는 스마트 스타디움을 구축하여 팬 서비스를 강화하거나 경기구에 센서를 넣어 선수들의 운동량 정보를 수집하고, 격투종목 글러브에 초소형 카메라를 부착해 생동감 넘치는 화면을 제공하는 등 다각도에서 스포츠ICT가 활용되고 있다.

업계현황

프로스포츠 경기 분석은 스포츠ICT 분야에서도 비중이 높은 편이다. 매 경기의 결과가 여러 가지로 큰 영향을 미치는 프로스포츠인 만큼 경기를 분석하고 결과를 예측하는 시스템은 구단, 팬 할 것 없이 관심 요소다.

스포츠투아이는 야구, 농구, 축구, 배구, e스포츠 등 스포츠 기록 데이터베이스 및 분석, 통계 관련 솔루션 및 콘텐츠, 정보 서비스를 제공하는 대표적인 스포츠 기록 통계 전문기업이다. 1999년 한국야구정보시스템으로 출발한 만큼 야구 데이터 분석에서 독보적인 입지를 구축하고 있다. 한국야구위원회(KBO) 공식기록업체로서 프로야구 연감, 기록집, 가이드북 등 데이터 기반의 서적도 출판하며, KBO와 KGA(대한골프협회)의 공식 홈페이지 웹 에이전시도 겸하고 있다. 또한 여러 제작사의 야구 게임과 협력 관계에 있다.

비주얼스포츠는 축구 경기 분석 및 데이터 서비스, 경기영상 촬영 전문업체로 축구분석에 최적화한 비주얼사커 시스템을 개발한 바 있다. 또 대한축구협회와 함께 대한민국 축구 대표 팀의 경기영상을 데이터베이스화했고 KFA MATCH 경기 분석 웹 사이트를 구축했다. 비주얼스포츠 축구촬영 장비인 '하이캠'도 차별화된 제품이다. 스포츠투아이, 비주얼스포츠처럼 경기 분석 내용은 인포그래픽으로 활용되기도 한다.

스포츠코드코리아(링크데이타)는 스포츠 분석 소프트웨어, 경기영상 분석 솔루션 및 기술 교육 등을 제공하는 업체다. 비디오분석 솔루션 공급 및 기술 교육, 구단이나 선수를 위한 경기 분석서비스, 영상 아카이브 구축 및 관리, 스포츠미디어 및 마케팅 사업도 전개하고 있다. 스포츠코드비디오분석시스템, 구기종목을 위한 TMT 전술프로그램, 프로축구선수연봉관리 솔루션 등을 개발했으며, 여러 종목의 프로 및 아마추어 팀에 서비스를 제공하고 있다.

게임원은 웹 솔루션 개발을 시작으로 야구 커뮤니티와 전문기록실, 온라인 서비스를 제공하며, 광고대행, 쇼핑몰 '원샵' 등을 운영한다. 야구 종목에 특화되어 있으며, ICT를 기반으로 초기부터 기록 및 플랫폼 비즈니스에 집중하였다. 그 결과 야구를 즐기는 사회인 야구인들에게 높은 인지도를 얻었다. 주요 서비스인 야구 통계 기록실은 매년 10만 개가 넘는 경기 기록 데이터가 실시간으로 누적될 정도로 인기를 모으고 있다. 이와 함께 야구기록영상 콘텐츠 서비스(게임원play 솔루션), 스포츠용품 큐레이션 시스템 등 부가적인 서비스를 제공하며, 대한야구협회, 전국야구연합회, 저니맨야구육성사관학교 등과 협력 관계를 맺고 있다.

축구 정보 콘텐츠 앱 제작사인 YAM 스튜디오는 오늘의 축구, 오늘의 해외 축구, 오늘의 K리그 등 '오늘의 시리즈' 축구 앱으로 좋은 반응을 모으고 있다. 모바일 앱과 소셜·포털 매체를 통해 100만 명 이상에게 콘텐츠를 서비스한다. 오늘의 시리즈는 앱스토어 스포츠 1위에 오르기도 했는데 주요 축구 리그 및 컵 대회 일정, 주요 구단 및 선수 경기 일정, 라이브 스코어를 비롯하여 축구 카툰 및 방송사별 중계진 정보까지 제공한다. 모바일 생중계나 하이라이트, 다시보기 페이지 연결도 유용한 서비스다. YAM 스튜디오와 협업 관계에 있는 풋플러도 축구 콘텐츠 앱을 전문적으로 개발하고 있다.

대중이 이용할 수 있는 건강 피트니스로 스포츠ICT 활용이 확대되고 있다. 와이즈웰니스는 피트니스 플랫폼 애플리케이션, 피트니스 컨설팅·위탁운영, 스포츠인성교육 등을 사업 영역으로 삼는다. 각종 특허·디자인출원, 프로그램 등록 등 스포츠ICT 기술을 기반으로 개인 맞춤형 건강 및 운동 체력증진 프로그램을 제공한다. 주요 애플리케이션으로는 스마트폰 운동비서를 표방한 피트코치, 운동에 따른 현금화가 특색인 피트머니, 피트머신 등이 있다. 또 학생건강체력평가제도(PAPS)를 비롯하여 건강체력검진, 실버건강체력증진 등 국민건강체력 검진 및 증진 사업에도 나서고 있다. 협력사와 함께 '소녀, 달리다', '기지개' 같은 사회공헌 프로그램도 개발·운영하고 있다.

케이제이이노베이션은 스포츠ICT 융합 운동 솔루션 및 스포테인먼트 업체로 그동안 에어짐보드를 주력 상품으로 삼다가 ICT를 접목한 스마트짐보드를 출시하였다. 또한 운동과 게임, 학습까지 가능한 스마트 풋 유저 인터페이스 기반의 스마트 엑서보드 등 운동기구에 ICT와 엔터테인먼트 요소를 결합한 융합제품을 다양하게 판매 및 임대하고 있다.

눔코리아는 디지털 헬스케어 솔루션 및 소프트웨어 서비스, 애플리케이션 등을 제공한다. '눔코치'는 생활 습관 개선 앱으로 전문가 코칭 채팅, 식사 기록, 눕 미션 등 건강관리 및 체중감량 코칭 서비스를 가능하게 한다. 현금을 환급해주는 맞춤 다이어트 프로그램인 '머니백 다이어트'도 운영하고 있다.

O2O 정보 서비스도 애플리케이션을 통해 활발히 이뤄지고 있다. 데이코어는 피트니스 이용권 구매 및 퍼스널 트레이닝 애플리케이션, O2O 서비스 등을 제공하는 스타트업이다. 운동코치 앱인 '짐데이'는 30일간 매일 바뀌는 맞춤형 운동 프로그램을 통해 400여 개의 운동법을 제공한다. 또한 식단관리, 신체변화 자동기록, 동기부여 커뮤니티 등의 서비스를 이용할 수 있게 구성했다. 오프라인 그룹 및 퍼스널 트레이닝이 가능한 랩짐데이 스튜디오도 운영 중이다.

컴투스는 모바일 게임 개발 및 서비스 기업으로 1999년 국내 최초의 모바일 게임과 이듬해 세계 최초로 모바일용 자바게임을 개발하였다. 그동안 다양한 모바일 게임을 개발해왔으며, 컴투스프로야구 시리즈, MLB 9이닝스, 골프스타, 낚시의 신 등의 스포츠레저 모바일 게임으로 호평을 받았다.

브라더는 한국프로축구연맹과 함께 K리그의 공식 게임인 K리그 프렌즈 앱을 제작하기도 했다. K리그의 실제 구단과 선수가 등장하며 남녀노소 할 것 없이 쉽게 즐길 수 있는 일종의 퍼즐 게임으로 친근감을 준다.

나는 스포츠로 창업을 꿈꾼다

증강현실*과 O2O 분야는 꾸준히 성장하며 각광받고 있다. 관련 업체로 고래구름공작소는 야구 학습 애플리케이션, 스포츠 게임 및 이미지 트레이닝 앱 등을 제공한다. 한국산업기술대학교 졸업생들이 모여 만든 스타트업으로 한국프로야구 지도자연합인 일구회와 야구 학습 앱인 '자세의 정석'을 개발했으며, 스노우보드 익스트림 스포츠 게임인 'Bir Air'와 3D 골프 이미지 트레이닝 앱 '브레인골프' 등을 출시했다.

쩍컴퍼니의 풋살장, 축구장, 농구장 예약·대관 및 풋살경기 매치·매칭 서비스 앱인 아이엠그라운드나 스타코어스의 축구 및 풋살 매칭 전문 앱인 에이매치 스포츠처럼 온라인으로 경기나 대회 매치·매칭 후 오프라인 활동이 가능하도록 연결해주는 O2O 형태의 앱도 축구 열기를 확산하는 데 기여한 셈이다.

스포츠 패나틱은 건강관리 솔루션 및 프로그램 서비스, 애플리케이션, 피트니스 용품 등을 제공한다. 스포츠 패나틱 RUN 앱은 야외에서 이뤄지는 유산소운동에 활용할 수 있다. 스마트폰에 내장된 GPS

---

* 증강현실(AR, Augmented Reality)은 사용자가 직접 보는 현실세계에 가상의 이미지를 겹쳐서 보여주는 기술이다. 모두 가상의 이미지로만 만들어진 것은 가상현실(VR, Virtual Reality)로 구분한다.

를 사용하여 운동 경로 및 거리, 시간이나 칼로리 소비량과 같은 정보를 기록하고 관리할 수 있게 하는 방식이다. 또 스마트폰 사용자의 실시간 행동을 인지하고 낙상 사고를 예방하는 휴먼블랙박스 앱, 라이프레코더(운동인식 만보기) 앱 등을 개발했다. 앱 외에도 기존의 블루투스 헤드셋과 심박센서 기능을 통합한 웨어러블 라이프셋인 핏플과 웨이버 폼롤러, 근골격계 강화 운동기구 센트 같은 운동 용품도 생산·판매 중이다.

스포츠ICT가 플랫폼 기능에 적극 활용되기도 한다. 픽플컴퍼니는 통합 운동멤버십 서비스, 스포츠 O2O 플랫폼 등을 제공한다. 클래스픽 앱은 하나의 멤버십으로 150여 곳의 제휴 운동 센터를 자유롭게 이용할 수 있게 해준다. 월 단위로 운동 센터 이용료를 지불하는 게 아니라 원하는 만큼 코인(이용권)을 결제하여 앱 제휴 운동 센터를 이용할 수 있게 했다. 또 다양한 제휴 운동 센터의 시설 사진, 프로그램 내용, 다른 이용자의 후기 등의 정보를 제공한다.

하지만 스포츠 관련 협회나 연맹, 구단에서는 여전히 공식 앱 같은 IT 기반의 대중적인 서비스 개발을 필요로 하는 상황이다. 누구보다 축구 팬의 마음을 다각도로 끌어들여야 할 프로구단 입장에서는 앱 개발을 염두에 두어야 하는 실정이다. 경기 일정, 뉴스, 선수 소개 같은 기본 서비스에 더하여 시즌티켓, 응원 정보, 쇼핑몰 상품을 확인하고 음식을 주문할 수 있는 앱도 있다. 쇼핑몰 상품 및 음식 주문 기능은 이용자의 편의성을 높이면서 상품 판매도 촉진하는 긍정적인 효과가 있다.

앱 서비스를 통해서 스포츠 팬의 편의를 돕고 흥미를 충족하여 많은 이용자를 확보한다면 후원사의 홍보, 다른 광고 유치에도 활용할수 있다. 국내 스마트폰(안드로이드) 사용자 수는 3,712만여 명으로 그중 1%만 특정 앱을 사용하게 만들어도 엄청난 성과일 것이다. 물론 그만큼 매력적인 앱을 개발하려면 어느 정도 비용은 감수해야겠지만 스포츠 팬들에게 더 가까이 다가서기 위한 투자를 주저할 이유가 없다.

스포츠 데이터 및 분석, 스포츠 팀 매칭 및 경기장 정보 앱도 인기있는 유형의 앱이다. CU 스포츠는 스포츠, 건강 및 피트니스 애플리케이션 등을 제공한다. 축구작전판, 농구작전판, 피트니스7, 골프 스코어 카드 앱 등을 개발했다. 위드라인의 스포츠 다이어리 앱은 일종의 데이터마이닝(data mining) 서비스로 선수에게 훈련일지, 훈련량, 부상정보, 각종 기록과 같은 정보를 체계적으로 전달하고 다양한 형태의 차트와 분석화면을 제공한다.

한편, 스포츠ICT 분야의 또 다른 아이템으로 드론을 꼽을 수 있다. 2000년대 초반에 군사용 무인항공기로 개발된 드론이지만 2014년을 전후로 일반 상품화가 이뤄졌다. 스포츠 분야에서는 주로 경기영상 촬영에 활용되며, 낚시나 상품배송, 예술공연에도 쓰인다. 특히, 2018 평창동계올림픽 개막식 당시 펼쳐진 드론쇼는 전 세계에 강렬한 인상을 남겼다. 또 ICT의 발달에 따라 드론축구가 도입되어 미래 스포츠로 성장하고 있다. 대한드론축구협회를 설립하면서 드론축구 전용경기장과 아카데미도 생겨났다. 향후 드론야구나 드론농구가 나오지 말란 법은 없다. 연관 산업 및 비즈니스 기회가 더욱 늘어날 것으로 기대되므로 창업 아이템의 관점에서 드론을 살펴볼 필요가 있다.

고고고알레알레알레(고알레)의 경우 드론을 활용한 아마추어 축구 경기 촬영업체로 출발했다. 드론으로 촬영한 아마추어 축구 경기를 풀영상과 하이라이트 편집영상으로 제공하는 한편, 아마추어 선수들이 축구를 배울 수 있도록 트레이닝 프로그램과 콘텐츠 서비스도 제공하고 있어 참고할 만하다.

스포츠ICT 관련 창업을 위해서는 프로그래밍이나 시스템 디자인, 플래시 및 HTML 등 전문적인 ICT 개발 기술력 보유가 중요하다. 또한 독창적인 콘텐츠와 비즈니스 모델이 있어야 한다. 캐시워크, 빅워크 같은 걷기보상 앱을 통해 건강도 챙기고 돈을 벌려는 앱테크(apptech) 이용자나 실제 스포츠 경기 성적을 활용하여 가상의 팀을 운영해 점수 경쟁을 벌이는 판타지 스포츠 유저가 증가하듯이 새로운 흐름도 읽을 수 있어야 한다. 기존에 인기 있는 아이템을 벤치마킹하고 창의력 있게 활용하는 능력은 여러 번 강조해도 지나치지 않다.

풋플러의 경기기록 관리 애플리케이션
'풋플러매니저'

풋플러(www.footplr.com)는 2013년 창업한 스포츠ICT 분야 스타트업으로 아마추어 축구 팀의 일정 및 기록 관리, 경기력 분석 앱인 풋플러매니저를 출시했다. 김건수 대표는 풋플러매니저를 '건강한 게임'이라고 소개한다. 게이미피케이션＊을 접목하여 경기 후 팀원끼리 평점을 매기는 기능을 비롯하여 MOM(Man of the Match), 트로피, 배지, 전적기록 서비스 등을 도입하기도 했다. 풋플러매니저, 풋플러컵 앱처럼 동호인도 쉽게 이용할 수 있는 앱이 점차 인기를 끌고 있다. 또한 풋플러가 내놓은 라인업11, 풋볼사일로, 마이 저지 등도 흥미롭다.

라인업11 앱은 개인 취향에 맞춘 팀 라인업(베스트일레븐)을 구성할 수 있게 해준다. 2,000개 이상의 유니폼과 8곳의 경기장 배경을 바꿀 수 있어 인포그래픽으로 활용해도 무방한 수준의 이미지를 제공한다. 배경화면 내 A보드에 광고를 접목하여 수익 창출과 현장 느낌의 양면을 살린 감각이 돋보인다.

＊　게이미피케이션(gamification)은 간단히 '게임화'로 풀이할 수 있으며, 어떤 영역에 게임의 메커니즘이나 사고·기법 등을 적용하는 것을 의미한다. 오늘날 다양한 분야에서 마케팅 툴로 게이미피케이션을 활용하고 있다.

풋볼사일로 앱은 현재까지 출시가 되었거나 앞으로 출시될 축구화 정보를 총망라하며, 최신 뉴스, 사용 후기 등을 제공한다.

마이 저지는 좋아하는 선수와 팀의 유니폼을 자유롭게 만들어서 배경화면이나 프로필사진에 활용할 수 있는 앱으로 32개국의 유니폼 템플릿을 이용할 수 있다. '축구를 더 재미있게 할 수 있는 앱을 만든다'는 개발사의 모토와 잘 맞는다.

나는 스포츠로 창업을 꿈꾼다

참고사례

기업명	설립연도	주요 제품 · 서비스	홈페이지
스포츠 투아이	1999	스포츠 기록 데이터베이스, 통계 관련 솔루션 및 콘텐츠, 정보 서비스 등	www.sports2i.com
게임원	2004	야구 보급형 기록실 및 커뮤니티 서비스, 광고대행, 쇼핑몰 등	www.gameone.kr
비주얼 스포츠	2006	축구 경기 분석 및 데이터 서비스, 경기영상 촬영 등	www.visualsports.co.kr
와이즈 웰니스	2007	피트 플랫폼 애플리케이션, 피트니스 컨설팅 · 위탁운영, 스포츠인성교육 등	www.wisewellness.co.kr
케이제이 이노베이션	2007	스포츠ICT 융합 운동 솔루션 및 스포테인먼트 등	www.kjinnovation.co.kr
YAM 스튜디오	2011	축구 정보 콘텐츠 애플리케이션 등	http://yamstd.com
눔코리아	2012	디지털 헬스케어 솔루션 및 소프트웨어 서비스, 애플리케이션 등	https://noom.co.kr
데이코어	2013	피트니스 이용권 구매 및 퍼스널 트레이닝 애플리케이션, O2O 서비스 등	www.daycore.co.kr
고래구름 공작소	2013	야구 학습 애플리케이션, 스포츠 게임 및 이미지 트레이닝 앱 등	www.facebook.com/ aerowhale
픽플컴퍼니	2015	통합 운동멤버십 서비스, 스포츠 O2O 플랫폼 등	http://classpick.co.kr

Interview 06

손안에 스포츠가 있는 세상을 꿈꾸는 '고래구름공작소'

스포츠교육아이템 개발사_고래구름공작소. 한지수 대표

3D 모션 캡처 기술을 활용하다

최근 몇 년 사이 스타트업의 주요 아이템은 ICT를 떼놓고 이야기할 수 없게 됐다. 정보화시대가 도래한 지는 이미 오래 전이고 4차 산업혁명이 대두되면서 정부와 기업도 ICT 분야의 창업 투자에 적극적으로 나서고 있다. 해마다 여러 창업 과제 공고가 올라오고 너도나도 번뜩이는 아이디어로 경쟁하는 분야이기도 하다. 스포츠산업도 ICT와 융·복합을 통해 나아갈 방법을 모색하고 있다.

고래구름공작소는 '스포츠와 소프트웨어 기술로 인간의 삶을 건강하게 만드는 기업'을 꿈꾼다. 2013년 설립 후 야구 학습 애플리케이션인 '자세의 정석'과 골프 이미지 트레이닝 애플리케이션 '브레인골프'를 출시했다. 2017년에는 한국뉴스포츠협회와 업무협약을 맺고 한국티볼협회와 공동으로 '티볼 지도서' 애플리케이션을 출시하며 스포츠ICT의 진보를 보여주고 있다. 한지수 대표는 한국산업기술대학교 게임공학부 1기 출신으로 새로운 전공과 경험으로 대학생활을 가득 채웠다. 학생회 활동은 물론 직접 응원단을 기획했고 밴드를 창단했다. 고래구름공작소 창업 전, 친구가 조직한 스타트업에 합류해 창업에 첫발을 뗐고 4년 후 마침표를 찍었다.

고래구름공작소를 시작한 것은 2013년 대학교 동문 야구 팀 감독을 맡으면서다. 팀원의 실력을 향상해 줄 교육법이 필요했지만 대부분 대학생이고 야구 입문자였기에 비싼 돈을 들여 레슨을 받기는 어려웠다. 보다 쉬운 스포츠교육에 대한 필요성과 가능성을 떠올렸고 생활체육인들에게 도움을 주기 위해 창업을 결심했다.

"제가 동호회 감독을 맡으면서 연습에 참고할 만한 걸 보여주려고 했는데 글은 한계가 있었고 동영상도 뭔가 아쉬웠어요. 스포츠 동작이라는 게 순간적으로 빨리 움직이는 부분이 중요하잖아요. 예를 들면, 야구는 투수가 공을 놓는 릴리즈 포인트라든지, 골프는 공을 임팩트하는 그 순간의 자세가 중요한 거죠. 인터넷 동영상을 봐도 구체적으로 파악하기 어렵고 네트워크 환경에 따라서 스트리밍 화질이 떨어지면 더 보기 어렵죠. 투구 동작에서 은어로 '챈다'고 표현하는 동작이 있는데 아무리 말로 해도 초보자들이 이해하기 어려우니까 이런 문제를 해결해주는 교육 콘텐츠가 있었으면 좋겠더라고요."

스마트폰 화면을 보는 것만으로 운동 학습을 가능하게 한 비결은 3D 모션 캡처 기술에 있다. 3D 모션 캡처는 사람, 동물 또는 기계 등의 사물에 센서를 달아 그 대상의 움직임 정보를 인식해 애니메이션, 영화, 게임 등의 영상 속에 재현하는 기술이다. 그것을 활용하면 야구선수의 동작을 3D로 보고 투구 자세나 스윙 자세를 교정하고 실제 자신의 스윙 동영상과 나란히 비교할 수 있다. 야구선수의 동작은 안경현, 김광수, 이경필, 이도형 등 선수 출신 야구인을 모델로 촬영했다. '자세의 정석' 앱은 야구선수의 자세를 보고 배울 수 있다는 점에서 야구 동호인에게 매력적이다.

자세의 정석에서 사용한 모션 캡처 기술은 모교에서 장비를 보유하고 있었는데 활용할 방법이 마땅치 않은 상태였다. 학부 커리큘럼은 게임공학 중에서도 프로그래밍에 초점이 맞춰져 있었기 때문이다. 그래픽 기술인 모션 캡처 기술을 가장 잘 다루는 친구와 의논하여 스포츠교육에 적합할 것이라 판단한 것이 적중했다.

정부 지원사업을 적극 활용하라

한지수 대표는 첫 번째 창업을 마무리하고 고래구름공작소를 창업하기 전 1년의 시간 동안 학교에 있는 창업지원단에서 근무했다. 창업지원단은 중소기업청(현 중소벤처기업부) 산하 창업진흥원에서 전국 대학 안에 두는 창업교육 및 지원 기관이다. 그곳에서 창업매니저로 근무하면서 정부가 주도하는 창업지원 프로그램에 대한 정보를 구하고 정부에서 실시하는 창업 과제를 준비하는 학생들을 도왔다. 실제 사업자와도 좋은 관계를 유지하며 그들에게 창업에 관한 조언을 구했다.

또한 청년창업사관학교는 창업 과정의 시행착오를 줄이는 데 큰 도움이 됐다. 청년창업사관학교에 입교하면 1년 여 동안 개발 계획, 기술 개발, 시제품 제작, 마케팅, 졸업 연계지원 과정을 거쳐 총 150시간 이상을 이수하게 된다. 공학도 출신이었지만 경영 실무 지식을 얻으면서 비즈니스 역량을 키웠다. 마지막 과제로 '자세의 정석' 앱을 출시하면서 청년창업사관학교를 무사히 졸업했다. 이후 쉬지 않고 경기중소기업종합지원센터의 'G창업 프로젝트'를 시작했고 차기 애플리케이션인 '브레인 골프' 개발에 속도를 냈다. 창업지원단 근무 경험을 살려 각종 교육 및 지원 프로그램을 찾아다닌 그는 맨땅에 헤딩하지 않는 법을 터득할 수 있었다.

"창업지원단에서 일하면서 정부에서 지원해주는 창업 프로그램에 대해 많이 알게 됐어요. '나도 이런 걸 알았으면 첫 창업에서 쉽게 망하지 않았을 텐데' 하는 생각도 들었어요. 지원을 받기 위해서 최대한 많이 찾아봤는데 의외로 다양하더라고요. 각 정부 부처부터 하위 기관까지 창업 과제를 많이 만들어요. 그걸 모아놓은 '기업마당'이라는 사이트가 있는데 거기만 살펴봐도 카테고리별로 많은 정보를 얻을 수 있어요. 사실 창업 과제도 유행을 따라가는 경향이 있어요. 요즘 뜨는 게임은 다 VR이에요. 만약 해외에 스포츠ICT 붐이 일어나서 우리나라에도 알려진다면 장담컨대 모두가 따라할 거예요. 그렇다고 유행 따라 만든다는 것도 쉽지 않아요. 그러니 창업 과제를 여러 번 해보면서 어떻게 하면 국가의 지원을 받을 수 있을지 알아가는 것이 좋아요."

제대로 된 수익 모델을 개발하라

스포츠 체험 애플리케이션의 가장 중요한 부분은 사용자의 만족도가 앱 개발의 성공을 좌우한다는 것이다. 고객의 만족도와 솔직한 후기가 성공의 열쇠다. 고래구름공작소는 '자세의 정석' 앱 개발 과정에서 사용자 간담회를 개최했다. 당초 학습 모델의 원리는 단순 3D

영상 제공이었는데 간담회에서는 이와 다른 의견이 나왔다. 한 참석자가 동작 비교 기능이 있었으면 좋겠다고 제안한 것이다. '자세의 정석'의 정체성이라 여겼던 3D 애니메이션 기술에 변화를 줘야 하는지 고민이 깊었다. 그러다 사용자가 편리하게 쓸 수 있게 만드는 것이 올바른 길이라 생각했다. 이를 반영해 사용자 간담회 이후 출시된 애플리케이션은 시뮬레이션으로 학습한 후 촬영한 본인의 동작과 비교하는 것이 주요 콘셉트로 자리 잡았다. 잠재 고객의 피드백을 반영한 것이 상품의 핵심이 된 것이다. 고래구름공작소는 지금도 사용자의 피드백을 최우선으로 한다.

무에서 유를 창조하는 창업은 제대로 된 수익 모델을 개발해야 한다. 이는 창업 프로젝트에서 심사위원들에게 가장 많이 받는 질문이기도 하다. 아무리 획기적인 아이디어가 있어도 기업을 운영할 수 있는 수익 모델이 아니라면 아이디어의 가치도 떨어지기 마련이다. 애플리케이션의 경우 광고 수익을 활용하는 것이 관건인데 고래구름공작소 역시 이 부분에 대한 연구에 가장 열중하고 있다.

"우리 앱의 사용자가 전하는 이야기를 들어보면 일단 유용하다고 해요. 생활체육인에게 필요한 앱이라는 확신은 있어요. 하지만 유료 이용에 대해서는 아직 의문이 들어요. 우리나라는 눈에 보이지 않는 저작권에 대해서는 그게 돈이라는 인식이 없어요. 앱을 포함해 음악, 영화도 제값을 치르지 않고 다운로드하는 걸 당연하게 생각하잖아요. 그렇다면 수익이 날만한 곳을 찾아가는 게 답인 것 같아요. 예를 들어, 골프 브랜드 광고를 할 때 TV나 옥외광고 등 불

특정 다수에 노출시키는 것보다 골프 애플리케이션에서 브랜드 로고를 노출하면 잠재 고객에서 실제 고객으로 전환할 확률이 높아지게 돼요. 이런 부분을 수익 모델의 근거로 제시해야죠."

모든 창업이 단숨에 엄청난 부를 가져다주진 않으므로 확실한 수익 모델 아래 충분한 운용 자금이 필요하다. 수익 창출을 목적으로 존재하는 것이 회사이며 수익을 내지 못하면 회사가 아니다. 수익 모델은 일을 함께 하는 동료들에게도 중요하다. 비전을 제시해 동기부여를 해줄 수 있기 때문이다.

한지수 대표는 직원들에게 회사의 예상 수익과 자본을 감추지 않고 기업 수명도 터놓고 공개했다. 계약 성사 여부에 따라 수명이 연장되기도 하고 줄어들기도 하는 것이 냉정한 현실이다. 그 현실과 마주하면서 떠난 이도 있었지만 계속 함께하는 이들과는 회사의 비전을 끊임없이 공유하고 있다. '세상에 없는 것을 만들어낸다'라는 자부심과 비즈니스로서의 가치를 심어주기 위함이다. 일명 데스밸리로 불리는 창업 초기의 험난한 굴곡을 이러한 과정을 통해 이겨내고 있다. 때로는 버티는 방법의 전부가 돈이 아닐 수 있다.

비즈니스 가면을 써라

창업자는 회사 안팎의 일을 가리지 않고 모든 책임을 진다. 스포츠로 따지면 감독이 될 때도 있고, 멀티플레이어가 될 때도 있다. 특히, '자세의 정석' 모델 섭외 당시 모델이 될 만한 기본기를 갖추려면 선수 출신이 반드시 필요했는데 현역 선수를 섭외하기에는 시간적으로 무리였다. 결국 한지수 대표가 찾아간 곳은 한국프로야구 지도자연합단체인 일구회였다. 아버지뻘 되는 은퇴한 야구인들을 섭외하는 것은 제 아무리 사회생활에 능한 사람도 쉽지 않을 것이다. 성공적인 비즈니스를 위해 대인관계를 맺을 때는 '창업자의 가면'을 썼다.

> "저도 원래 성격이 굉장히 소심하고 말도 잘 못하는 편이에요. 그런데 회사 대표라는 사람이 프로젝트 심사나 모델을 섭외할 때 협상에서 밀리면 안 되잖아요. 내가 이겨내야 회사 식구를 먹여 살린다는 생각으로 상황에 맞춰서 가면을 쓰는 것 같아요. 중요한 미팅이 있으면 '비즈니스 가면'을 쓰곤 하죠. 때로는 잘 어울리지 않는 애교를 부리기도 해요. 회사 대표로서 내부에서 말하는 방법, 외부 활동을 할 때 말하는 방법이 창업을 준비하면서 많이 늘었어요. 사람이 변한다는 나쁜 측면이 아니라 협상의 일환이라 생각합니다."

손안에 스포츠가 있는 시대를 꿈꾸다

고래구름공작소가 그리는 비전은 스포츠를 좋아하는 모든 사람이 스마트폰에 스포츠 관련 앱을 가지고 다니는 세상을 만드는 것이다. 그래서 일본을 시작으로 중국, 북미 등 더 넓은 시장으로 진출을 노리고 있다. 다만 아직은 스포츠와 ICT를 접목한 시장 자료가 부족하다. 스포츠를 즐기면서 앱을 지속적으로 사용하려는 의지가 있는 사용자 교집합이 작은 것이 사실이다. 이러한 점을 유념하고 다양한 사례를 찾아 나선다면 블루오션을 발굴할 수 있을 것이다. 물론 생활체육이 성장함에 따라 국내 사용자 집단도 더욱 커질 것이다.

한지수 대표가 말하는 창업은 '언젠가 해야 할 일'이다. 평균 수명은 길어지고 직장 생활은 짧아지는 시대에서 언젠가는 누구나 창업의 길에 뛰어들게 될 것이라는 주장이다. 스포츠ICT 창업을 준비하는 이들에게는 특히나 자본금을 강조한다. 회사의 가치를 가장 객관적으로 보여주는 것이 자본금이다. 대표가 회사에 바치는 열정의 척도로 비춰지기 때문에 투자 유치가 필요한 주식회사라면 더욱 중요하다. 한편, 사회 진출을 준비하는 대학생에게는 '잘 놀아야 한다'고 덧붙였다.

"저는 IT 계열을 전공했지만 프로그래밍을 단 한 줄도 하지 못해요. 공부를 하지 않았으니까요. 대신에 '어떻게 하면 재미있게 놀까, 또 남는 게 있도록 놀까'를 생각하면서 대학 생활을 했어요. 응원단을 하면 대회에 나가 트로피를 남기고 밴드를 하면 공연을 하거나 음원을 꼭 남겼어요. 저는 프로그래밍은 못하더라도 의미 있는 것을 찾고 기획하며 사람을 모으는 것을 잘했어요. 그런 캐릭터는 동문 중에서도 보기 드물어요. 다른 사람도 할 수 있는 것보다 나만 할 수 있는 장기 한두 가지를 찾는 데 집중하는 시간을 보내면 좋겠어요."

한지수 대표는 '수신제가치국평천하(修身齊家治國平天下)'의 삶을 지향한다. 몸과 마음을 닦아 수양하고 집안을 가지런하게 하며 나라를 다스리고 천하를 평정한다는 뜻이다. 그는 수학적으로도 잘 만들어진 말이라며 작은 일부터 제대로 하려 노력한다. 모든 일이 그렇겠지만 스포츠창업 역시 수신의 자세에서 출발하는 것이 아닐까?

"나만 할 수 있는 장기 한두 가지를 찾는 데
집중하는 시간을 보내면 좋겠어요."

Inner view 07

스포츠머천다이징

스포츠머천다이징(sports merchandising)에서 머천다이징(MD)은 라이선싱
(licensing)을 통해 자산 혹은 프로퍼티(property)를 가진 라이선서(licensor)
로부터 라이선시(licensee)가 그 자산의 활용 권리를 획득하여 상품화하
는 전 과정을 뜻한다. 좁은 의미에서는 라이선싱으로 제작한 상품 그 자
체를 의미하기도 한다. 스포츠머천다이징의 과정에서 스포츠디자인이
이뤄지므로 연관성이 높지만 여기에서는 라이선스의 활용과 물적 상품
의 생산 및 판매까지 광범위하게 영위하는 업체와 비즈니스에 초점을
맞춘다.

형성과정

스포츠머천다이징은 라이선싱과 밀접한 연관이 있다. 스포츠 라이선싱은 주로 프로스포츠 구단이나 단체와 계약을 통해 일정한 비용 혹은 사용료를 지불하고 구단이나 선수의 프로퍼티, 즉 명칭, 초상, 로고, 엠블럼, 마스코트, 전문지식 등을 특정 상품에 사용하여 제작, 유통, 판매할 수 있는 권리를 획득하는 것이다. 스포츠머천다이징은 그런 라이선싱 권리를 활용하여 상품화하는 전 과정을 의미한다. 수요 조사에 따른 적당한 시기, 적정량, 아이템 등을 파악하는 상품화 계획도 스포츠머천다이징에서 중요한 과정이다.

하지만 초기부터 체계적인 형태로 스포츠머천다이징이 이뤄진 건 아니다. 주로 스포츠 관련 기업, 구단, 단체의 홍보 물품을 제작하는 형태로 스포츠머천다이징이 전개되었다. 이는 일반 스포츠 팬을 대상으로 판매를 고려한 상품이 아니었기에 다양성이나 가치 측면에서 부족한 면이 많았다.

국내에서 스포츠머천다이징의 상품성을 주목하기 시작한 것은 서울 올림픽과 한일 월드컵 같은 메가스포츠이벤트와 연계한 라이선싱과 머천다이징이 큰 수익을 창출할 수 있음을 경험하면서다. 또한 프로야구와 프로축구를 중심으로 프로스포츠가 발전하면서 구단도 늘어났고 스포츠머천다이징에 대한 수요도 증가한 덕분이다. 시장성이 생기면서 관련 업체도 나타나기 시작했고 유기적인 상호작용도 이뤄졌다.

1990년에 설립된 네포스는 대표적인 국내 1세대 스포츠머천다이징 기업이다. 그동안 여러 프로스포츠 및 스포츠이벤트의 상품화 사업 및 쇼핑몰을 운영해왔지만 특히나 국내 프로야구 관련 라이선싱 제품 제작 및 판매를 초기부터 해왔다. 최근에는 구장 및 팝업스토어 운영권도 획득하여 비즈니스에 나서고 있으며, 스포츠마케팅까지 연계하고 있다.

조이포스 플러스는 국내 여러 종목의 프로구단과 단체, 이벤트 관련 라이선싱을 활용하여 상품화 사업에 임했으며, 자체적인 온라인 쇼핑몰과 함께 프로구단의 쇼핑몰 운영을 대행하는 비즈니스도 한다. 마케팅 팀에서 상품화 사업을 담당하고, 아이디어 디자인 팀을 두어 상품 및 매체 디자인과 DB 구축에도 체계적이다. 커스텀 머천다이징으로도 확대를 준비하고 있다.

다이브인풋볼은 축구 부문에 특화된 스포츠머천다이징 업체다. 스포츠디자인과 스포츠마케팅까지 아우르는 토탈 서비스를 표방하고 있지만 2005년 창업 초기부터 수원삼성을 비롯한 프로축구단과 연맹, 협회의 머천다이징 기획, 제작, 운영 등을 대행해왔다. 중국 축구계로도 진출했으며, 해외 구단의 국내 머천다이징 파트너로도 활동 중이다.

프로스포츠 분야의 스포츠머천다이징 외에도 현역 시절 김연아, 박지성 선수처럼 인기 스타의 개인적인 인도스먼트와 초상권을 활용한 피규어, 의류, 식품 등의 머천다이징도 점차 발전하고 있다.

업계현황

일정한 수준의 프로구단이라면 저마다 구단의 정체성을 담은 상품을 갖고 있기 마련이다. 엠블럼이나 로고 같은 디자인 자산(프로퍼티)을 활용한 패치, 모자, 의류, 컵, 머플러, 시계, 사인볼, 열쇠고리, 마스코트 인형 등은 기본적인 유형의 상품 혹은 굿즈(goods)다. 여기에 보조배터리, 스마트폰 케이스처럼 유행을 반영한 상품이 더해지기도 한다.

국내 프로스포츠머천다이징 시장규모는 85억 원에 달한다(2016 스포츠산업백서). 비교적 프로야구와 프로축구를 중심으로 국내 스포츠머천다이징 시장이 발전해왔다. 구단의 수는 프로축구 쪽이 많지만 머천다이징 카테고리로 보면 프로야구가 더 다양한 편이다. 시장규모도 프로야구가 70억 원에 이를 정도로 압도적이다. 프로야구 MD의 인기와 수요를 실감할 수 있는 부분이다. 그래서인지 프로야구단의 경우 구단에 따라서 여러 업체와 함께 머천다이징 사업을 하는 경우가 많다.

예를 들어, TAS는 스포츠 패션 액세서리 전문업체로 '웨어더게임'이라는 쇼핑몰을 운영한다. 주로 프로야구단의 라이선싱을 활용하여 팔찌, 열쇠고리, 목걸이, 헤어밴드, 핸드폰케이스, 디퓨저 등을 제조·판매한다.

베이스인은 '야구 팬을 위한 생활 상품'이라는 콘셉트의 머천다이징을 선보이고 있다. 루틴스포츠는 프로야구단 관련 응원용품, 음향악세서리, 야구모자, 문구 및 생활 잡화, 패션의류 등을 제조·판매한다.

위팬은 프로스포츠 및 e스포츠머천다이징 업체다. 온·오프라인 쇼핑몰을 운영하고 있다. 프로야구단과 KBO의 머천다이징 파트너이며, 야구 및 스포츠브랜드 용품의 총판 외에도 글로벌 브랜드의 상품화권자이기도 하다.

FSSNL도 프로스포츠머천다이징 업체로 해외 브랜드 용품의 국내 딜러 겸 ATC라는 자체 브랜드 사업도 펼치고 있다. 그동안 프로야구, 프로축구, 프로농구 등 다양한 프로스포츠 구단과 상품화 사업을 해왔다. 특히, KBO, 류현진 선수와도 라이선싱이나 상품화 관련 계약을 체결했듯이 프로야구 분야의 MD 비중이 높은 머천다이징 상품을 내놓고 있다.

프로축구의 경우 다이브인풋볼, 스미스스포츠, 매치데이 등 축구전문 디자인 업체가 머천다이징까지 포괄하고 있다.

스터프는 농구 유니폼 전문 제작 업체다. 자체 제작품 외에도 해외 농구 및 브랜드 농구용품, 국내 프로구단 머천다이징 상품도 판매한다. 또한 아마추어 및 장애인 농구대회를 직접 개최하거나 지원하고 있다. 인사이드 스터프 아레나라는 공간을 마련하여 농구 관련 회의나 전시 공간으로 이용할 수 있게 한 점도 이색적이다.

스포츠머천다이징뿐 아니라 스포츠매니지먼트와 마케팅 등 비즈니스 영역을 넓히거나 애니메이션 캐릭터, 상표 등을 활용한 머천다이징으로 다각화하는 사례도 있다.

NXT 인터내셔널은 스포츠머천다이징, 매니지먼트, 스포츠마케팅까지 아우르는 종합 스포츠마케팅 회사다. 스포츠머천다이징 부문에서 다양한 프로스포츠 및 스포츠이벤트 관련 상품을 만들어왔다. 특히, 대중적으로 인지도가 있는 캐릭터의 라이선스를 활용하여 스포츠머천다이징과 결합한 상품을 선보이고 있다.

SMC는 국내외 스포츠 뿐 아니라 출판, 음악, 영상, 상표 등의 라이선싱을 획득하여 상품화 및 비즈니스를 이뤄왔다. 2011년부터 유럽 빅 리그 축구단의 라이선싱을 획득하며 본격적으로 스포츠 분야에 뛰어 들었다. 이후 브라질, 잉글랜드, 프랑스, 네덜란드 국가대표 팀의 라이선싱을 추가하며 'FC 브랜드' 라인을 보유하고 있다.

　마스터 라이선싱 에이전트는 직접 머천다이징이나 라이선싱 재판매도 가능한 형태로 참고할 필요가 있다.

창업방향

　특정 스포츠 팀에 특화된 스포츠머천다이징은 좋은 사례가 많다. 다이브인풋볼이 대표적이다. 다이브인풋볼이 흥미로운 점은 수원삼성을 열렬히 응원하던 한 서포터에서 출발한 사실이다. 특유의 디자인 감각으로 과거 수원삼성 공식 홈페이지 디자인 작업에 참여한 다이브인풋볼 백승남 대표는 2007년에 구단 상품화권자 권리를 획득하기에 이른다.

　이후 수원삼성과 합심하여 블루포인트를 런칭하고 다양한 상품군 및 세련된 디자인의 머천다이징을 선보이며 성장을 거듭했다. 현재는 국내 여러 축구단을 고객으로 삼고 있으며, 중국 축구계 진출도 성공했다. 대표자 스스로가 팬이므로 구단에 대한 높은 이해도와 애착이 있었고 유럽 등 축구 선진국에서 경험한 디자인을 접목하면서 큰 시너지를 낸 것으로 풀이된다.

두산베어스의 경우 협업하는 머천다이징 업체만 해도 10여 개에 달한다. 재인스포츠는 2011년 블루매직으로 출발한 업체이며, 두산베어스 공식쇼핑몰로서 관련 야구모자, 의류 및 잡화, 액세서리 등의 머천다이징을 판매한다.

스코페는 독자적인 오리지널 라인과 함께 두산베어스 전용 래시가드, 샌들, 파우치를 판매한다. 루틴스포츠는 두산베어스 LED 응원밴드와 캐릭터 굿즈로 좋은 반응을 얻고 있다.

이처럼 팬심이나 차별성을 바탕으로 특정 스포츠 팀에 선택과 집중을 할 수 있고 아직 미개척지나 다름없는 종목으로 눈을 돌리는 방향도 있다. 이니시와 슈퍼플레이는 국내에서 드문 e스포츠 구단 머천다이징 전문업체다. 우리나라에 국제e스포츠연맹 본부가 자리 잡고 있듯이 e스포츠 종주국의 명성을 자랑할 정도로 발전된 위치에 있다. e스포츠 역시 전문 팀이 다양하게 존재하고 두터운 팬층을 보유하므로 관련 유니폼, 액세서리, 응원용품 등은 인기 상품이다. 특히나 유사업체가 아직은 많지 않아서 굿즈의 희소성이 높은 편이다.

다종목, 다종류 혹은 종목과 상품 종류에서 선택과 집중을 할 것인지는 스포츠머천다이징 관련 창업을 위해서 초기부터 분명히 해야 할 요소다. 라이선싱을 획득하기 위해서는 적지 않은 비용이 든다. 따라서 일정 수준의 자본이 필요하며, 스포츠디자인의 중요성이 부각되는 만큼 자체적으로 역량 있는 디자이너를 보유하거나 스포츠디자인 업체와 원활한 파트너십 구축이 선행되어야 한다.

　상품화 이후 판매 전략과 실행 능력도 중요한 덕목이다. 상품 가치와 판매율을 높이는 이벤트나 프로모션을 기획, 조직, 운영까지 소화할 수 있는 역량이 필요하다. 물론 스포츠 팬의 지갑을 열만큼 매력적인 스포츠머천다이징은 기본이다. 스포츠 팬의 스포츠상품 수집 문화가 점차 확산되고 레트로 버전이나 한정판 같은 특별 상품의 가치가 높아지면서 시도할 수 있는 스포츠머천다이징도 무궁무진하다. 최근들어 특정 인물이나 기록 관련 스포츠머천다이징이 두드러진다.

나는 스포츠로 창업을 꿈꾼다

슈퍼플레이의 글로벌 e스포츠머천다이징
'페이커 에디션'

슈퍼플레이(www.thesuperplay.com)는 글로벌 e스포츠 전문 브랜드를 표방하며 2016년에 등장한 스타트업이다. 오랫동안 게임회사에서 경력을 쌓은 이관우 대표는 빠르게 성장하는 e스포츠 분야에서 가능성을 발견했다. 곧 스포츠 스타트업에 뛰어들었고 슈퍼플레이를 통해 e스포츠 분야의 스타플레이어와 인기 구단의 브랜딩, 머천다이징 제작 및 유통, 프로모션·마케팅 콜라보레이션 등을 전개하고 있다. 주요 머천다이징 파트너로 SK텔레콤 T1, KT Rolster, KING-ZONE DragonX, Gen.G 등의 e스포츠 프로구단, 플레이어언노운스 배틀그라운드 게임과 함께하고 있으며, 관련 의류와 액세서리, 게이밍 기어 등의 굿즈를 꾸준히 개발·판매하고 있다. 대표적인 굿즈로 '페이커 에디션'이 있다. 국내외에서 유명한 SK텔레콤 T1의 '페이커' 이상혁 선수를 모티브로 한 머천다이징으로 의류, 모자, 배지, 텀블러, 피규어, 마우스패드 등을 선보였다. 아직 e스포츠머천다이징은 도입기로서 특정 선수 관련 머천다이징을 시도한 것은 이례적이다. 2018년 아시안게임부터 e스포츠가 시범종목이 되면서 슈퍼플레이는 더욱 다양한 머천다이징을 선보일 예정이다.

참고사례

기업명	설립연도	주요 제품·서비스	홈페이지
네포스	1990	스포츠머천다이징, 스포츠마케팅 등	www.nepos.co.kr
조이포스 플러스	1996	스포츠 프로퍼티 및 머천다이징, 스포츠이벤트 및 프로모션 등	www.joyforceplus.com
SMC (서울머천다이징컴 퍼니)	1997	스포츠브랜드 및 캐릭터 라이선싱 등	www.smckorea.com
다이브인풋볼	2005	스포츠머천다이징, 스포츠디자인, 스포츠마케팅 등	www.diveinfootball.com
위팬	2007	스포츠머천다이징, 스포츠마케팅 등	www.wefan.co.kr
FSSNL (ATC)	2008	스포츠머천다이징, 스포츠 라이선싱 및 브랜드 비즈니스 등	www.fssnl.com
재인스포츠	2011	스포츠머천다이징, 온·오프라인 스토어 운영 등	www.jaeinsports.com
스터프	2013	프로농구단 머천다이징, 농구 유니폼 제작, 농구대회 개최 등	www.stuffcrew.com
슈퍼플레이	2016	e스포츠머천다이징, 브랜드 마케팅 등	www.thesuperplay.com
이니시	2017	e스포츠 구단 머천다이징 등	www.enish.co.kr

Interview 07

상품으로 팬들에게 다가가는
'스터프'

농구전문 유니폼·머천다이징 전문회사_스터프. 이강문 대표

디자인 퍼스트라는 철학을 세우다

'농구 황제' 마이클 조던은 은퇴 당시 '친애하는 농구에게(Dear Basketball)'라는 제목으로 농구에 대한 애정을 전하는 편지를 썼다. 농구가 그의 인생을 바꿔놓았다고 고백하며 단순한 공, 코트, 게임 그 이상의 의미였다고 솔직한 속내를 전했다. 이 편지는 행운의 편지보다 더 진하게 농구 팬들의 기억에 남았고 이강문 대표에게는 더 큰 영향을 미쳤다고 할 수 있다. 편지 속 한 구절 'more than just a hoop'을 회사의 슬로건으로 삼고 주간 NBA 프로그램 '인사이드 스터프'를 브랜드 이름으로 정했으니 말이다. 현재는 법인명을 '스터프'로 통일하였다.

이강문 대표는 NBA와 KBL을 주야장천 보고 따라하는 농구 소년이었다. 밤낮 가리지 않고 집 근처 공원에서 농구를 하는 것이 삶의 낙이었다. 하지만 농구와 관련된 일은 해본 적이 없고 인맥도 없었다. 경영학과 졸업 후 IT 회사에 입사했지만 여전히 마음은 농구를 향해 있었다. 결국 그는 2009년에 스포츠 산업 현장으로 뛰어들었다. 누군가가 왜 지금의 일을 하는지 이유를 물으면 '그저 농구가 좋아서'라고 답한다. 농구가 너무나 좋아서 시작한 일, 그것이 바로 농구 유니폼·머천다이징 전문회사 스터프다.

"대학교 다닐 때 컴퓨터 다루는 일을 좋아했고 관련 경력도 다 그쪽이었어요.

그렇지만 농구가 너무 좋았어요. 1년 남짓 다니던 IT 회사를 그만두고 농구 유니폼 제작 회사에 찾아가서 '월급 얼마 안 받아도 좋으니 같이 일하고 싶다'고 말할 정도로요. 그때는 농구 말고 다른 걸 생각하지 못했던 것 같아요. '망하면 어떡하지'라는 생각보다 '재밌겠다, 빨리 하고 싶다'는 생각뿐이었어요. 그 회사에서 4년 정도 경력을 쌓은 후 독립해서 2013년에 스터프를 창업하게 됐어요."

스포츠머천다이징 시장을 보니 과반이 유니폼 제작에 몰려 있었다. 경쟁은 치열하지만 옷부터 잘 만들어야 다른 상품도 잘 팔 수 있겠다는 생각으로 유니폼 제작에 착수했다. 이전 회사에서 인연을 맺은 지인들을 데려와 필요한 인력을 보충했다. 그리고 '디자인 퍼스트(design first)'라는 철학을 내세웠다. 모든 상품 기획에서 디자인을 일순위로 둔다는 말이다. 도장 찍듯 똑같은 원단에 엠블럼과 모기업 홍보 상품을 찍어내듯 만드는 것은 철저히 금한다. 하나의 유니폼을 만들더라도 고객과 팀의 성향을 반영해 고유한 유니폼을 디자인한다.

그렇게 이강문 대표와 스터프는 대내외적으로 시장을 살리고 경쟁력을 높이는 노력을 이어갔다. 먼저 회사 내부적으로는 디자이너 3명을 보유하고 필요에 따라서는 외주 디자이너를 고용했다. 원단 및 제조사 역시 신경 썼다. 회사 근처에 위치한 동대문 원단시장은 물론 나이키, 아디다스와 거래하는 국내 원단 업체를 직접 찾아가 계약을 맺었다. 시안으로 만든 유니폼은 이강문 대표가 활동하는 농구 동호회 팀원에게 입혀보고 피드백을 구했다.

농구 유니폼 및 머천다이징 시장을 키우기 위해서 이색적인 활동도 펼쳤다. 2016년에는 농구 봉사활동이라는 의미의 '스터프 농활 in 필리핀'을 개최했다. 필리핀 현지 청소년들을 대상으로 친선경기를 진행하고 농구 용품 전달과 봉사활동 시간을 가졌다. 농구 문화 교류라는 의미 있는 이벤트에 제주항공은 기꺼이 참가자의 항공권을 지원했다. 스터프는 현지에 있는 필리핀 한인회의 도움도 받으며 성황리에 마무리했다.

이듬해에는 '인사이드 스터프배 캠퍼스 리그'를 개최했다. 이 대회에는 20개 대학교 동아리가 참가해 기량을 뽐냈다. 근본적인 저변 확대에 앞장서면서 스터프의 인지도를 높여나간 덕분에 아마추어 유니폼 주문량이 상승세를 보였다. 이제는 어느 농구 대회에 가도 스터프의 로고가 박힌 유니폼을 쉽게 찾아볼 수 있다. 게다가 빼어난 디자인을 자랑하니 심판들에게 "스터프 옷밖에 안 보인다"는 칭찬을 듣기도 한다.

머천다이징으로 충성도를 높이다

스터프는 이제 200종 이상의 디자인을 보유하고 있고 다품종 소량생산 시스템도 갖췄다. 2016년에는 한국디자인협회 스포츠웨어 부문 우수 기업으로 선정되어 공로를 인정받은 바 있다. 아마추어, 유소년 및 대학농구를 합쳐 유니폼 제작만 100여 곳을 훌쩍 넘겼다. 수상 경력과 디자인 실력을 바탕으로 프로구단과 계약에도 성공했다. 농활, 캠퍼스리그 등의 활동이 구단 관계자들의 관심을 끄는 데 주효했다. 좁디좁은 사무실에서 일하던 무명의 스터프를 알린 또 다른 계기는 혼혈선수 자격으로 귀화해 전성기를 달리던 문태영 선수를 후원한 것이다.

"어느 날 문태영 선수의 개인 매니저가 사무실에 찾아왔어요. 이태원의 한 음식점에서 협찬을 받았으니 그 로고를 넣은 헤어밴드를 만들어달라고 하더라고요. 그런데 저는 농구와 무관한 로고만 박은 제품을 착용하는 것은 저희의 '디자인 퍼스트' 철학과 맞지 않다고 생각했어요. 그래서 매니저를 설득했어요. 무리가 가지 않는다면 우리 같은 농구 관련 업체의 로고를 달고 뛰는 것이 더 좋지 않겠느냐고 말이죠. 그분도 돈을 덜 받더라도 그렇게 하는 것이 좋겠다고 해서 문태영 선수만의 헤어밴드를 만들게 되었어요."

당시 프로농구와 같은 팀 스포츠에서 개인 후원은 매우 이례적인 사례였다. 모든 것이 팀 단위로 이루어지기 때문이다. 그렇기에 문태영의 헤어밴드에 새겨진 'INSIDE STUFF'라는 글자는 관중이나 팬들의 시선을 더욱 사로잡을 수밖에 없었다. 문태영이 활약할 때마다 중계 카메라에도 헤어밴드가 자연스레 포착되었다. 스터프는 2017-2018시즌에 서울삼성썬더스, 창원LG세이커스(이상 KBL 구단), 용인삼성생명블루밍스(WKBL 구단)의 머천다이징 제작 및 판매를 담당했다. 부산KT소닉붐은 메인 스폰서로서 머천다이징 상품 제작과 용품 지원을 맡았다. 우연을 기회로 잘 살린 덕분에 또 다른 머천다이징 상품을 만들 더 많은 기회를 잡은 것이다.

스터프가 만든 주요 머천다이징 상품으로는 사인볼, 티셔츠, 모자, 우산, 에코백 등이 있다. 또한 어린이 팬들을 타깃으로 한 나노블럭, 농구골대를 형상화한 펜 꽂이 상품도 있다. 사실 판매 실적은 기대를 충족하지 못했다. 홍보나 수요 면에서 아쉬운 점도 있고 프로농구의 인기가 주춤한 것도 사실이다. 하지만 이강문 대표는 계속해서 시도한다. 그중 하나가 특별 귀화선수로 대한민국 국가대표가 된 라건아(리카르도 라틀리프)*의 한정판 패키지 상품이다. 이강문 대표는 전사 티셔츠, 면 티셔츠, 텀블러, 엽서, 배지 등 총 5가지 상품을 기획했다.

"라건아는 순수 외국인 농구선수가 우리나라로 귀화한 최초의 사례잖아요. 하지만 아무도 기념하지 않고 기억할 만한 상품이 없다는 게 아쉬웠어요. 그래서 수익성을 떠나서 우리가 상품화권을 가지고 있는 팀의 소속 선수라는 자부심을 가지고 시작했어요. 구단에서도 우리 제안을 좋게 봐주었고 광작가 (광고 일러스트레이션 및 스포츠디자인 전문 일러스트레이터)님에게도 협업을 요청하니 흔쾌히 수락하셨어요. 솔직히 처음부터 수익이 나지 않을 것이라 예상했고 실제로도 손해를 많이 봤어요. 하지만 꼭 하고 싶었어요."

---

* 라건아는 서울삼성썬더스 시절 귀화를 추진해 승인받은 후 KBL 귀화선수 규칙에 따라 현재는 울산현대모비스로 팀을 옮겼다.

꼭 하고 싶었다는 말의 의미는 이강문 대표가 스포츠머천다이징 분야에서 갖는 사명감으로 볼 수 있다. 통상적으로 기업 구단은 모기업의 예산으로, 시민 구단은 지자체의 예산을 할당받아 운영된다. 최근 자생 능력을 키우기 위해 지원 예산을 줄여나가는 구단도 있지만 여전히 의존도는 높다. 스포츠머천다이징은 이를 해결할 수 있는 방법 중 하나가 될 수 있다. 스포츠상품 소비는 좋아하는 구단에 대한 충성심과 구단의 발전을 위한 투자라는 인식이 퍼지고 문화로 자리잡게끔 윗선에서 앞장서야 한다. 이강문 대표는 "스포츠머천다이징은 장기적인 측면을 고려했을 때 초기 비용이 들더라도 구단에서 반드시 투자해야 하는 부분"이라며 팬들의 관심을 끌려는 노력이 필요하다고 목소리를 높인다.

숨겨진 보물섬을 찾아 떠나다

이강문 대표는 2018년 5월 스터프의 일본 법인을 설립하며 해외진출에 나섰다. 외국인이라 절차가 더욱 까다로워 2017년부터 일본을 오가며 사전 준비를 했다. 회사 규모가 커지면서 다른 종목으로 확장할까도 고민했지만 농구 전문가의 길을 택했다. 한국보다 시장이 큰 일본에서 살아남기 위한 스터프만의 강점은 역시나 디자인이다. 스터프는 '풀 커스텀 컨설팅(full custom consulting)' 시스템으로 차별화에 나섰다.

"일본의 농구 유니폼 시장은 시스템을 잘 갖추고 있어요. 나이키아이디 (NIKEiD)가 고객이 좋아하는 모델, 색상, 이니셜을 선택하는 맞춤 서비스를 제공하듯 유니폼 디자인, 폰트, 색상을 선택하면 그대로 만들어줘요. 그런데 100% 고객 취향을 맞춘다고 해서 100% 만족하는 것은 아니에요. 저희는 고객이 로고부터 폰트, 배치까지 전체적으로 같이 논의할 수 있는 컨설팅을 진행해요. 엠블럼 하나에도 학교의 상징을 담거나, 이제 막 도약하는 팀의 이미지를 살려 독수리가 비상하는 이미지를 넣는 식이에요. 원시적인 접근일 수도 있고 시간과 인력이 많이 필요한 일이지만 고객 만족도는 더 높일 수 있어요. 지금은 독립적 경영이 가능할 정도로 일본 지사도 많이 성장했어요."

한 우물만 파는 것도 좋지만 산업에 대한 안목을 키우기 위해서는 다양하게 도전할 필요가 있다. 이강문 대표는 스터프가 농구 유니폼 및 머천다이징에 특화된 브랜드라는 색깔은 유지하면서 새로운 시도의 일환으로 프로야구 한화 이글스의 레플리카를 제작했다. 이 유니폼은 기존 한화 이글스의 느낌은 살리되 농구 유니폼처럼 민소매 디자인으로 변형한 것이다. 기존의 야구 유니폼에서 벗어나 캐주얼한 이미지를 더해 특히 여성들에게 인기를 끄는 상품이다.

또한 이강문 대표는 2017년부터 e스포츠머천다이징 업체 '이니시'를 공동창업하여 스터프 운영과 병행하고 있다. 이니시는 대학원 동문들과 함께 창업한 것으로 e스포츠 산업의 빠른 성장세에 주목하여 머천다이징 틈새시장을 구축하고 있다. '농구바보' 이강문 대표에게 e스포츠라는 종목 자체는 낯설지만 숨겨진 보물섬 같은 시장을 연구하면서 성장하리라는 확신을 가졌다.

"이니시 역시 꾸준히 거래가 늘고 있어요. 아무래도 시장이 성장세이다 보니 머천다이징 상품에 대한 관심도 점점 더 느는 것 같아요. 롤드컵 결승의 경우 메이저리그 결승보다 전 세계 시청자 수가 많다는 말도 나오잖아요. 이 부분은 우리나라가 확실한 강점을 갖고 있다고 생각해요. 전 세계에서 한국이 가장 잘하잖아요. 우리가 해외 축구 중계를 보듯이 외국인들은 한국 리그 중계를 챙겨본다고 해요. 스포츠콘텐츠 중 해외에 팔 수 있는 종목은 단연코 e스포츠일 거예요."

좋아하는 일을 할 땐 감당해야 할 숙명이 있다

유니폼 커스터마이징 사업은 선주문에 따른 제작이기 때문에 일정 계약금을 먼저 받고 시작하니 자금 운용에 조금 더 수월하다. 완제품을 만들어 파는 방식과는 조금 다르다. 그런데 스타프가 압류를 당한 적이 있다고 하면 믿겠는가? 돈 관리 체계를 제대로 잡지 못한 것이 화근이었다. 이제 막 창업을 시작한 이들이 자주 하는 실수가 매출을 곧 수입으로 착각하는 것이다. 이는 부가가치세, 종합소득세를 비롯한 각종 세금, 임금, 임대료 등 제품 생산 외에도 기업 경영에 필요한 많은 간접비용을 고려하지 않을 때 발생한다. 창업자는 회계에 대한 개념을 정확히 알고 반드시 적절한 계획을 짜야 한다.

나는 스포츠로 창업을 꿈꾼다

"처음에는 제가 다 알고 있다고 생각했는데 그게 아니더라고요. 몰라서 못 내는 세금이 정말 많았어요. 문제가 터졌을 때 곧바로 회계 전문가에게 맡기고 저는 영업에 집중했어요. 처음부터 그렇게 했더라면 과정이 덜 힘들었을 거예요. 돈 관리는 외주를 줘서라도 웬만하면 대표 본인이 하지 말라고 조언하고 싶어요. 영업이든 마케팅이든 좀 더 잘할 수 있는 일에 집중할 수 있으니까요. 직접 한다면 100원, 10원까지도 철저하게 모두 기록해야 해요."

열정이라는 단어가 잘 어울리는 이강문 대표도 한때는 농구공 튕기는 소리조차 듣기 싫을 때가 있었다. 평일에는 상품 제작, 주말에는 대회 진행으로 매일 농구를 일로써 다루다보니 더는 농구가 놀이로 느껴지지 않았다. 공과 사가 구분되지 않고 남들 여가 시간에 일하는 '주말이 없는 삶'에 가족들의 불만도 피할 수 없었다. 이강문 대표는 어린 시절 선수들만 실내 코트를 쓰는 것이라 생각해오다 처음으로 실내 코트에서 공을 만졌던 때를 회상하며 초심을 다잡았다. 그때를 떠올리며 생각을 바꾸기로 했다. 어렵고 힘든 점은 좋아하는 일을 하기 위해 감당해야 할 숙명으로 삼고 여전히 사회인 동호회를 즐기고 있다. 또 집안일은 오히려 농구보다 덜 힘들다며 청소와 빨래를 취미처럼 재미있어 하는 든든한 가장이 되었다.

좋아하는 스포츠를 제3자로서 바라만 보다가 창업을 해서 그 산업의 범주 속에서 함께 하는 사람이 되었을 때의 뿌듯함은 말로 표현할 수 없을 만큼 크다. 스태프의 유니폼을 입고 경기하는 아마추어 선수들을 볼 때마다 '조물주'가 된 것 같은 기분이 들기도 한다. 실제로 일본의 지하철역에서 스터프 옷을 입은 사람들을 마주쳐 반가워했던 적도 있다. 이강문 대표는 이제 더 많은 스포츠머천다이징 창업자들과 본인이 품은 감정을 나누고 싶다고 전한다.

"어렸을 때부터 운동을 시작하는 엘리트 선수들을 보면 다른 나라에 비해 훨씬 더 전문적이라고 말할 수 있어요. 그에 비해 주변 인물들, 스포츠산업을 다루는 전문가는 부족한 것 같아요. 운동선수 못지않게 스포츠를 정말 좋아하고, 전문성도 있고, 스토리를 만들어낼 수 있는 전문가가 많이 나와야 해요. 국가적으로나 협회, 연맹, 구단에서 전문 인력 양성에 관심을 기울여주면 좋겠어요. 많은 사람이 도전해서 전문가가 빛을 발하는 스포츠 시장이 되길 바라요. 스포츠 블루오션으로 오는 건 누구나 환영입니다!"

나는 스포츠로 창업을 꿈꾼다

"스포츠 블루오션으로 오는 건 누구나 환영입니다!"

Inner view 08

스포츠용품

스포츠용품(sports equipment)은 스포츠 관련 의류, 신발, 가방, 기구 및 장비, 기타 용품을 포괄한다. 스포츠용품업으로 보면 크게 스포츠용품의 제조, 유통, 판매, 임대의 측면에서 업종을 구분할 수 있다. 또한 여러 스포츠 종목에 따라 용품이 구분되기도 하는데, 요즘에는 레저 및 아웃도어까지 포함한다. 여기에서는 스포츠용품업의 전반적인 비즈니스를 아우르면서 자체 브랜드 보유, 유형화된 상품의 생산 및 판매를 영위하는 창업 사례를 중심으로 소개한다.

형성과정

스포츠용품은 시장 규모가 크며, 수출 판매도 용이한 편이다. 2016년 기준으로 스포츠용품업이 스포츠산업 전체 매출액의 49%로 가장 큰 비중을 차지한다(2017 스포츠산업실태). 지금처럼 스포츠산업의 분류가 다양하게 세분화되기 전에 국가 차원에서도 지원이 적극적으로 이뤄진 분야다. 특히, 1970년대부터 1980년대 후반까지 신발의 수출액은 약 40억 달러로 우리나라의 수출품 중에서도 비중이 매우 컸으며, 부산 지역은 당시 세계 최대 운동화 생산 도시로 명성이 높았다.

현재는 나이키, 아디다스 같은 외국 스포츠용품 브랜드의 국내 시장 점유율이 높은 상황이지만 국산 브랜드의 상징인 프로스펙스와 르까프 등도 중요한 역할을 했다. 1981년에 탄생한 프로스펙스는 1986 서울 아시안게임과 1988 서울 올림픽의 공식 후원업체로 참여하며 세계 무대에 선보이기도 했다. 르까프는 이 두 가지 스포츠이벤트를 앞두고 만들어진 브랜드다.

그보다 앞서 새로운 영역을 개척한 스포츠용품사도 있다. 신신상사는 스타스포츠로 더 유명한 스포츠용품 제조 및 판매 업체다. 1965년 설립된 뒤 국내 스포츠용품계에서 대표적인 토탈 스포츠용품 기업으로 자리매김했다. 올림픽, 아시안게임, 세계선수권대회 등 관련 국제연맹공인을 여럿 획득하며 국내외 유명 스포츠 대회와 프로 경기의 공인구로 사용되고 있다. 특히, 축구공, 농구공, 배구공, 족구공, 테니스공, 핸드볼공은 세계적인 수준으로 인정받고 있다.

볼빅은 1980년에 설립되었으며 골프 용품 제조 및 판매, 유통 등을 한다. 세계 최초로 다층구조인 2중핵의 3PC 골프공을 개발한 뒤, 1997년부터 볼빅이라는 브랜드로 영업하고 있다. 볼빅은 사업 초기부터 시합용 골프공을 생산했는데, 그중에서도 특유의 컬러 골프공은 익히 잘 알려져 있다. 골프공 외에도 클럽, 장갑, 모자, 가방, 액세서리 등 전반적인 골프 용품을 제조·판매하고 있다.

업계현황

2015년 기준으로 국내 전체 가구의 스포츠용품 지출은 6조 4천

나는 스포츠로 창업을 꿈꾼다

억 원에 이를 정도로 큰 규모를 형성하고 있다(2016 스포츠산업백서). 국
내에서 판매되는 스포츠용품 브랜드만 해도 무척이나 많다. 종류를
크게 나눠보면 국산 브랜드와 해외 브랜드가 있다. 국내 스포츠용품
시장에서는 일부 품목을 제외하고는 해외 브랜드의 시장점유율이 높
은 편이다. 나이키코리아, 아디다스코리아, 언더아머코리아 등 글로벌
브랜드의 경우 유한회사 및 외국계 CEO 체제로 국내에서 사업을 전
개하는 편이다.

국내 사업자가 해외 브랜드의 라이선스를 획득하여 런칭하는 형
태가 있는데 스포츠용품업 창업 시에 참고할 수 있다.

험멜코리아로 알려진 대원이노스는 1998년에 덴마크의 유명 스
포츠브랜드인 험멜과 라이선스를 체결하여 국내에 선보였다. 런칭 브
랜드의 성공에 힘입어 이듬해는 험멜 축구단을 창단하여 운영했다.

데상트코리아도 2000년 한국데상트로 이름을 알린 뒤 성공적으
로 국내에 정착한 브랜드로 손꼽힌다. 2009년 데상트 브랜드를 런칭
하며, 데상트코리아로 사명을 바꾼 뒤 스킨스, 데상트 골프, 엄브로 등
여러 브랜드를 지속적으로 런칭하였다. 데상트코리아로지스틱스, 데
상트글로벌리테일 같은 계열사와 데상트스포츠재단(스포츠유망주/스포츠
대중화/스포츠학술연구 지원)을 설립하는 등 무게감 있는 스포츠 패션 기업
으로 거듭나고 있다. 또 데상트코리아 먼싱웨어 매치플레이, 데상트
듀애슬론 레이스 같은 스포이벤트를 주최하고 있으며, 영국 런던

플래그십 숍 개점, 데상트차이나 합작 설립 등 글로벌 시장 진출에도 적극적인 행보를 보이고 있다.

스포츠용품 관련 세부 업종 중 스포츠용품 도·소매업도 높은 비중을 차지한다. 싸카, 카포스포츠, 피파스포츠 등이 축구 용품 도·소매, 축구의류 제조 및 판매, 온·오프라인 쇼핑몰 운영 등으로 잘 알려져 있다.

싸카는 스페인의 스포츠용품 브랜드인 아스토레의 국내 상표 소유권자로서 여러 프로축구단과 후원 계약을 체결하였으며, 2009년에 월간축구 베스트일레븐을 인수하였다(2018년 팀트웰브가 베스트일레븐을 인수했다).

카포스포츠는 1989년 서울 동대문운동장에서 카포야스다스포츠로 영업을 시작하며 국내 최초의 축구 용품 전문숍으로 이름을 알렸다. 2002년 월드컵 기간에 직영매장이 큰 관심을 모으기도 했으며, 카포코리아스포츠로 사명을 변경했다.

피파스포츠는 취급 브랜드 중에서도 아디다스 축구 용품 전문 유통기업으로 특화되어 있다. 스페인 스포츠브랜드로 널리 알려진 조마의 국내 총판으로 여러 프로축구단과 프로농구단에 용품을 협찬하고 있다.

온라인 쇼핑몰*, 스포츠용품 유통업으로 출발한 뒤 스포츠용품 제조업까지 확장하는 경우도 두드러진다. 가령, 크레이지11의 언더테크, 더라커룸의 나인티플러스 등이 대표적이다.

더라커룸은 축구 용품 쇼핑몰인 '두사커'로 더 잘 알려져 있으며, 축구 용품 제조 및 판매, 유통업을 영위하고 있다. 수입 라이선스 브랜드 용품을 생산하거나 유통·판매하며, 자체 스포츠브랜드인 나인티플러스(90+)를 만들었다. 두사커 특유의 커스텀 전사의류와 축구화 자수 서비스는 유명 선수들과 동호인이 즐겨 찾는다. 특히, 축구화 자수 서비스의 경우 자체 개발한 자수 기계로 완제품 축구화에 이름을 약어로 새겨 넣을 수 있다.

브리온스포츠는 나이키, 뉴발란스, 아식스 야구 용품의 국내 공식 유통 총판사로서 B2B(Business to Business) 쇼핑몰을 운영한다. 또한 김감독닷컴이라는 온라인쇼핑몰을 통해서 일반 고객에게도 야구 용품을 전문적으로 판매하고 있다. 야구 분야 각 용품의 최고 브랜드와 협업으로 제품을 개발하는 '브리온오더'와 한정 수량 제품을 판매하는 '김감독의 한정판' 등의 서비스로 경쟁력을 갖추었다.

아웃도어 및 레포츠 분야에서도 스포츠용품업이 강세를 보이고

---

* 원활한 제품 판매를 위해서 통신판매업 신고를 해야 한다. 전자상거래나 우편 판매를 하는 경우 필요한 절차다. 구비 서류로는 은행의 구매안전서비스 이용 확인증, 사업자등록증 등이 있다.

있다. 특히, 블랙야크, 트렉스타, K2, 칸투칸 등 아웃도어 용품 부문에서는 국산 브랜드만 해도 경쟁이 무척 치열하다.

칸투칸은 아웃도어 전문 브랜드로서 아웃도어에 관한 일체의 용품을 제조하고 판매하는 업체다. 본사는 부산에 있으며 공동대표이사 체제로 운영 중이다. 2005년부터 토종 브랜드로서 중저가 포지셔닝을 통해 치열한 아웃도어 시장에서 영역을 넓혀나갔다. 창업 초기 온라인 기반의 브랜드였으나 점차 오프라인으로 사업을 확장하는 데 성공했으며, 아웃도어 SPA와 합리적 아웃도어 같은 개념을 도입하였다. 또한 독특하고 재미있는 광고 콘셉트가 돋보이며 고객 의견을 적극 반영한 제품으로 인기를 얻고 있다.

일반적으로 스포츠용품 구입률이 높은 신발, 의류, 가방, 기타 용품 외에도 원엔원의 양궁, 카디아스포츠의 커스텀 스케이트 슈즈, 한강스포츠의 자전거, 스타스포츠의 종목별 공, 볼빅의 골프공 등은 국내외에서 기술력을 인정받는 스포츠용품이다.

한강스포츠는 2009년부터 자전거 및 관련 용품을 제조, 판매, A/S까지 책임지고 있으며 자체 브랜드인 미소 자전거로 인기를 얻고 있다. 또 스마트 IoT 디바이스인 한강라이더도 주요 상품 중 하나다. 한강스포츠에서 제공하는 '미소 엑셀런트 워런티 프로그램'은 본사 A/S 직영점과 전국 매장에서 5년간 무상으로 사후 점검 및 정비를 받을 수 있도록 권한을 보증하는 서비스로 호평을 받고 있다. 나아가 자전거 정비교육 및 업그레이드 서비스를 제공하고 있다.

국내 자전거 이용 인구가 1천만 명을 넘어서면서 고가 자전거의 중고거래와 리스 서비스를 제공하는 라이트 브라더스 같은 스타트업도 더욱 늘어날 것으로 기대된다.

스타스포츠는 중국 시장에 진출하여 대규모 공장의 설립·제조에 나서며 중국 전역과 세계 각국으로 판매망을 넓혔다. 또 아테미라는 배드민턴 브랜드를 탄생시킨 뒤 포항스틸러스, 상주상무 같은 프로축구단에 의류를 후원하기도 했다. 2017년부터는 공식 풋살 팀인 스타 FS를 창단하여 자체 운영하고 있다.

볼빅의 경우에도 2010년에는 PGA, LPGA, KPGA, KLPGA에서 활동하는 선수 70여 명을 모아 볼빅 골프단을 창단했다. 또한 각종 골프대회를 개최하며 대외 인지도를 높이고 있다. 2012년에는 미국 현지 법인을 설립하며 글로벌 브랜드화의 교두보를 마련했으며, 전 세계 40여 개국에서 제품을 인정받고 있다.

창업방향

자이크로는 스포츠용품을 제조 및 판매하는 기업이다. 2012년 3월 아임스포츠커뮤니케이션누보로 출발하였으며, 자체 스포츠브랜드인 자이크로를 선보였다. 당시 토종 스포츠브랜드의 성공 여부에 대한 우려와 걱정이 많았다. 아임스포츠커뮤니케이션누보는 같은 해 6월에 제4기 서울시 청년창업가 프로젝트에 선정되었고 창업 초기부터 MBC꿈나무축구리그, 국가대표 OB 축구회 등과 공식 용품사 협약을 맺으며 조금씩 두각을 나타냈다. 2014년에는 FC안양, 안산경찰청, 고양 HI FC 등 프로축구단의 공식 용품사 협약을 맺기에 이르렀으며, 국제기구인 유엔(UN) 해빗트 스포츠 부분 공식 파트너십을 맺는 등 인지도를 높여갔다. 2015년에는 지금의 자이크로로 상호를 교체하였다. 한시적이긴 하지만 2016 시즌에 고양 자이크로 프로축구단을 운영할 정도로 성장세를 보였다. 최근에는 스포츠를 통한 공유가치창출, 즉 CSV(Creating Shared Value) 차원에서 트렉수트를 하나 구입하면 아프리카 유소년 축구단에 유니폼 하나를 보내는 'BUY1 DREAM 1' 프로젝트를 진행하고 있다.

크레이지11은 축구화 및 스포츠용품 제조·판매, 유통 등을 한다. 부산에 본사가 있으며, 온라인 쇼핑몰과 함께 오프라인 메가스토어도 함께 운영하고 있다. 언더테크라는 자체 브랜드를 보유하고 있으며, 다수의 프로축구선수가 착용하는 사계절 올라운드 언더레이어로 알려져 있다. 포항스틸러스, 인천유나이티드, 울산대학교 축구부 등에 이너웨어를 후원하고 있다.

까뮤는 2013년부터 기능성 스포츠언더웨어를 선보이고 있다. 흥미로운 부분은 당시 20대 중후반이던 오수정 대표가 이성의 스포츠 언더웨어를 아이템으로 정한 것이다. 농사를 짓는 아버지를 위한 아이디어가 창업 계기가 됐다. 이후 개발 단계부터 스포츠 선수들의 긍정적인 피드백으로 발전해나가며 우수발명품으로 선정될 정도의 제품을 탄생시키기에 이르렀다. 또 업계 최초로 연중무휴로 운영하는 고객센터를 도입하는 고객친화적인 서비스 감각도 돋보인다.

까뮤의 사례처럼 대표자의 개인적인 관심사는 창업에 큰 영향을 미치기도 한다. 더라커룸을 창업한 강규식 대표는 축구를 너무나 좋아한 나머지 대학교 4학년 때 부모님 몰래 학자금대출을 받은 돈으로 창업에 나섰고 어느덧 업계에서 손꼽히는 스포츠용품업체로 성장했다.

프로야구 원년 22연승의 '불사조'로 불리는 전 OB베어스 투수인 박철순 회장의 경우 스포츠 주얼리 전문업체인 알룩스포츠를 이끌고 있다. 그는 선수 시절에 겪었던 부상 때문에 접했던 다양한 기능성 스포츠용품의 중요성을 느껴 사업구상에 나섰고 은나노 음이온 발생 팔찌를 개발하기에 이르렀다.

코리아스포츠(케이코스포)는 토탈 웰빙 전문기업으로 2001년부터 국내 피트니스 용품시장 형성에 일익을 담당했다. 아이워너, 고텐스퀘어, 플러스위드 등 자체 브랜드를 개발하였으며, 프로스펙스의 피트니스 용품 총판업체이기도 하다. 요가매트, 짐볼, 바디롤러 등 헬스·피트니스 용품을 비롯하여 학교 용품 및 키즈 용품, 기타 스포츠용품 등을 유통하거나 직접 제조·판매하는 전문업체로 특허 제품도 다수 보유하고 있다.

스포메틱스는 스포츠 전문 화장품, 스킨케어 솔루션을 제공하는 스타트업이다. 야외에서 이뤄지는 레저스포츠 활동 시 피부 보호에 특화된 그린스포츠 선크림, 미스트, 클렌저 등의 화장품을 선보이고 있다. 판매 경로는 온라인 기반으로 각종 소셜커머스, 온라인쇼핑몰을 활용한다. 스포메틱스는 '스포츠 화장품 연구소'를 표방하며, 제품군과 오프라인 판매처를 늘려나가고 있다. 또한 스포츠 선수 및 이벤트 후원, 스포메틱스 샤이닝 마스크 인천UTD 쯔엉 스페셜에디션을 출시하는 등 스포츠 영역에서도 존재감을 높이고 있다.

버블스포츠는 익스트림·레저 스포츠용품 렌탈 전문업체다. 버블슈트, 에어풀장 및 에어슬라이드, 에어바운스, 기타 물놀이 용품 등을 임대해주거나 판매한다. 주로 프로구단에서 관중을 위해 필요로 하며 지역 축제나 행사 때 활용하기도 한다. 임대업도 아이템에 따라서는 시장성이 있다.

나는 스포츠로 창업을 꿈꾼다

스포츠용품업은 스포츠 분야에서 가장 전통적인 산업으로 손꼽을 수 있지만 시대의 흐름에 따라 새로운 변화를 거듭하고 있다. 나이키가 애플사의 ICT를 결합하여 운동 정보를 실시간으로 알려주는 신발과 앱(나이키플러스)을 출시했고, 윈엔윈이 신소재로 활을 만들었듯이 스포츠용품도 첨단기술을 활용하는 방향으로 나아가고 있다. 물론 모든 스포츠용품의 제품 자체가 꼭 첨단기술로 만들어질 필요는 없다. 커스텀 스케이트 슈즈를 제조·판매하는 카디아스포츠처럼 시장성과 희소성 사이의 고민이 필요한 아이템도 존재하기 때문이다. 경쟁사나 카피캣*과 차별화하는 방안을 끊임없이 강구해야 한다.

---

* 카피캣(copy cat)은 유명하거나 인기 있는 사람 또는 제품을 독창성 없이 모방하는 것을 의미하며, 미투(me too) 제품이라고 부르기도 한다.

원엔원의 하이엔드 양궁 용품
'위아위스'

1993년 창업한 원엔원(www.win-archery.co.kr)의 박경래 대표는 국내 첫 양궁 국가대표 출신으로 대표 팀 코치와 감독을 거쳐 한국 양궁의 전성기를 이끈 입지전적 인물이다. 그동안의 경험을 바탕으로 하여 창업에 성공하였지만, 처음부터 명품 활을 만든 것은 아니었다. 지속적인 제품 개발과 시행착오를 거쳐 오늘날의 위치에 오를 수 있었다.

원엔원은 양궁 용품 전문 제조기업이다. 구성원 대다수가 양궁인 출신으로 전문성과 기술력을 바탕으로 국산화에 성공했다. 세계 최초로 개발한 카본양궁 핸들이 대표적이다. 원엔원이 만든 활은 전 세계 양궁 선수 절반 이상이 애용할 정도로 상품 가치를 인정받았으며, 양궁 관련 주요 대회에서 우승 및 세계신기록과 함께하며 글로벌 명품으로 자리매김했다. 또 위아위스(WIAWIS) 브랜드를 런칭하고 나노카본을 적용한 하이엔드* 양궁 용품과 나노카본 바이크를 개발하여 또 다른 시장에서도 좋은 반응을 얻고 있다.

---

* 하이엔드(high-end)는 제품군 중에서 가장 뛰어난 성능이나 디자인, 품질을 갖거나 비싼 가격의 고급 제품을 이른다.

참고사례

기업명	설립연도	주요 제품 · 서비스	홈페이지
신신상사 (스타스포츠)	1965	스포츠용품 제조 및 판매 등	www.starsports.co.kr
볼빅	1980	골프 용품 제조 및 판매, 유통 등	www.volvik.co.kr
윈엔윈	1993	양궁 용품 및 자전거 제조, 판매 등	www.win-archery.co.kr
더라커룸 (두사커)	2001	축구 용품 제조 및 판매, 유통 등	www.dosoccer.com
코리아스포츠	2001	스포츠용품 제조 및 도·소매 등	http://korspo.com
칸투칸	2005	아웃도어 용품 제조 및 판매 등	www.kantukan.co.kr
크레이지11	2006	축구화 및 스포츠용품 제조·판매, 유통 등	www.crazy11.co.kr
자이크로 (아임스포츠 커뮤니케이션누보)	2012	스포츠용품 제조 및 판매 등	www.zaicro.com
까뮤	2013	기능성 스포츠언더웨어 제조 및 판매 등	http://gamyu.com
스포메틱스	2015	스포츠 전문 화장품, 스킨케어 솔루션 등	http://spometics.com

Interview 08

편안함이 경쟁력이고 생명인
'까뮤'

분리형 스포츠언더웨어_까뮤. 오수정 대표

스포츠언더웨어의 혁신을 선보이다

스포츠 종목에 최적화된 용품은 선수의 운동 능력을 더욱 끌어올리는 기능을 한다. 관절을 보호해 부상을 방지하거나 불필요한 마찰을 줄여주고 또 집중력을 높여줌으로써 최상의 능력을 발휘하게끔 돕는다. 그중 스포츠 이너웨어는 땀과 같은 노폐물을 적절하게 흡수하고 통풍이 원활해야 한다. 특히나 남성의 불편함을 해소한 언더웨어로 스포츠용품 시장에 도전장을 내민 까뮤는 많은 주목을 받고 있다. 더욱 흥미로운 부분은 까뮤의 창업자가 여성이라는 점이다. "우와, 여자가 남자 속옷을 만들었대!" 까뮤를 처음 접한 사람들이 늘 보이는 반응이라고 한다.

제품디자인을 전공한 오수정 대표가 남성 속옷을 개발하게 된 계기는 그녀의 아버지였다. 한겨울에도 덥고 습한 비닐하우스에서 오이 농사를 짓던 아버지의 속옷은 항상 땀으로 젖어 불편하기 그지없었다. 몇 번의 시도 끝에 만든 속옷은 아버지에게 호평을 받았다. 객관적인 검증을 위해 오빠를 비롯해 삼촌과 지인에게도 만들어주었더니 역시나 좋은 피드백을 받았고 상품화를 결심했다. 2013년에 자본금 5천만 원으로 까뮤 법인을 설립했고, 2015년에 자본금을 2억 원으로 증자했다.

초기에는 충남대학교 창업지원센터에 사무실을 마련해 남성의 신체에 맞는 패턴 연구에 매진했다. 앞뒤가 모두 평면으로 제작되어 남녀 속옷의 구분이 뚜렷하지 않은 기존의 디자인에서 벗어나, 남성의 신체 구조에 최적화된 속옷을 제작하는 것이 목표였다. 남성의 신체 구조를 연구하기 위해 충남대학교 학생 100명을 대상으로 시제품을 착용하게 한 후 허리둘레, 엉덩이둘레, 허벅지둘레를 실측했다. 또한 을지대학병원 비뇨기과 교수에게 자문을 구했다. 그들의 피드백을 바탕으로 패턴을 개발한 끝에 표준이라 할 만큼 정확한 남성 신체 치수의 제품을 상품화했다. 여성으로서 남성의 신체와 불편함을 이해하기 어려웠기에 패턴 연구에만 1년을 투자할 만큼 열정적으로 임했다. 그결과 현재는 대전 대덕구에 사옥을 마련할 만큼 성장했다.

까뮤 제품이 운동선수 사이에서 입소문이 퍼지면서 인기 스포츠 언더팬츠로 자리 잡게 된 것은 SK와이번스 야구선수들이 착용하면서 부터다. 당시 김경기 수석코치(현 야구 해설위원)에게 샘플 착용을 권했는데 처음에는 거절당했다.

"코치님께 연락을 드려서 제품 소개를 하고 만들어서 보내줄 테니 선수들 평소에 입는 사이즈를 보내달라고 했어요. 그랬더니 선수들에게 방해가 되고 후원 제품이 많다고 거절하시는 거예요. 그래서 다시 제안했어요. 일단 그냥 보내드릴 테니 한번만 입어보시고 별로면 버리라고 했죠. 어차피 사람들은 불편하면 버리잖아요. 그런데 보내고 나서 5일 뒤쯤 연락이 왔어요. '나만 입기 아까우니 선수들 것도 보내줬으면 좋겠다'고 하시는 거예요! 전지훈련 떠나기 전에 선수들과 코칭스태프 몫까지 보냈는데 다들 너무 좋아했어요. 그때를 계기로 선수들에게 협찬을 진행했고 선수들의 환경에 맞는 테스트를 진행하면서 더 많은 패턴을 개발할 수 있었어요."

운동선수들이 까뮤의 언더팬츠를 가장 높게 평가하는 점은 격렬한 스포츠 활동에도 속옷에 손이 가지 않는 편안함이다. 연구를 통해 남성의 신체 구조를 잘 반영했기 때문이다. 또한 일반적으로 엉덩이 아래까지 닿는 길이가 아닌, 무릎 위까지 닿는 길이인 점도 장점이다. 허벅지가 굵은 편에 속하는 야구선수들은 언더웨어의 길이가 짧으면 슬라이딩 할 때 부상위험이 있고, 어중간한 길이라면 돌돌 말려 올라가 불편하다. 그래서 선수들이 경기 중 부상당하지 않도록, 선수들의 의견을 반영해 무릎 위 길이로 제작하면서 착용감도 훨씬 좋아졌다. 이는 실제로 SK와이번스 구장 방문 당시 김광현 선수가 제안한 의견이다.

오수정 대표는 선수들의 허벅지 및 무릎 둘레를 표준으로 원단 신축성까지 모두 고려해 무려 600개의 패턴을 고안한 끝에 말려 올라가지 않고 무릎까지 오는 길이의 제품을 개발했다. 뿐만 아니라 일상생활에서의 활동성도 고려하여 허벅지가 굵어도 말려 올라가지 않도록 엉덩이와 무릎 중간 길이의 제품도 개발했다. 한번 까뮤를 입어본 선수들은 경기장 안에서나 밖에서나 까뮤를 찾았다. 그렇게 입소문이 퍼지면서 100명 이상의 프로야구선수들이 즐겨 입는 스포츠 언더팬츠가 되었다. 현재는 축구, 골프 등 다양한 종목의 선수들에게도 사랑받고 있다.

입체적 디자인으로 경기력 향상을 가져오다

속옷에 대한 대표적인 선입견은 피부에 달라붙지 않는 사각 팬츠가 가장 좋다는 것이다. 까뮤는 자기 자신을 위해서라면 여태까지 입었던 디자인이 아닌 분리형 디자인의 언더팬츠를 입을 필요성을 알린다. 바로 그 지점에서부터 까뮤의 디자인 차별화가 힘을 발휘한다.

"혹시 '가오리 핏' 티셔츠를 아세요? 겨드랑이 부분 폭이 넓게 디자인돼서 팔을 내리고 있으면 살결이 맞닿게 되죠. 속옷도 마찬가지예요. 허벅지 피부가 직접 맞닿는 부분에 마찰이 생기면 땀이 쉽게 차고 습해져서 사타구니에 습진이 생길 수 있어요. 이건 남자와 여자의 신체 구조가 다른데 속옷 디자인은 앞뒤가 똑같아서 발생하는 문제예요. 우리나라 남성이 트렁크 팬츠를 가장 많이 입는 이유 중 첫째는 딸이나 아내가 보기에 민망하지 않기 위해서, 둘째는 삼각팬티를 입으면 양쪽 사타구니가 맞닿아 불편해서죠. 불편함을 감수하며 지내오니까 이제는 왜 불편한지도 모르고 입는 거죠. 자기 자신을 위해서라면 편하게 감싸주되 피부 마찰이 일어나지 않아서 안 입은 것 같은 느낌이 드는 속옷을 입어야 해요."

까뮤의 시스템 언더팬츠는 각각의 분리공간이 만들어져 있어서 마찰이 없고 운동을 해도 압박감이 없는 디자인이다. 공인시험기관에서 제품을 시험한 결과, 음낭의 피부온도가 0.5℃, 피부습도는 12.4% 감소했다. 이러한 효과를 보고 을지대학병원의 비뇨기과 교수는 임상

시험을 제안하기도 하며 까뮤의 단골 고객이 되었다. 실제 사타구니 습진으로 고생했던 한 고객은 간지럽고 땀이 차면 속옷을 당기던 습관이 까뮤 제품을 착용하고 나서부터 줄어들었다고 한다. 골프가 취미인 또 다른 고객은 "남자와 여자의 신체 구조가 다른데 여자 속옷을 남자가 입으나 남자 속옷을 여자가 입으나 모두 어색함 없이 입을 수 있는 속옷이 어떻게 불편하겠느냐"라고 말하며 까뮤의 성공을 예견하기도 했다.

국가대표 스포츠 선수들에게 들은 칭찬은 오수정 대표를 더 열심히 일하게 만들었다. LG트윈스에서 뛰던 황목치승 선수는 1년간 직접 까뮤 제품을 구입해 입어본 후 정식 모델 계약을 맺었다. 이외에도 여러 선수가 제품 후기와 조언을 아낌없이 전해주었다. 큰 힘을 들이지 않고서도 자연스레 마케팅 효과를 톡톡히 누렸다. 축구 국가대표 김영권 선수는 2015 호주 아시안컵 4강전에서 까뮤 제품을 착용하고 귀중한 득점을 기록한 바 있다. 그는 경기 중 자신의 컨디션 유지에 도움이 된다며 각별한 고마움을 전하기도 했다. 선수들의 경기력에 보탬이 되어줄 때가 오수정 대표가 가장 보람을 느끼는 순간이기도 하다.

고객 만족도와 판매 채널 다각화에 힘쓰다

까뮤는 전 세계 37개국에 특허를 출원·등록하며 해외 시장 공략에도 적극적으로 나섰다. 해외 전시회에 참석해 바이어를 만나 제품 홍보 및 판매에 주력한다. 특히 2015년 중국 홈쇼핑에 진출해 완판을 기록한 이후 10차례 넘는 전시회를 통해 중국 내 인지도를 높였다. 그 결과 3만 달러의 물량을 백화점에 수출할 수 있었다. 이외에도 인도의 속옷 브랜드와 계약을 맺었고, 베트남, 미국, 유럽을 주요 타깃으로 삼으며 12개국에 상표를 등록해 다각도로 판매 활로를 개척하고 있다.

나는 스포츠로 창업을 꿈꾼다

"처음 해외 전시회를 몇 번 참가하면서 깨달은 건 완벽한 영문으로 된 동영상과 매뉴얼 자료를 준비하자는 것이었죠. 홈페이지 영문 번역도 보는 사람마다 의견이 달라서 수십 번 뒤엎었어요. 강원도 원주에 거주하는 고객(미국인)이 홈페이지의 콩글리쉬를 보고 웃으며, 직접 영문으로 수정해 주기도 했어요. 또 미국 소비재 전시회에서는 마지막 날 남은 물량을 모두 구입하겠다고 했던 교포 분도 계셨어요. 마음이 맞는 바이어를 찾기 위해서는 그들의 문화와 생활수준을 이해하는 것도 중요해요. 까뮤 제품이 다소 고가이다 보니 중국 특유의 저가 시장, 물가가 낮은 베트남 시장에 진출할 수 있을까 걱정했는데 다행히 반응이 좋았어요. 베트남 같은 경우 덥고 습한 기후 때문에 더욱 잘 팔렸어요. 현지 고객 중 일부는 팬티를 구입하는 데 한 달 급여를 다 쓸 정도였어요. 중국 홈쇼핑에 진출하려고 밤새도록 중국어로 된 상표를 붙이고 대전에서 인천항까지 1톤 트럭을 직접 운전한 적도 있어요. 평소에도 아침 8시부터 근무를 시작해 새벽에 퇴근하는 일이 다반사랍니다."

발품을 들여가며 제품 개발부터 판매 전략까지 고객의 소리를 들으니 만족도가 높아지는 것은 물론 새로운 시장에도 눈을 떴다. 전시회에서 만난 해외 바이어들이 골프 시장으로 진출하라고 조언했다. 제품의 성능과 가격을 고려했을 때 고급 소비재 시장이 적절하다고 판단한 것이다. 골프는 전 세계적으로 가장 즐겨 하는 스포츠이기에 가능성이 충분했다. 바이어들의 조언을 들은 오수정 대표는 곧바로 골프 시장의 문을 두드렸다. 그리고 2017년 상하이에서 열린 세계 3대 골프 전문 전시회 중 하나인 '2017 PGA Golf Merchandise

Show in Shanghai'에서 8만 5천 달러(약 9,500만 원) 계약을 성사시켰다.

물론 하루아침에 거둔 성과는 아니다. 배고픔과 졸음을 참아가며 버틴 결실이었다. 오수정 대표는 5년 동안 5일 남짓 쉬었을 정도로 일에 매달렸다. 또 고객이 없다면 회사도 있을 수 없다는 생각으로 고객의 소리를 들으려 노력한다. 고객의 만족도가 높을수록 재구매율도 높아지기에 고객관리는 기본 중에 기본이라 할 수 있다. 까뮤는 국내 판매 채널의 다각화를 위해 홈쇼핑과 소셜커머스에도 진출했고 365일 고객센터를 열었다. 상담 서비스 이용의 불편함을 최소화하여 고객에게 가까이 다가가겠다는 전략이다.

창업이라는 전쟁에 나가려면 자금이라는 실탄을 준비하라

생활의 불편함을 해소할 수 있는 창업 아이템은 좋았지만 문제는 자금이었다. 원단개발비, 특수미싱 구입비, 염색비, 후가공비 등 만만치 않은 제조비용이 들면서 초기 자금은 금세 동났다. 까뮤는 창업 초기 기술보증기금에서 벤처기업전용자금*, 중소기업진흥공단이 지원

---

* 우리나라에서 벤처기업은 '성공한 결과로서의 기업이라기보다는 세계적인 일류기업으로 육성하기 위한 지원대상으로서의 기업'에 가깝다(www.venturein.or.kr). 벤처기업으로 인증되면 자금 지원을 비롯하여 세제, 사업장 입주, 마케팅, 특허 등의 우대지원을 받을 수 있다. 또한 벤처기업인증은 해당 기업이 사업성과 기술성을 충분히 인정받았다는 점에서 의미가 있으므로 기업 이미지와 신뢰도를 높이는 이점도 있다.

나는 스포츠로 창업을 꿈꾼다

하는 청년창업자금, 중소기업청의 R&D 연구개발자금, 대한무역투자진흥공사(KOTRA)의 해외 전시회 참가 지원 등 다양한 단체에서 지원금을 얻었다. 하지만 전시회의 경우 한국관으로 구성한 단체전시회가 일반적이었고, 전문전시회는 수천만 원 정도가 들기도 한다. 신청(부스비 납부)한 후 다음 해가 되어야 전시 참여가 가능한데, 전년도에 부스비를 납부하면 이번 연도에 지원을 받을 수 없으며, 상반기에 신청하고 하반기에 선정되어야만 지원을 받을 수 있어 기간을 맞추는 것이 쉽지 않았다. 지원금 외의 여유 자금을 확보하지 못하면 전시회 한번 다녀오기도 쉽지 않은 실정이다.

오수정 대표가 말하는 스포츠용품 창업은 특별한 아이템과 자금 확보가 매우 중요하다. 무엇보다 트렌드를 따라가듯 창업 붐에 휩쓸리지 않고 자신이 계획하고 올바른 판단을 내릴 수 있을 때 시작하는 것이 좋다. 창업 공모전 입상자도 실제 창업에서는 실패하기 쉬운 만큼 현실은 더 냉혹함을 명심해야 한다. 자금 마련을 위해서는 정부와 스포츠 관련 단체의 지원 정책을 잘 활용할 필요가 있는데, 그들이 요구하는 것이 무엇인지 깊이 있게 이해해야 소기의 성과를 달성할 수 있다. 모든 정책이 도움이 될 수는 없기에 창업하고자 하는 분야와 밀접한 정책을 중심으로 활용하는 것이 좋다.

"창업을 전쟁에 비유하면 실탄, 즉 자금을 충분히 비축하는 전략을 짜라고 조언하고 싶어요. 전쟁 중에 실탄이 떨어지면 실탄 구하다 전쟁은 끝나고 항복

할 수밖에 없을 거예요. 실탄이 떨어져서 항복하는 사람이 실제로 주변에 정말 많아요. 죽음의 계곡이라고 하는 3~5년을 버틸 수 있는 자금을 마련할 계획이 있어야 해요. 또 실패할 경우를 대비해 재기의 기회를 확보하고 창업을 시작하는 것도 좋아요. 창업에 실패하고 다시 취업을 하면 경력 단절이 발생하니까요. 두터운 사회 경험이 중요한데 반드시 대학교를 졸업하고 해야 한다는 생각은 없어요. 저는 고등학생 때 디자인을 전공했고 3학년 때 고객 맞춤 의류제작 브랜드를 창업한 경험이 있어요. 그때로 다시 돌아간다면 대학교는 가지 않을 것 같아요. 대신 여러 가지 사회 경험을 하면서 적어도 세상이 어떻게 돌아가는지 알고 뭐든 시작할 것 같아요. 그 경험들이 밑거름이 될 테니까요."

오수정 대표는 "가장 많은 돌을 뒤집어 보는 자가 보석을 발견할 가능성이 가장 높다"는 말을 믿는다. 이는 피델리티 마젤란펀드를 운영했던 전설의 펀드매니저 피터 린치의 명언이다. 실수, 실패라는 돌을 뒤집는 과정을 거쳐야 보석이라는 진정한 성공에 다다를 수 있는 것이다. 주말뿐 아니라 휴일에도 배고픔을 참아가며 일했던 지난날이 있었기에 까뮤의 현재가 있다.

나는 스포츠로 창업을 꿈꾼다

Inner view 09

스포츠식음료

스포츠식음료(sports food & beverage)에서 식음료(F&B)는 특정 음식이나 음료 상품을 지칭한다. 그것을 제조·가공·판매하는 일련의 활동 및 장소도 포괄하는 개념으로 사용하고자 한다. 그동안 국내 스포츠 총생산(GDSP)에도 '음식과 음료'가 당당히 포함되어 있었으나 관련 분야에 대한 조명이 이뤄지지 않았다. 한때 스포츠산업 구분류에서 운동 및 경기용품 제조업 내 기타 비알콜음료(알칼리성 이온음료) 제조업으로 분류되었으나 이후 별도의 표기가 없다. 스포츠식음료를 업종으로 명확히 구분하기 어려운 면이 있으나 꾸준히 성장하고 있는 분야임은 분명하다. 스포츠식음료의 개념은 광범위한데, 여기에서는 스포츠와 연관된 식음료 혹은 서비스로서 경기장에서 판매하는 먹거리까지 포함하고자 한다.

형성과정

　과거 스포츠식음료는 프로스포츠 경기장이나 스포츠이벤트 현장에서 판매하던 먹거리 정도로 한정적이었다. 기존 식음료 업체가 입점해서 팔거나 브랜드가 없는 길거리 음식이 주류를 이뤘다. 국내 스포츠 시장이 성장하고 소비자의 수준이 높아지면서 스포츠식음료 부문에서도 점차 변화가 일어났다. 규모가 큰 프로구단은 스포츠식음료를 관중을 위한 서비스로 인식하고 매점, 푸드코트를 세밀하게 구성하거나 메뉴도 다양화했다. 그 과정에서 참신한 아이디어로 개발한 식음료 및 스포츠 테마를 입힌 상품이 등장하기 시작했다.

　스포츠식음료에서 음료의 경우 경기장이라는 공간 외에도 대중적으로 유통되며 생활 속으로 스며들었다. 많은 양의 땀을 흘리는 선수들을 위해 만든 게토레이는 거대한 스포츠음료* 기업의 창업 계기가 됐다. 또한 새로운 카테고리의 음료 시장을 개척했다. 국내에서는 포카리스웨트가 오랜 세월동안 KBO리그 공식음료의 자리를 지키며 여러 스포츠 종목 및 대회도 후원하고 있다.

2018 평창동계올림픽의 공식 스포츠음료로 선정된 파워에이드도 올림픽 관련 스페셜 패키지와 캠페인을 출시했다. 이처럼 스포츠음료는 스포츠 경기, 리그, 대회, 선수와 밀접한 연관이 있다. 주요 브랜드의 시장 점유율이 군건한 상황이지만 새로운 스포츠음료에 도전하는 시도가 이어지고 있다.

스포츠 음식은 특정하기가 어렵고 광범위한 면이 있는데 건강보충식품으로서 닭가슴살이나 영양보충제 등은 종목을 불문하고 운동선수가 즐겨 찾는 먹거리이며, 특히 헬스·피트니스 쪽에서는 더욱 세분화된 상품이 나와 있다.

최근에는 스포츠와 식음료를 함께 즐길 수 있는 플랫폼으로서 스포츠 테마 카페나 펍이 생겨나는 추세다. 공통의 관심사를 가진 스포츠 팬이 모여 함께 경기를 보면서 다양한 음식을 즐길 수 있도록 프로

---

*   스포츠음료는 스포츠 현장에서 적절한 수분 공급 및 에너지원의 부분적 재보충을 목적으로 하여 제조된 당분과 전해질 등을 포함한 기능성 음료로 정의한다(2017 스포츠산업실태조사).

나는 스포츠로 창업을 꿈꾼다

구단이 참여하거나 개인사업자가 직접 운영하는 스포츠 카페 및 펍이 조금씩 인기를 끌고 있다.

업계현황

프로구단과 식음료 비즈니스는 떼놓을 수 없다. 프로스포츠가 양적으로 커지고 스포츠 안팎으로 치열한 경쟁을 겪게 되면서 차별화를 위한 아이템의 하나로 스포츠 팬의 입맛을 사로잡는 데 주목하게 되었다. 특히, 대기업을 모기업으로 한 구단의 경우 식음료 부문 관계·계열사를 적극 활용하기도 했다. 잠실야구장의 버거킹이나 사직야구장의 롯데리아가 대표적이다.

나아가 프로구단이 다른 업체와 협업을 통해 구미를 당기기도 한다. 마산야구장 내 카페에서는 NC다이노스의 선수 이름을 붙인 음료수를, 다른 야구장에서도 만루홈런세트, 돔구장세트 등을 내놓기도 했다. SK와이번스는 2017 시즌 F&B사업 콘셉트로 '야구장에서 식사를 합시다'를 내걸고 대대적인 식음료 매장 및 메뉴를 보강했으며, KT위즈는 공식 애플리케이션을 통해 식음료 판매점의 정보 및 주문 서비스를 제공하는 등 적극적으로 나서고 있다. 다양하고 맛있는 먹거리가 곧 관중 만족 및 유치에 도움이 된다는 것을 인지하고 있기 때문이다.

프로축구 쪽에서도 스포츠식음료에 많은 관심을 기울이는 모양새다. 울산현대는 2015년 소속 선수의 이름을 딴 매점 운영과 '시누크버거'로 관심을 모았다. 감독과 다른 선수들의 이름을 딴 매점과 먹거리 세트도 팬들의 호응을 얻었다. 제주유나이티드도 홈 경기장에서 소속 선수들의 이름과 주 역할을 네이밍한 콤보세트를 판매한 바 있다.

FC서울은 2016년부터 서울월드컵경기장 앞에서 커피 전문점인 'FC서울 팬 카페'를 운영하고 있다. 커피류를 비롯한 다양한 종류의 음료와 디저트를 판매한다. FC서울은 구단의 이미지를 담은 카페를 활용하여 홈경기장의 방문객에게 경기가 없을 때에도 기억에 남는 서비스를 제공함으로써 홍보 효과를 기대한다. 또한 경기가 있을 때 여러 푸드트럭이 모인 푸드파크를 조성하여 독특한 경험을 제공한다.

포항스틸러스의 과메기 세트, 쇠돌이 및 볼비어 콜라보레이션 패키지 등은 연고지 특성과 구단의 역사를 활용한 식음료 상품으로 특기할 만하다. 또 포항은 도시락 프랜차이즈 업체와 손잡고 감독과 선수의 이름과 얼굴 모습을 활용한 도시락을 출시하기도 했다.

프로스포츠의 대중화와 높은 인기를 바탕으로 스포츠 카페나 펍 문화도 형성되기 시작했다. FC서울 팬 카페나 다이노스 팬 펍처럼 프로구단이 직접 나선 경우도 있지만 개인이 유럽이나 미국에서 발달한 스포츠 펍 문화를 경험한 뒤 국내에서 시도하기 시작했다.

서울올림픽공원 쪽에 위치한 'MOON 카페'는 야구 테마카페로 잘 알려져 있다. 프로야구 감독이자 대표의 이름에서 비롯되어 '김경문 카페'로도 불린다. 카페 내부는 각종 야구 용품 기념품으로 꾸며져 있다. 지상(문카페)에서는 커피와 음료를, 지하(문펍)에서는 주류와 함께 스포츠 경기를 즐길 수 있다.

안양펍-리버풀펍은 2008년 안양일번가에 문을 연 축구 펍이다. 초기 리버풀 등 해외 축구 위주의 테마 펍으로 운영하다가 FC안양의 창단과 함께 로컬펍의 성격이 더해졌다. 축구 경기가 없는 날에는 입맛을 자극하는 음식과 주류, 정기 라이브 공연으로 즐거움을 선사한다.

봉황당 역시 리버풀 테마 축구 펍으로 2016년부터 서울 연남동에서 영업을 개시했다. 리버풀의 오랜 팬인 대표자가 다른 팬들과 함께 소통할 수 있는 공간을 마련한 것이다.

강원도 원주시에 위치한 안필드도 리버풀 테마 펍이다. 굿넥은 서울 연남동에 있는 맨체스터 유나이티드 테마 펍이며, 할라펍은 부산 동래에 위치한 축구 펍이다. 대부분의 축구 펍에서는 다양한 축구 경기를 상시 볼 수 있으며, 매력적인 축구 장식품과 먹거리를 접할 수 있다.

스포츠식음료 중 스포츠 뉴트리션(영양분)도 꽤 비중 있는 상품이다. 신체 활동이 왕성한 이에게 뉴트리션 공급과 보충이 중요하다. 때문에 주로 운동선수나 웨이트 트레이닝을 하는 사람들이 영양·보충식품을 이용하는 데 이를 스포츠 뉴트리션이라고 칭한다.

대표적인 기업으로 스포맥스가 있다. 스포츠 뉴트리션 전문기업으로 헬스보충제, 단백질보충제. 닭가슴살, 다이어트식품 등을 제조·판매한다. 온라인 쇼핑몰과 전국 28개 지역총판과 5천여 개의 오프라인 취급점이 있다. 이뿐만 아니라 헬스 잡지 맥스큐 발행 및 헬스 아이템 판매도 함께 하고 있다. 보디빌딩 대회를 기획하고 운영하며, 스폰서십&매니지먼트 비즈니스에 나서기도 한다.

스포맥스 외에도 비케이뉴트리션의 직영 쇼핑몰인 게이너마트, 이써플리먼츠코리아의 이썹닷컴, 아이엠프로틴 등의 스포츠푸드·뉴트리션 전문업체 및 판매처가 존재한다.

창업방향

스포츠식음료 부문의 창업은 스포츠와 식음료에 대한 각각의 전문 지식과 이해가 필수적이다. 기본적으로 요식업계의 경쟁은 매우 치열한 편이다. 기본적으로 맛이 중요하며 위생, 입지 등도 특별히 신경 써야 하고, 일반적인 식음료점과 차별화된 스포츠와의 연관성을 살려야 한다.

각 프로스포츠마다 고정적인 팬 층이 존재하고 경기장의 유동인구가 많은 까닭에 프로스포츠와 연계한 스포츠식음료 분야의 발전이 가장 두드러진다. 자연스레 경기장 인근에서 스포츠식음료 창업 사례를 비교적 쉽게 찾을 수 있다. 특히, 2016년부터 시행하는 롯데자이언츠와 부산광역시의 청년창업지원사업을 참고할 만하다.

핫도그 브라더스의 경우 2015년 진주시에서 탄생한 아메리칸 수제핫도그 전문점으로 2016년 청년창업지원사업 최우수작으로 선정되며 사직야구장에 입점했다. 30cm의 대형 핫도그인 '자이언츠 브라더'로 화제를 모았다. 이후 가맹사업과 함께 점포 수를 늘리고 있다.

핫도그 브라더스와 함께 입점했던 바오버거는 2013년부터 사직야구장 인근에서 야구 글러브 모양의 글러브번과 수제버거 판매를 시작했다. 이후 사직야구장에 입점하여 '바오네 글러브번'이라는 이름으로 큰 인기를 모았다. 이후 부산 송정으로 자리를 옮겨 바오버거 매장을 운영 중이다.

자이언츠 프라이즈와 닭치고 홈런은 롯데자이언츠와 부산광역시의 청년창업지원사업 2기로 사직야구장에서 영업을 했다. 자이언츠 프라이즈는 감자튀김과 새우, 불고기 혼합 메뉴와 에이드 종류를 선보였으며, 닭치고 홈런은 닭고기를 바탕으로 한 퓨전 요리로 관심을 모았다.

청년구단의 사례도 특기할 만하다. 청년구단은 2017년 6월 대전 중앙시장에 자리 잡은 스포츠 펍 및 푸드 코트 형태의 청년몰이다. 청년상인창업지원사업*의 일환으로 대전을 연고로 한 프로야구단 한화 이글스와 지자체 및 유관 기관, 지역의 청년상인 등이 힘을 합쳐 조성했다. 다양한 먹거리와 함께 한화이글스 야구전시관, 스포츠 경기 관람 등이 가능한 공간이 특징적이다. 또 청년구단 입점 업체들이 협동조합을 설립하여 영업 및 마케팅 등에서 협업하는 방식도 눈여겨볼 필요가 있다.

최근 들어 활기를 띠는 스포츠 펍이나 카페도 스포츠식음료 분야에서 창업을 생각할 수 있는 아이템이다. 유럽이나 미국에서는 보편적으로 주요 스포츠 경기를 유료 채널로 중계하기 때문에 지인과 펍에 모여 식음료도 즐기며 시청하는 문화가 발달되어 있다. 반면, 국내에서는 대부분 무료로 스포츠 중계방송을 시청하고 인터넷 중계도 손쉽게 접할 수 있어 직관을 하지 않는다면 굳이 집 밖을 나갈 필요가 없다. 그렇기 때문에 아직 국내에서는 스포츠 카페나 펍이 활성화된 편은 아니다.

---

* 전통시장의 빈 점포를 활용하여 만 39세 이하의 예비청년창업자에게 창업 기회 제공 및 지원을 해주는 사업이다. 주요 지원 사항으로는 1년간 임대료와 인테리어, 홍보 및 마케팅 비용, 창업교육 등이다. 또한 스포츠식음료 분야 창업 시 소상공인시장진흥공단(www.semas.or.kr)의 지원사업도 참고하자. 소상공인시장진흥공단은 창업교육 및 컨설팅, 소상공인자금, 특성화시장 육성, 청년상인 육성, 상권정보 안내 등을 지원한다.

하지만 문카페나 안양펍-리버풀펍, 봉황당, 할라펍, 굿넥, 더크래 포드 등의 축구 테마 펍을 통해 창업 가능성을 찾을 수 있다. 수제 맥 주와 맛있는 메뉴로 매체에 소개되기도 한 카퍼룸, 언더그라운드, 락 커룸 등도 특정 종목에 한정하지 않은 스포츠 펍으로 호평을 받고 있 다. '야구 팬의 성지'로 불리는 커넉스의 경우 스포츠 펍에서 나아가 스포츠 테마의 레스토랑까지도 시장성이 있음을 보여준다.

스포츠 펍·카페는 식음료와 함께 다트, 탁구, 당구, 배드민턴, 양 궁, 사격 등 다양한 스포츠 체험이 가능한 점이 매력 요소다. 최근에는 클럽 느낌을 풍기는 네온 컬러 조명과 볼링공이 매력적인 락볼링장(볼 링 펍)과 탁구 펍, 자전거 테마 카페 그리고 스크린 스포츠 게임 카페도 등장했다.

일반 카페나 술집에 스포츠용품을 적당히 장식하고 경기 중계를 틀어놓는다고 해서 스포츠 카페·펍이라고 생각하면 낭패를 볼 수 있 다. 그렇다고 큰 규모의 공간에 스포츠 기구나 게임기를 많이 채워 넣 기만 해서도 성공을 장담할 수 없다. 결국 스포츠 팬인 이용자가 공감 대를 형성하고 소통할 수 있으며, 그를 바탕으로 특별한 경험과 즐거 움을 얻을 수 있는 인적 기반의 공간이 되어야 한다.

많은 비용이 발생하는 점포 창업 전에 푸드트럭을 거치는 것도 고 려해볼 만하다. 정부 차원의 장려정책으로 푸드트럭 창업이 한창 유행하기도 했다. 경기장에도 가변좌석이 있듯이 푸드트럭은 가변 음식점으로 볼 수 있다. FC서울, 수원삼성, 강원FC, 서울이랜드, 아산무궁화 등은 푸드트럭을 관중 서비스에 적극 활용하고 있다. 홈경기가 열릴 때면 다양한 먹거리를 푸드트럭 존에서 이용하도록 운영 중이다. 2017년 인천유나이티드는 루쏘팩토리를 공식 푸드트럭 업체로 선정하고 다채로운 서비스를 추진하기도 했다.

부산광역시의 경우 지자체 차원에서 '부산 일자리 르네상스 프로젝트'의 일환으로 푸드트럭 청년창업지원사업을 시행했다. 롯데자이언츠의 홈구장인 사직야구장, 부산KT 소닉붐의 실내체육관이 위치한 빅토리움에서 영업을 할 수 있게 하여 프로 경기가 열리는 날에 푸드트럭과 이용객이 줄지어 있는 모습을 볼 수 있다.

2015년 공동창업으로 만든 케이터링 전문업체 원더박스는 과거 원더트럭으로 잘 알려진 푸드트럭을 운영하기도 했다. 두 명의 공동대표는 프로축구단 프런트로 인연을 맺어 창업하기에 이르렀고, 푸드트럭 출장 케이터링과 바비큐 메뉴를 주력으로 하여 경기장에서 색다른 맛을 선사했다. 스포츠이벤트나 경기장을 비롯하여 각종 행사나 축제에서도 푸드트럭을 운영한 바 있다. 푸드트럭은 춘계 시즌에는 야구장과 축구장, 동계 시즌에는 농구장과 배구장 등 여러 스포츠 현장을 유연하게 스포츠식음료업을 영위하기에 유리한 측면이 있다.

요즘은 프로스포츠나 대형 스포츠이벤트뿐 아니라 아마추어 스포츠 경기 및 대회, 동호인체육이 이뤄지는 현장에서도 식음료에 대한 수요가 점차 늘어나고 있는 추세다.

배가본즈의 세계 최초 축구 푸드트럭 버거
'축구공 햄버거'

2017년 탄생한 배가본즈(www.instagram.com/vagabonds_food)는 '세계 최초의 축구 푸드트럭'이라는 타이틀로 스포츠식음료 분야에서 이름을 알리고 있다. 배가본즈의 메뉴부터 푸드트럭 인테리어까지 축구 마니아인 이정민 대표의 개성이 잘 묻어난다. 주요 메뉴로 축구공 모양을 본뜬 축구공 햄버거가 있으며, 그 외 옐로카드 나초칩, 포백 소시지, 휘슬스틱 등의 메뉴와 프리미어리그 세트, 챔피언스리그 세트, 월드컵 세트 등 특색 있는 구성으로 스포츠 팬의 입맛을 끌어당기고 있다.

여러 가지 축구 기념품으로 장식한 배가본즈 푸드트럭의 내부를 구경하는 재미도 쏠쏠하다. 주로 여의도, 동대문디자인플라자 등에서 펼쳐지는 서울밤도깨비야시장이나 서울월드컵경기장에서 영업하며, 각종 대회 및 행사 케이터링과 연예인 서포트, 스포츠브랜드 협업도 함께 전개한다.

참고사례

기업명	설립연도	주요 제품 · 서비스	홈페이지
스포맥스	2003	헬스보충식품 제조 및 유통, 쇼핑몰, 헬스 관련 대회 및 출판 등	www.spomax.kr
게이너마트	2008	스포츠 · 헬스보충제 및 헬스 아이템 쇼핑몰, 문화콘텐츠 등	www.gainermart.co.kr
아이엠 프로틴	2008	스포츠푸드, 건강보조식품 등	www.iamprotein.kr
안양펍– 리버풀펍	2008	FC안양 및 리버풀 테마 축구 펍	www.facebook.com/ ANYANGFUB
MOON 카페	2011	야구 테마 카페	www.facebook.com/ mooncafe74
바오버거	2013	야구 글러브 모양 글러브번, 수제버거 등	http://blog.naver.com/ glovebun
핫도그 브라더스	2015	수제핫도그, 식육가공제조 등	http://hotdogbrothers. co.kr
원더박스 (원더트럭)	2015	케이터링, 푸드트럭 등	http://blog.naver.com/ sem_g_culture
샤크	2017	스포츠 펍	http://shark.cityfood.co.kr
배가본즈	2017	축구콘셉트 푸드트럭, 케이터링 등	www.instagram.com/ vagabonds_food

Interview 09

야구 관람의 재미를 더하는
'바오네 글러브번'

야구장 이색 먹거리_바오네 글러브번. 김희성 대표

글러브 모양 빵으로 창업을 시작하다

2016 시즌 프로야구 개막을 앞두고 롯데자이언츠는 부산시와 함께 청년창업지원 프로그램을 처음 실시했다. 지원 분야는 식품류로 청년창업을 증진하고 야구장 내 먹거리를 활성화하기 위한 방안이었다. 3차에 걸친 꼼꼼한 심사 끝에 사직야구장 내 2.5평의 공간에 새로운 먹거리를 선보일 두 업체가 입점했다. '바오네 글러브번'과 '핫도그 브라더스'였다. 그중 바오네 글러브번은 야구 글러브가 연상되는 수제버거로 팬들의 입맛과 재미를 모두 사로잡았다. 롯데자이언츠와 부산시가 추진한 이 프로그램은 청년창업을 통한 스포츠식음료 다양화의 좋은 본보기가 되었다.

김희성 대표는 23살이 되던 해에 군 제대 후 적성에 맞지 않는 대학교를 중퇴하고 호주로 워킹홀리데이를 떠났다. 라면만 끓일 줄 알았던 그는 6개월 동안 설거지로 생계를 유지하며 요리를 배웠다.

"영어를 하나도 모른 채 무작정 호주로 떠났어요. 카페에 가면 메뉴판에 적힌 '스트로베리'가 뭔지도 모를 정도로 영어를 못했지요. 설거지가 또 그렇게 힘든 줄 처음 알았어요. 돈은 겨우 200만 원 들고 갔는데 집세 내니까 금방 동나더라고요. 그래도 간절함 하나로 6개월을 버텼어요."

요리로 진로를 결정하고 나서는 워킹홀리데이 후 곧바로 호주의

한 요리학교에 진학했다. 힘든 과정이었지만 요리학교에서 정식으로 요리를 배우고 졸업 후에는 워킹홀리데이로 일했던 레스토랑에서 요리사로 취직해 빵을 연구하기 시작했다. 헤드 쉐프는 김희성 대표에게 새로운 빵을 만들어 주며 잘 연구해보라고 조언해줬다. 그 이후로 매일 연습을 거듭했다. 20kg짜리 밀가루 포대가 일주일에 하나씩 없어질 정도였다. 어떻게 하면 부드럽고 촉촉한 식감이 나올까 생각하면서 만들기를 지속했다. 4년간 요리사로 일한 경험을 한가득 안은 채 한국으로 돌아왔다. 창업에 관해서는 완전 초보였는데 롯데자이언츠의 지원사업이 윤활유가 되었다.

"귀국해서 처음 일한 곳은 부산 해운대에 있는 식당이었어요. 그때까지만 해도 창업할 생각이 없었는데 오랜만에 지인과 야구를 보러 갔다가 글러브 모양의 빵이 떠올랐어요. 그렇게 글러브번을 만들어서 길거리에서 팔고, NC다이노스와 롯데자이언츠 경기장 앞에서 팔기도 했어요. 6개월 뒤에 아담한 가게를 임대해서 정식으로 창업을 시작했는데 임대료가 말도 안 되게 높아서 제조가공 도·소매업으로 전업하려고 했어요. 그런데 어느 날 어머니께서 TV로 롯데자이언츠 청년창업 지원 소식을 접하고 알려주셨죠. 그런 프로그램에 대해서 잘 모르고 있었지만 밑져야 본전이라는 생각으로 지원했어요. 1차 서류 전형, 2차 프레젠테이션 심사, 3차 최종 내부 심사로 진행됐어요. 제가 지금까지 해온 것들, 특수한 아이템, 앞으로의 비전을 발표하니까 롯데자이언츠의 캐치프레이즈인 'Team First, Fan First'와 잘 어울린다고 평가해주셨어요."

나는 스포츠로 창업을 꿈꾼다

김희성 대표는 부산 토박이로 뼛속까지 롯데자이언츠 팬이다. 호주 유학 시절에도 한국 프로야구를 챙겨볼 정도였다. 야구에 대한 관심과 열정이 개발하던 빵과 만나 글러브번을 만들었다. 글러브 모양의 흰색 빵, 야구공 모양의 둥근 떡갈비, 방망이 역할의 고정용 꼬치가 더해져 글러브번이 탄생한 것이다. 브랜드 이름은 소가 들어 있는 찐빵이라는 뜻의 중국어 '바오즈'에서 딴 '바오네'로 지었다. 오랜 연구개발 끝에 내놓은 글러브번은 독창적인 아이디어와 야구를 접점으로 한 매력 덕분에 창업지원 프로그램에 당당히 합격할 수 있었다. 그리고 사직야구장 안에 정식으로 입점했다.

경기장 내 배달 서비스로 찾아가다

경기장 내 입점 사업은 보증금, 임대료, 수수료 등 만만치 않은 비용을 감당해야 한다. 롯데자이언츠는 이 부분에 대해 보증금 지원과 월 매출의 일정 부분만 수수료로 책정하고 2.5평의 공간을 임대해줬다. 다른 입점 업체에 비해 아주 저렴한 비용이었다. 또한 매 경기마다 전광판을 통한 광고 노출로 지속적인 홍보가 이루어졌다. 뿐만 아니라 홈경기 시구자로 초대되어 바오네를 더욱 홍보할 수 있었다. 늘 바라만 보던 마운드에 올라섰던 경험은 결코 잊을 수 없는 추억이 되었다.

야구장 입점 관련 비용 외에 투자비는 제빵작업실이 있는 사무실과 야구장 내 설비와 비품을 합쳐 4천만 원이었다. 구단의 지원 덕분에 창업 초기 가장 큰 걸림돌이 되는 투자비용을 상당 부분 아꼈고 경기장을 찾는 팬들을 대상으로 인지도를 쌓는 데 집중할 수 있었다. 그러나 장사를 할 수 있는 판은 벌였지만 어떻게 수익을 낼 것인가는 또 다른 문제였다.

> "개점 3일 째, 비가 내리던 날이었어요. 관중 수도 2천 명 정도로 적었는데 시작하고 2시간 동안 단 한 개도 팔지 못했어요. 설상가상으로 경기는 5회에 우천 취소돼버렸어요. 정말 아무도 안 와서 최악의 시간을 보냈어요. 그때 이렇게 가만히 있으면 안 되겠다고 생각했어요. 매장도 작고 위치도 구석이니 손님이 안 오면 우리가 가자고 했어요. 다른 매장에는 없는 배달 서비스를 시작한 거예요."

통상적으로 야구장에서 생맥주통을 들고 다니는 '맥주보이' 외에는 배달원을 찾기 어렵다. 주문 수요를 예상하기 어렵고 인건비라는 또 다른 지출 항목이 늘기 때문에 자영업자 입장에서는 꺼리기 마련이다. 하지만 바오네는 2개 이상 주문이 들어오면 1루 응원석 쪽에 위치한 매장에서 3루 외야까지 배달에 나섰다. 동업자인 핫도그 브라더스 대표와 두 명이서 분주히 움직였고 매점을 절대 비우지 않았다.

입소문을 타면서 단체 주문이 들어오기 시작했다. 김희성 대표는 매점 앞에서 자신의 큰 체구를 십분 활용해 쩌렁쩌렁한 목소리로 모객에 나서기도 했다. 응원가와 함성이 뒤섞이는 경기장에서 더 큰 목소리로 이목을 집중하게 하는 것이 바오네의 트레이드마크가 되었다. 독특한 모양의 수제버거와 김희성 대표의 노력으로 사직야구장에서 바오네를 찾는 사람들은 점점 늘어났다. 시즌 개막 두 달이 지날 무렵 SNS를 통해 사직야구장 맛집으로 소개되기도 했다. 관계자 미팅 때 글러브번을 파는 가게가 어디냐며 다른 점주들도 눈여겨보는 대표 먹거리가 되었다.

진정한 노력은 결코 배신하지 않는다

글러브번이 단순히 겉모습만으로 흥미를 끈 것은 아니다. 이 수제버거는 대만식 찐빵을 한국인 입맛에 맞춘 식감으로 남녀노소 모두 즐길 수 있다는 강점이 있다. 구워서 만드는 것이 아닌 쪄서 만드는 빵으로 수분을 많이 함유하여 어린아이도 소화하기 쉽다. 술빵과 유사한 느낌의 쫄깃한 식감은 중장년층 입맛을 사로잡는 데도 성공했다. 바오네 글러브번은 수제버거가 젊은이들만 즐기는 음식이 아니라는 것을 보여주면서 야구장 내 새로운 식문화를 이끌어냈다.

경기 시간에 맞춰 운영되는 경기장 내 식품사업이기 때문에 공급량을 맞추기 위해 없는 시간도 쪼개가며 일했다. 먼저 사전에 홈경기 예매 및 현장 관중 수 현황을 실시간으로 공유 받아 수요를 예측하고 판매할 물량을 준비한다. 평일 홈경기의 경우 보통 저녁 6시 30분에 경기가 시작하고 밤 10시를 전후로 끝난다. 오후에 제빵작업실에서 출발해 영업 후 뒷정리를 마치고 다시 작업실로 돌아가면 금세 자정을 넘긴다. 다음날 물량을 맞추기 위해 기본 재료를 만들다 보면 새벽 서너 시가 되는 경우도 부지기수였다.

주말에는 특히나 준비해야 할 물량이 더 많기 때문에 게을리할 수 없었다. 늘 머릿속에 국민타자 이승엽의 좌우명인 '진정한 노력은 결코 배신하지 않는다'를 떠올렸다. 또 몸에는 김연아의 좌우명인 '이것 또한 지나가리라'를 문신으로 새길 정도로 각별하게 생각한다. 엄청난 체력 소모가 반복되는 생활 속에서도 웃음이 넘치는 또 다른 비결은 직업을 택한 기준이 남달랐기 때문이다.

"차라리 직장 생활하라는 말을 수없이 들을 때마다 이렇게 답했어요. '나는 기계처럼 살고 싶지 않다. 10원을 벌더라도 진심으로 가슴이 뛰고 행복한 일을 하고 싶다.' 저는 직업을 선택할 때 하고 싶은 것, 잘할 수 있는 것, 해야만 하는 것을 고려해야 한다고 생각해요. 내가 좋아하고 적성에도 맞는다면 그걸 누릴 권한과 함께 반드시 해내야 한다는 책임감도 뒤따르죠. 예를 들어, 저는 손님들의 고마움을 생각하며 절대 값싼 원재료를 쓰지 않아요. 또 제가 창업을 하지 않고 직장 생활을 한다면 그건 꼭 제가 해야만 하는 일은 아니에요."

스포츠식음료 분야 창업은 음식이라는 민감한 아이템 때문에 위험 요소가 많다. 현장에서 겪는 가장 큰 어려움은 제한된 영업일수와 경기력의 영향이다. 프로야구 구단의 월 평균 홈경기는 12일이며 운영 시간은 경기 시작 2시간 전부터 경기 종료까지 하루 평균 6시간 안팎이다. 경기장이라는 특수한 공간 내에서 한정된 사람을 대상으로 판매해야 하는 제약도 따른다. 주중과 주말 관중 수의 차이, 홈 팀과 원정 팀의 순위나 경기력에 따라 관중의 지갑은 열리기도 하고 닫히기도 한다. 궂은 날씨에 우천 취소라도 되면 매출은 더욱 들쑥날쑥하다. 이런 요소들이 수요 예측을 더욱 어렵게 만든다. 이는 재고 관리와도 직결되기 때문에 생산부터 꼼꼼한 관리가 필요하다. 새로운 메뉴로 사람들의 입맛을 사로잡은 이후에는 생산부터 판매와 서비스까지 효과적인 전략을 취해야 살아남을 수 있다. 꼭 야구장이라는 특별한 공간이 아니라도 일반 음식점 창업 역시 마찬가지다.

과감하게 승부수를 던져보자

딸기가 영어로 무엇인지도 몰랐던 김희성 대표지만 창업을 하면서 하나부터 열까지 모르는 것을 그냥 넘어가지 않았다. 사업가는 모든 것을 알고 잘할 수 있어야 다른 사람을 교육하고 전수할 수 있다고 생각했다. 그래서 창업 이후 매 순간이 위기이고 고비였다. 그는 예비 창업자에게 네 가지 조언을 전한다. 첫째, 무조건 소자본으로 시작하라. 둘째, 계획대로 잘되지 않을 경우 대처방안을 세워라. 셋째, 목표를 정확히 수립하고 그에 따른 일정을 꼼꼼히 세워서 1분 1초를 소중히 써라. 넷째, 모르면 망한다.

"홍석천 씨가 '모르면 망한다'라는 말을 했는데 창업 초기에 아주 공감이 가더라고요. 사직야구장 인근 가게를 임대해서 운영한 지 3년이 지날 무렵에 너무 힘들어서 지속해야 하나 싶었어요. 특별한 무엇이 어렵다기보다 모르는 것을 물어보고 이해해서 내 것으로 만드는 과정 자체가 힘들더라고요. 그런데 많은 실패와 좌절의 시간을 견디고 사직야구장에 입점했을 때는 훨씬 수월하더라고요. 인테리어 일정부터 진행 과정 모두 제가 직접 조정해서 비용도 절감하고 시간도 아꼈어요. 모르는 것을 해결하지 않고 내 것으로 만들지 못하면 창업을 유지하기 힘들 거예요. 특히, 스포츠식음료 창업은 내가 무언가를 준비해서 파는 것보다 소비자가 원하는 걸 파는 것이라고 생각해요. 소비자 코드가 잘 맞고 종목과 장소와 잘 어울리는 아이템이라면 과감하게 승부수를 던져보길 바랍니다. 청년창업이니까요!"

김희성 대표는 먹거리의 판매점도 중요하지만 빵을 비롯해 재료를 제조하고 보관하는 작업실 공간도 식음료 분야 창업자에게는 매우 중요하다고 귀띔했다. 떨어져 있든 합쳐져 있든 각 공간의 쓰임새가 다르며, 모두 필요한 곳이기 때문이다. 판매점에서는 고객 접점인 결정적 순간이 수시로 발생한다. 따라서 좋은 먹거리와 서비스를 제공하려면 잠시도 방심할 수 없다. 작업실에서는 새로운 요리를 개발하기도 하고 기본 재료를 만들어두기도 한다. 남들이 보지 않는 곳이라 하여 위생 관리를 안일하게 하거나 값싼 원재료를 사용하는 것은 김희성 대표에게 주어진 책임감의 무게에 걸맞지 않는다. 그는 확고한 요리 철학과 자기다운 삶의 방향을 갖고 있다.

　바오네 글러브번은 2016년 프로야구 시즌 종료와 동시에 사직야구장 내 입점 영업을 마쳤다. 이후 김희성 대표는 부산 송정에서 수제버거 전문점을 새롭게 개업했다. 지금은 글러브 모양의 버거를 야구장에서 만날 수 없지만 바오네 고유의 맛과 김희성 대표의 열정은 변함없다. 어쩌면 업그레이드된 글러브번을 훗날 다시 만날 수 있을지도 모른다.

　바오네와 함께 야구장에 입점했던 '핫도그 브라더스'는 기존 푸드트럭 소매업에서 가맹사업 및 식육가공제조기업으로 성장했다. 2017 시즌에는 그들이 떠난 자리에 20대 중반의 젊은 남녀 창업자가 각각 '자이언츠 프라이즈', '닭치고 홈런'이라는 이름으로 새로운 먹거리를 선보였다. 롯데자이언츠와 부산시의 노력으로 스포츠식음료 그리고 경상지역 청년창업에 희망의 불씨가 피어났다. 다양한 스포츠식음료 창업과 함께 더욱 재밌어질 스포츠를 기대한다.

Inner view 10

스포츠마케팅

스포츠마케팅(sports marketing)의 개념은 '스포츠의 마케팅(marketing of sports)'과 '스포츠를 통한 마케팅(marketing through sports)'으로 나눌 수 있다. 스포츠창업은 기본적으로 후자와 연결된다. 이를 기준으로 스포츠마케팅을 정의하면 스포츠를 활용한 이벤트 및 프로모션, 광고, 홍보 및 PR, 세일즈 등 일체의 마케팅 활동이라고 할 수 있다. 스포츠마케팅 에이전시는 스포츠 단체나 구단, 대회조직 등 파트너에 따라 '스포츠의 마케팅'을 돕기도 한다. 큰 틀에서 보면 스포츠마케팅은 스포츠매니지먼트, 스포츠이벤트 등을 포괄하는 광범위한 영역이지만 여기에서는 국내 스포츠마케팅 에이전시의 주요 비즈니스에 초점을 맞춰서 설명하고자 한다.

형성과정

1982년 한국프로야구와 1983년 프로축구의 출범을 기점으로 국내 스포츠마케팅의 기원을 찾아볼 수 있다. 각 구단과 모기업은 스포츠 팬이나 소비자의 마음을 잡기 위해 프로페셔널 마케팅에 나섰다. 엄밀히 말하면 '스포츠의 마케팅'의 형태로 스포츠마케팅이 이뤄지다가 1988년에 열린 서울하계올림픽이 획기적인 전환점을 마련했다.

앞서 세계사격선수권대회(1978), 세계여자농구선수권대회(1979), 아시안게임(1986) 등의 국제대회가 개최된 바 있지만 올림픽과 같은 메가스포츠이벤트는 처음이었다. 마케팅 측면에서만 해도 대회 규모만큼 많은 전문 인력이 필요했다. 이때 제일기획, 오리콤 같은 대기업 계열의 종합광고회사가 스포츠를 통한 마케팅에 나선 것이다.

초기 스포츠마케팅을 이끈 제일기획은 삼성그룹 계열사로 1973

년 설립됐고, 두산그룹 계열사인 오리콤은 1975년에 탄생했으며 지금도 건재하다. 이어서 1979년 대홍기획(롯데)과 1983년 금강기획(현대)이 만들어졌다. HS애드(LG), 이노션(현대) 등은 2000년대 초반에 재설립됐다. 이들을 종합광고회사라고 부르는 이유는 모기업의 광고나 마케팅뿐 아니라 다양한 파트너를 상대로 종합적인 커뮤니케이션 서비스를 제공하기 때문이다. 업종도 광고대행업이다.

1990년대에 비로소 지컴, 월드21HQ, QUE 등 스포츠마케팅에 초점을 맞춘 독립 에이전시가 생겨났다. 그리고 2000년대 들어 국내 3대 스포츠마케팅 전문 에이전시로 꼽히는 스포티즌, 세마스포츠마케팅, IB스포츠 등이 모습을 나타냈다. 이는 2002년 한일 월드컵이 산업적으로 큰 영향을 준 면이 있다. 한일 월드컵을 전후로 국내 스포츠마케팅 시장이 더욱 커졌고 스포츠매니지먼트 영역이 따로 분리될 정도로 성장했다.

그 배경에는 프로스포츠의 발전도 있다. 주5일제 도입과 여가에 관심이 높아지면서 프로구단뿐 아니라 스포츠마케팅 에이전시도 많은 기회를 맞이했다. 한편으로는 스포츠마케팅 개념의 보편화와 스포테인먼트의 유행으로 각 프로스포츠 및 구단 간 경쟁도 치열해졌다. 게다가 갈수록 빠르게 변화하는 소비자의 기호를 구단이나 기업이 자체적으로만 파악하기 어려운 면이 있기에 젊은 감각과 참신한 아이디어를 앞세운 중소 규모의 스포츠마케팅 에이전시가 다수 생길 수 있게 했다.

업계현황

스포츠산업 특수분류에서 스포츠마케팅업은 스포츠 에이전트업, 스포츠마케팅 대행업, 기타스포츠마케팅업 등을 포괄한다. 실제로 대부분의 스포츠마케팅 회사에서도 스포츠매니지먼트를 하지만 매출 비중으로 보면 큰 비중을 차지한다고 보기 어렵다. 스포츠매니지먼트와 비교했을 때 스포츠마케팅 쪽 에이전시의 평균적인 자본과 인력 규모가 더 큰 편이다. 따라서 스포츠매니지먼트 쪽 비중이 높은 스포츠 에이전트업과 회원권 대행 판매업을 떼놓고 보면 스포츠마케팅 대행업(기타 스포츠마케팅업 포함)*의 대략적인 규모를 파악할 수 있다.

지난 2014년 650여 개였던 스포츠마케팅 업체는 1년 사이 100여 개가 더해졌다. 종사자 수도 2013년 6,400여 명에서 2015년 7,200여 명으로 늘어났다. 매출액도 같은 기간 동안 1조 1,770억 원에서 1조 2,740억 원으로 증가한 것으로 나타났다(2016 스포츠산업실태조사). 스포츠마케팅업의 규모가 여전히 커지고 있음을 읽을 수 있다.

국내 3대 스포츠마케팅 전문 에이전시인 스포티즌, 세마스포츠마

---

* 2016 스포츠산업실태조사에서 '스포츠마케팅 대행업'은 '스포츠 관련 마케팅에 관하여 자문 및 지원하는 산업활동'을 뜻하며, '기타 스포츠마케팅업'은 '독립된 운동선수, 프로게이머, 경마 및 경주차 소유주, 코치, 스포츠 행사 기획자, 경기후원단체, 스포츠 연맹 및 규제 단체 활동, 경마 및 경주견의 훈련활동 등이 포함된다'고 정의한다.

케팅, 갤럭시아SM*의 기업정보(나이스평가정보, 2016년 기준)를 통해서는 국내 스포츠마케팅 비즈니스의 규모를 가늠할 수 있다. 스포티즌은 177억 2,130만 원의 매출액을 기록했고, 세마스포츠마케팅은 매출액 133억 3,439만 원, 갤럭시아SM은 매출액 456억 6,567만 원을 기록했다.

이제 스포츠마케팅은 스포츠비즈니스의 기본 요소다. 스포츠산업 내에서도 여러 업종의 사업체가 매출증대를 위해 가장 필요하다고 인식하는 영역이 홍보 및 마케팅 강화에 있다. 스포츠용품업이나 시설업을 하더라도 일종의 방법론으로써 스포츠마케팅을 활용하는 것이다. 통합 마케팅 커뮤니케이션(IMC, Integrated Marketing Communication) 차원에서 스포츠마케팅을 필요로 하는 곳은 더욱 많다. 스포츠협회, 구단, 선수뿐 아니라 일반 기업과 대중까지 모두 고객인 셈이다.

2000년대 초반에 스포티즌, 갤럭시아SM 등 대형 스포츠마케팅 에이전시가 들어서면서 풀 서비스 에이전시의 개념도 확립됐다. 갤럭시아SM의 경우 스포츠마케팅, 미디어 및 커뮤니케이션, 콘텐츠 그리고 스포츠시설 및 부대사업까지 사업 영역을 폭넓게 확장했다. 선수 매니지먼트만 해도 인도스먼트 및 스폰서십에서 나아가 소속 선수를

---

* 갤럭시아SM은 2015년 8월 SM엔터테인먼트의 전략적 제휴 및 유상증자를 통해 IB월드와이드(IB스포츠)가 스포테인먼트 기업으로 새롭게 거듭난 상호다.

나는 스포츠로 창업을 꿈꾼다

활용한 자체 스포츠이벤트를 개최하고 경기력 향상 및 마케팅뿐 아니라 의료, 법률, 회계 및 사무, 경력관리 서비스까지 제공할 정도의 규모를 갖추고 있다.

코렉스는 스포츠 리그 운영을 비롯하여 프로야구, 프로농구, 프로배구, 아이스하키 구단의 팀 이미지 구축부터 경기장 디스플레이, 스폰서 유치, 경호 및 지원 인력 운영까지 종합적으로 대행해준다.

골프, 축구, 마라톤 등 특정 종목에서 입지를 구축한 에이전시도 여전히 건재하다. 세마스포츠마케팅의 사례도 참고할 필요가 있다. 세마스포츠마케팅은 대표작으로 손꼽히는 현대카드 슈퍼매치 시리즈*를 비롯하여 세계적인 스포츠 스타인 타이거 우즈, 데이비드 베컴 등의 방한과 관련한 스포츠이벤트를 성사시켰다. 그리고 초기부터 박세리와 함께 성장했듯이 골프 대회 기획 및 주관, 골프 선수 매니지먼트에서 여전히 강세를 보이고 있다. 2017 SK텔레콤 오픈에서 세계 최초로 관람객을 상대로 한 도슨트 서비스를 기획, 운영하여 골프 관람 문화의 혁신과 대중화에 기여했다는 평을 받기도 했다.

대형 에이전시의 등장으로 스포츠마케팅이 전문적인 비즈니스 영역으로 자리 잡았고 새로운 비즈니스 기회가 창출되기도 했다. 이후

---

* 현대카드 슈퍼매치 시리즈를 통해 국내에서 이뤄진 마리아 샤라포바와 비너스 윌리엄스(2005), 로저 패더러와 라파엘 나달(2006) 등의 대결은 많은 화제를 불러 모았다.

성공 사례를 벤치마킹한 크고 작은 스포츠마케팅 에이전시가 여럿 생겨났으며, 스포츠 조직이나 기업의 대행사에 머무르지 않고 스포츠이벤트를 주도적으로 기획하여 제안하거나 직접 개최하는 형태로 발전하고 있다. 스포티즌의 자선 야구 대회나 한일 레전드 매치가 바로 그런 예다. 또한 경기장 밖에서 벌어지는 스포츠마케팅 비즈니스의 중요성이 커지고 있다.

가령, 한국에서 개최한 'FIFA U-20 월드컵 코리아 2017'의 우승 트로피 투어, 코카콜라가 후원한 체육대상 시상식, 평창동계올림픽 이벤트 행사의 대행사는 지컴이었다. 월드21HQ는 프로농구 시상식을 진행한 바 있다.

스폰서십과 호스피탈리티*도 같은 맥락에서 이해할 수 있다. 제일기획은 모기업과 첼시FC의 스폰서십으로 윈윈(win-win)했다. 주요 거래처와 관계자에게 호스피탈리티를 적극 활용하기도 했다. 금강기획 스포츠사업부 출신을 주축으로 설립된 FC네트워크는 여러 차례 FIFA 월드컵 호스피탈리티 프로그램과 후원사의 월드컵 프로모션을 운영했다.

스포츠 소비자의 관심 범위가 넓어지고 국내 시장의 포화, FTA 확

---

* 호스피탈리티(hospitality)는 '환대'의 개념으로 대회나 구단을 후원하는 스폰서가 경기의 특별석을 이용할 수 있는 권리를 자사 고객에게 제공하는 방식으로 활용된다.

나는 스포츠로 창업을 꿈꾼다

대 같은 실질적인 이유로 해외 시장 진출도 점차 늘어나는 추세다. 스포티즌은 10개국 이상의 글로벌 스포츠이벤트를 기획하고 운영했다. 아예 유럽의 축구단을 인수하는 파격적인 행보로 큰 관심을 모았다. 글로벌 스포츠마케팅 에이전시로 성장한 것이다. 갤러시아SM은 스포츠와 엔터테인먼트 스타의 프로퍼티를 활용한 한류 콘텐츠에 초점을 맞췄다. 한중 FTA 체결로 스포츠서비스 분야에서는 중국 시장이 우선 개방되어 유리한 점을 잘 포착했다. 스포츠마케팅, 이벤트 및 프로모션 서비스의 해외 수출 경쟁력을 가늠할 수 있는 부분이다.

스포츠마케팅 업계도 글로벌 경쟁력 확대를 위하여 해외 네트워크 확보가 관건이다. 팀트웰브는 세계적인 광고기업이자 스포츠마케팅 대행사인 덴츠(denstu)의 스포츠사업 부문과 한국에서 유일하게 제휴를 맺은 바 있다. 파트너의 풍부한 스포츠 프로퍼티를 활용하여 국내 사업에 나서고 있다. 이를 바탕으로 도요타 축구 클리닉을 운영하였으며, 2016~2020 중국 프로축구 데이터분석 사업자로 선정되었다.

ICT가 접목된 스포츠마케팅 3.0시대이다. SNS를 활용한 온라인 스포츠마케팅이 각광받고 있으며, 앞으로 더욱 신선한 시도는 이어질 전망이다.

창업방향

스포츠마케팅 업계는 특히나 경쟁이 치열하다. 2015년 기준으로 750여 개의 업체를 기록했지만 공식적인 집계에 포함되지 않은 수까지 고려하면 더 많을 것으로 생각된다. 그 안에서도 대기업 계열의 종합광고대행사, 3대 스포츠마케팅 에이전시, 그 외에도 중견 에이전시가 이미 상당 부분의 점유율을 차지한다.

신생 업체는 큰 규모의 일거리는 물론 작은 일도 따오기가 어렵다. 고객 측에서는 경험도 풍부하고 만약을 대비해서 재정적으로도 안정적인 업체와 거래를 선호하기 마련이다. 스포츠마케팅 스타트업은 첫 거래를 위해 정말 무에서 유를 창조해야 한다. 그래서 초기 포트폴리오를 쌓기 위하여 재능기부에 가까운 형태로 활동하기도 한다. 또한 안정적인 사업 활동을 위해 일정 수준 이상의 자금력과 인력, 전문성을 필요로 한다. 스타트업 입장에서는 모두 충족하기 어려운 조건이지만 창업을 원한다면 스포츠 마케터 특유의 창조성을 발휘하고 현실적인 우회 전략을 택하기를 권한다. 2016년 창업한 코어 커뮤니케이션은 라쿤이라는 모바일 액세서리 브랜드와 농산물 브랜드인 농부마켓도 런칭하여 운영 중이다.

지컴, 코렉스, 카라커뮤니케이션, 갤럭시아SM처럼 다른 분야의 마케팅도 대행하면서 착실히 포트폴리오를 늘려가는 것도 방법이다. 지컴, 카라커뮤니케이션은 BTL 마케팅* 전문기업이라는 정체성을 강조하며, 스포츠 단체 및 브랜드뿐 아니라 방송, 금융, 식음료 등 다양한 분야의 기업과 거래한다.

코렉스의 경우 주 고객은 스포츠 구단이지만 일반 기업의 이벤트나 프로모션을 대행하며, 각종 기념행사나 신입사원 교육도 맡는다.

과거 IB스포츠는 스포츠방송권 판매에 특화되어 있었다. 초기 MLB, AFC, KBL, WBC 등과 손잡고 관련 경기나 대회의 국내 방송권을 전속적으로 계약하는 수완을 발휘했다. 당시에는 IB스포츠의 독보적인 영역이었다. 이후 기업이 코스피 상장을 할 정도로 규모가 커진 이후로는 대형 스포츠이벤트 유치 및 운영, 유명 선수의 매니지먼트에 대한 비중을 높였다. 계열사로 뒀던 IB 미디어넷과 에브리쇼와 런칭했던 IB스포츠 및 더 골프 채널은 갤럭시아SM 체제에서도 지속하며 스포츠미디어와 콘텐츠 영역에서 우위를 점하고 있다.

광고 매체를 기반으로 스포츠마케팅 비즈니스에 접근한 지엘에스이(GLse)는 프로축구 구단에 스포츠용 회전광고시스템(롤링보드)을 납품하며, 국내 최초의 축구장 LED시스템 도입·운용을 주도했다. 또한

---

*   BTL(Below The Line)은 소비자가 직접 체험하거나 소통할 수 있는 마케팅 활동으로 각종 스포츠이벤트, 전시, 후원 행사, CRM, PPL, 구전 마케팅 등이 있다. 전통적인 4대 매체를 중심으로 한 ATL 마케팅과 대비되는 소통, 쌍방향 마케팅 커뮤니케이션 활동으로도 이해할 수 있다.

아시아 스포츠리그 최초로 K리그 전 경기에 도입된 필드광고 매체인 ADNETGOAL로 신선한 바람을 불러일으켰다. 최근 주목받고 있는 건물 외벽의 LED전광판 활용 콘텐츠인 미디어파사드, 업로우즈, 3D 티켓팅 같은 디지털서비스 외에도 스포츠매니지먼트, 이벤트 프로모션 등 보편적인 스포츠마케팅 활동도 하고 있다. 주목할 부분은 지엘에스이의 전신은 지엘시스텍(GLsystech)이라는 벤처기업으로 당시 롤링보드는 하나의 옵션이었다. 이후 스포츠산업으로 진입하면서 독특한 입지를 확보한 점과 공동대표 체제로 운영되는 점도 특기할 만하다.

스포츠마케팅에 초점을 맞추되 신생 업체인 스포츠윈도우처럼 스포츠재활 서비스 및 축구아카데미를 운영한다거나 팀트웰브의 경기 데이터 분석 및 컨설팅, S&B컴퍼니의 풋살 파크 및 축구저널, 스포츠웨이브의 게이틀링건 대여 서비스 등 차별화된 서비스는 기업의 인지도를 높이는 데 도움이 된다. QUE의 경우 스포츠 관련 시상식이나 기념행사에서 높은 인지도를 발휘하고 있다.

스포츠 안에서도 비인기 종목의 활성화 및 대중화에 기여함으로써 선점 효과를 노릴 수도 있다. 초기 이맥스21과 월드21HQ를 비롯하여 인투인 커뮤니케이션, 스포맥스 코리아 등은 마라톤이나 달리기 대회의 브랜드 마케팅 및 이벤트 서비스를 전문적으로 제공하며 입지를 구축했다. 해양스포츠 전문 마케팅 에이전시도 고려해볼 만하다.

청스컴퍼니는 국내 유일의 SNS 스포츠 전문 마케팅 회사로 포지셔닝에 성공한 바 있다. 청춘스포츠라는 SNS 플랫폼과 청춘기자단이라는 독특한 활동 프로그램으로 콘텐츠를 생산했다. 흥미로운 점은 청스컴퍼니의 가치와 가능성을 인정받아 스포티즌에 인수 형태로 흡수된 것이다. 오리콤이 한화 계열 광고회사였던 한컴을 인수하거나 효성과 SM엔터테인먼트가 갤럭시아SM의 지분을 보유한 사례가 있긴 하지만 1년이 채 되지 않은 스포츠 스타트업이 인수된 건 이례적인 일이다. 당시 스포티즌의 AFC 투비즈의 SNS 마케팅을 청스컴퍼니가 대행한 것이 좋은 계기가 된 것으로 보인다. 청스컴퍼니의 여러 가지 SNS 채널과 프로그램은 스포티즌의 뉴미디어 서비스에 활용되고 있다. 소규모 스타트업의 입장에서는 대형 에이전시에 서비스를 제공하거나 상황에 따라서는 매각의 가능성도 염두에 둘 수 있는 대목이다.

어느 정도 인지도가 있는 스포츠마케팅 에이전시는 서울과 수도권에 몰려 있다. 각 지역의 프로스포츠 및 인프라가 발달되어 있고 여러 지자체에서 스포츠마케팅에 관심이 생긴 만큼 특정 지역을 기반으로 한 맞춤형 에이전시 창업도 고려해볼 만하다. 순천시와 순천대학교는 지역 스포츠산업 창업전문가 과정을 운영하고 있으며, 대전, 광주, 대구 등에도 스포츠산업창업지원센터가 있어 일정 부분 지원을 받을 수 있다.

창업 시 초기부터 법인 형태로 창업할 수도 있지만 이맥스21, 청스컴퍼니 등과 같이 개인사업자로 시작하여 어느 정도 시간이 흐른 뒤 법인사업자로 전환하는 것도 안정적인 방법이다. 개인사업자라면 소액으로도 시작할 수 있지만 법인사업자는 일정 수준 이상의 자본금이 필요하다. 규모에 따라 천차만별인데 인투인 커뮤니케이션은 자본금 5천만 원, 팀트웰브와 카라커뮤니케이션은 1억 5천만 원 정도라고 한다.

스포츠마케팅 스타트업의 경우 국민체육진흥법에 의거하여 스포츠서비스업체 기금융자를 신청할 수 있으니 참고하자. 스포츠마케팅업으로 1년 이상 운영하고 있으며, 스포츠 단체 및 대회 관련 마케팅 권리를 획득한 경우 연구개발 자금과 설비자금을 각 최대 3억 원, 10억 원까지 융자받을 수 있다. 비교적 융자이율이 낮고 거치기간을 포함한 융자기간이 긴 편이라 초기 창업자에게 큰 도움이 된다.

자금과 인력에 더하여 스포츠 마케터로서의 역량도 창업의 필수적인 덕목이다. 스포츠마케팅 대행업이 경영컨설팅업에 해당하는 만큼 전문성은 여러 번 강조해도 지나치지 않다. 전문성을 인정받으려면 실제 사업 수행 실적도 중요하겠지만 공모전 수상, 스포츠마케팅 전문인력 양성 프로그램 이수, 스포티즌이 운영하는 대학생 인턴십 수료 등도 도움이 된다. 스포츠경영관리사 자격증도 기본적인 소양을 갖추는 측면에서 취득하면 좋다.

왁티의 스포츠 컬처 마케팅
'올림픽 마케팅 마스터'

2016년에 등장한 왁티(www.wagti.com)는 스포츠 컬처 마케팅 스타트업이다. 글로벌 스포츠마케팅 분야의 전문가인 강정훈 대표가 같은 대기업 출신의 구성원을 주축으로 다양한 분야의 전문가를 영입함으로써 조직을 꾸린 점이 인상적이다. 특히, 다수의 구성원이 국제올림픽위원회와 올림픽 같은 국제 스포츠 단체 및 이벤트에서 풍부한 스포츠마케팅을 경험한 게 강점이다. 전문성과 안정감을 바탕으로 설립 초기부터 2018 평창동계올림픽 후원사 마케팅 대행, 골닷컴의 한국 에디션 운영, 투르 드 프랑스 레탑코리아 개최, 오버워치 서울 팀의 글로벌 스폰서십 세일즈 파트너 선정 등의 성과를 이뤄낼 수 있었다. 평창동계올림픽 당시에는 올림픽 공식 상품으로 디자인 특허를 낸 핑거하트장갑을 출시하여 대박을 터뜨리기도 했다. 왁티는 앞선 올림픽 마케팅 마스터 에이전시 경험을 살려 2020 도쿄하계올림픽과 2022 베이징동계올림픽 진출도 노리고 있다. 그 외에 다양한 파트너에게 계약 협상, 마케팅 커뮤니케이션 전략 수립·실행, 스폰서십 매니지먼트, 방송권 및 호스피탈리티 판매 등 통합 마케팅 솔루션을 제공한다.

참고사례

기업명	설립연도	주요 제품 · 서비스	홈페이지
지컴	1993	스포츠 및 브랜드 마케팅, 이벤트 및 디자인 서비스 등	www.gcomm.co.kr
월드21HQ	1999	스포츠 및 브랜드 마케팅, 프로모션 및 이벤트, 기업 프로모션 등	www.e-world21.co.kr
코렉스	2000	스포츠마케팅, 이벤트 및 프로모션, 광고대행, 유소년 사업 등	www.kolex.co.kr
스포티즌	2000	스포츠마케팅 및 컨설팅 서비스, 프로퍼티 서비스, 선수 매니지먼트 등	www.sportizen.co.kr
세마스포츠 마케팅	2002	스포츠마케팅, 스포츠이벤트, 스포츠매니지먼트 등	www.semasm.com
지엘에스이	2002	스포츠 광고 매체, 스포츠매니지먼트 및 컨설팅, 스포츠 시설 서비스 등	www.iglse.com
갤럭시아 SM	2005	스포츠마케팅 및 매니지먼트, 미디어, 콘텐츠, 커뮤니케이션, 스포츠레저 등	http://galaxiasme.com
스포츠 웨이브	2011	스포츠마케팅, 이벤트 및 세일즈 프로모션, 문화사업 등	http://sportswave.co.kr
팀트웰브	2012	스포츠마케팅 및 매니지먼트, 축구 빅데이터 분석, 승부예측 플랫폼 등	www.team12.co.kr
왁티	2016	스포츠·문화 마케팅, 스포츠미디어, 스포츠·문화 이벤트 등	www.wagti.com

나는 스포츠로 창업을 꿈꾼다

Interview 10

미디어로 마케팅을 완성한
'청스컴퍼니'

스포츠 디지털콘텐츠 마케팅 업체_청스컴퍼니. 양동혁 대표

창업 아이템 공모전 성공으로 창업의 발판을 마련하다

2015년 2월 스포츠 대외활동 및 채용정보 사이트에 낯선 공고가 올라왔다. 한 대학생이 '청춘스포츠'라는 이름의 기자단을 모집한다는 내용이었다. 대다수의 스포츠 대외활동은 스포츠 관련 기관이나 단체에서 운영한다. 더군다나 기자단의 경우 운영 주체가 경기장 출입증을 제공할 수 있는 능력이나 취재원 섭외력이 좋아야 한다. 그런데 이 대학생이 만든 청춘스포츠 기자단은 이듬해에 '청스컴퍼니'라는 스포츠 전문 디지털 마케팅 회사로 발돋움했다. 더욱 놀라운 것은 창업한 지 1년을 갓 넘긴 청스컴퍼니를 2016년에 스포티즌이 인수한 것이다.

청스컴퍼니의 설립자이자 청춘스포츠 기자단을 만든 이는 1991년생의 양동혁 대표다. 그는 청스컴퍼니 직원들을 데리고 함께 스포티즌으로 들어갔고, 이제 뉴미디어 팀장으로서 커리어를 이어가고 있다. 초등학교 때까지 엘리트 축구선수를 꿈꿨던 양동혁 대표는 축구를 그만두고 고등학교 때부터 블로그를 운영하기 시작했다. 대학 진학 후에는 문화체육관광부 기자단을 비롯해 각종 인터넷매체의 객원기자로 활동했다. 처음부터 창업을 할 계획은 없었다. 다만 스포츠산업에서 남들이 잘 모르는 블루오션을 찾아 계속해서 새로운 일을 만들어가고 싶었다. 1인 미디어로 글을 쓰는 사람들을 한데 모아보고 싶은 마음에서 청춘스포츠 기자단을 기획한 것이 청스컴퍼니 창업으로 이어졌다.

"2015년 3월 청춘스포츠 기자단 운영과 스포티즌 인턴십을 같은 시기에 하게 됐어요. 이 시기를 저는 정말 잘 활용하고 싶었어요. 고시원을 계약하고 매일 밤마다 공부하기 시작했어요. 스포츠마케팅과 스포츠미디어 두 분야를 접하면서 각각의 약점을 보완해서 합치면 어떨까 싶더라고요. 미디어는 스스로 마케팅 능력을 갖추게 되고 마케팅 주체로서는 고유의 미디어를 가지게 되면 훨씬 더 효율적으로 되는 거죠. 그동안 스포츠 시장이 좁다 보니 이런 경계가 뚜렷하지 않고 암묵적으로 진행되는 경향이 강했어요. 저는 SNS를 매개체로 해서 색다른 시스템을 만들고 싶었어요. 스포츠산업이 계속 성장할 거라는 말은 많지만 새로운 시도 없이 제자리에 머물러 있는 것도 있잖아요. 이만큼 발전한 것도 분명 대단하지만 젊은 시각으로 새롭게 도전하는 사람들을 견제하고 무시하면 더 큰 발전이 없을 것이라 생각했어요. 제가 그 변화를 만드는 주체가 되지는 못하더라도 도움은 줄 수 있지 않을까 하는 생각에 창업을 결심했죠."

6개월씩 진행되는 청춘스포츠 1기 기자단과 스포티즌 인턴십을 마치고 양동혁 대표는 창업으로 몸집을 키우기로 마음먹었다. 그에 앞서 창업에 해박한 친구의 조언으로 창업 공모전에 참가했다. 2015년 경기도생활체육회가 주최한 스포츠 아이디어 오디션에서 은상을 수상했고 같은 해 고려대학교 기술지주회사 주최의 창업 아이템 공모전에서 투자 유치에 성공했다. 두 번의 공모전 경험은 양동혁 대표가 매일 밤 그렸던 비즈니스 모델을 구상하는 데 큰 도움이 됐다. 그 결과가 청스컴퍼니 법인을 설립하고 본격적인 스포츠 디지털 마케팅에 뛰어든 것이다.

경험과 대인관계를 쌓아라

청스컴퍼니는 법인 설립 비용과 사무실 마련 비용을 합쳐 약 300만 원의 자본금으로 차렸다. 우려와 달리 빠르게 스포츠마케팅 시장에 녹아들었다. 청스컴퍼니의 디지털콘텐츠 마케팅 형태는 스포츠 브랜드의 콘텐츠를 제작해 진행하는 바이럴 마케팅, 스포츠 구단의 SNS 마케팅 대행, 각종 대회와 스포츠상품 SNS 마케팅으로 나누었다. 스포츠 언론사와도 제휴를 맺었다. 여러 클라이언트와 다양한 마케팅 전략을 제휴하고 채널을 통해 콘텐츠를 생산함으로써 수익을 창출했다. 청스컴퍼니가 본질적으로 집중한 일은 마케팅이었고 미디어는 마케팅을 위한 훌륭한 수단이 되었다.

독립야구단 연천 미라클의 공식 미디어를 시작으로 스포티즌이 인수한 벨기에 프로축구구단 AFC 투비즈, 영화 '바르샤 드림스', 2016 세계여자야구월드컵 등 SNS 마케팅에 종목과 분야를 가리지 않았다. 창업 6개월 만에 50여 개의 공식 SNS 마케팅 채널을 확보했고 구독자(팔로워) 숫자는 50만 명을 훌쩍 넘었다. 페이스북, 인스타그램, 빙글, 네이버 블로그와 같은 자체 채널과 마케팅 대행을 맺은 각 단체 채널을 모두 합한 숫자다.

이토록 신생 업체가 짧은 시간에 많은 클라이언트를 확보할 수 있었던 비결은 지속적으로 쌓은 경험과 레퍼런스에 있다. 대학생이 되자마자 시작한 스포츠미디어 관련 취재활동은 귀중한 자산이 되었고, 축구, 야구, 농구, 배구, 골프, 테니스, 격투기 등 수백 번의 현장 경험을 통해 깊고 폭넓은 통찰력을 기를 수 있었다. 양동혁 대표의 활동을 인턴십 내내 지켜본 스포티즌의 심찬구 대표는 AFC 투비즈 홍보 및 SNS 관리를 먼저 제안했다. 첫 계약이나 다름없었던 활동을 성공적으로 마무리하고 나니 다른 계약도 연달아 성사되었다.

그중 2015년 방영된 '청춘FC 헝그리 일레븐'에 출연한 성치호 선수의 우루과이 축구클럽 플라자 콜로니아 입단 기사는 구단과의 파트너십으로 발전했다. 구단의 아시아 사장이 청춘스포츠 기사를 보고 청스컴퍼니에 관심을 나타냈고 곧바로 한국으로 건너와 계약을 맺었다. 양동혁 대표가 개인적으로 쌓아온 대인관계도 한몫했다. 과거 풋골프 취재 경험으로 뉴스포츠발명연구소의 풋골프 마케팅을 맡게 되었고, 연천 미라클은 양동혁 대표가 연천에서 초등학교를 다닌 것을 계기로 관계자들을 직접 찾아가 인연을 맺게 되었다.

"제가 지금까지 경험해 본 창업은 대인관계가 가장 중요한 것 같아요. 저는 그 관계에서 갑이 되려고 하지 않아요. 마케팅 회사들이 미디어를 잘 활용하지 못하면 자연스레 갑을 관계가 생기고 그 과정에서 마케팅 주체 대부분이 을의 입장이 되거든요. 저는 청스컴퍼니가 미디어의 역할까지 가져가면서 갑을 관계를 없애고 순기능을 만들 수 있도록 노력했어요. 물론 처음에는 우리를 대할 때 불편한 시선도 있었어요. 나이가 어려서인지 여기저기 제안서를 내면 저희 아이디어가 좋아도 '그냥하는 것 같으니 좀 더 지켜보자'는 반응이 많았어요. 어떤 클라이언트는 계약금을 원래보다 더 낮게 제시하기도 했어요. 적지 않은 스트레스였죠. 그래서 나이를 숨기려고도 해봤고 옷도 괜히 아저씨처럼 입기도 해봤어요. 하지만 그런 것들보다 부족한 점을 보완하는 데 집중했어요. 대인관계에 있어 저는 어느 자리에서든지 항상 낮추려고 하고요. 대표라는 직함을 떠나 그저 사람들과 친밀하게 지내려고 노력해요."

스타트업 대표 개인의 노력과 능력도 중요하지만 구성원의 동반 성장도 중요하다. 양동혁 대표는 비즈니스 모델을 만들 때부터 효율적인 인력 구조를 구성하는 데 심혈을 기울였다. 소수의 직원이지만 기획, 영상, 디자인 담당을 구분하여 개인의 역량을 십분 발휘하게끔 했다. 청춘스포츠 기자단은 매월 교육을 진행했다. 현직 기자, 마케터 등 실무자 특강을 통해 관련 경험을 쌓아 더 양질의 콘텐츠를 제작할 수 있도록 도왔다.

디지털 마케팅은 콘텐츠가 얼마나 많은 이용자에게 도달하느냐가 관건이다. 청스컴퍼니의 마케팅 활동은 청춘이라는 미명 아래 유행과 재미만을 추구하지 않았다. 남들이 금세 따라하고 유행이 바뀌기 쉬운 세상이기 때문이다. 마케팅과 미디어의 장벽을 허물고 늘 신선한 아이디어를 고민했다. 그 결과 청스컴퍼니의 스포츠 디지털 마케팅은 국내 스포츠마케팅에 신바람을 일으켰고 칭찬받아 마땅한 창업 사례가 되었다.

창업은 책임이다. 끊임없이 공부하라

청스컴퍼니 창업 당시 양동혁 대표의 나이는 25세였다. 젊은 나이에 회사를 차리는 것, 대단하게 보일 수도 두렵게 느껴질 수도 있다. 그에게 창업은 하고 싶은 일을 실현하는 방법 중 하나였기에 두려움은 없었다. 하지만 두렵지 않다고 해서 어렵지 않은 것은 아니었다. 법인을 설립하고 통장에 찍힌 수입을 보며 뿌듯한 것도 한순간이었다. 회사의 지속적인 성장을 위해서는 어떻게 경영할 것인지 끊임없이 고민해야 했다. 대표로서 짊어져야 하는 책임감의 무게는 가장 무거웠다. 혼자 힘으로 모든 일을 결정하고 행동해야 하는 점에서 대표는 누구보다 외로운 직책이다. 어려울 때마다 자신을 믿고 함께하는 직원들을 생각하며 힘을 냈다. 그리고 스스로를 끊임없이 경계했다.

"사실 제가 가장 싫어하는 말이 '대표님'이에요. 물론 그 말이 듣기 싫은 건 아니지만 주변에 친한 친구들, 동생들이 저를 편하게 대했는데 어느 날 그렇게 부르더라고요. '명색이 대표인데 자동차 한 대 뽑아야지'라는 말도 들었어요. 제가 성공한 사람도 아닌데 그런 유혹에 쉽게 넘어갈 수도 있으니까 조심하려고 애썼죠. 사람들이 청스컴퍼니를 알아봐 줄 때마다 뿌듯하고 앞으로도 어디에서든 스포츠마케팅 시장의 발전을 위해서 일하고 싶어요. 매일 밤새고 끙끙 앓고 혼자 책임져야 해도 이것이 내 일이라는 것에 대한 자부심과 사명감이 있어요. 그래서 제게 스포츠마케팅이란 '내가 좋아하는 일이자 하고 싶은 일'이고 이 일 밖에 할 수 없을 것 같다는 느낌이 강하게 들어요."

창업하기 전까지만 해도 창업에 대한 구체적인 계획이 없었는데 막상 하고 나니 생각이 바뀌었다. 몸소 경험한 시행착오를 발판 삼아 도전을 계속할 수 있게 됐다. 앞으로의 인생에서 새로운 도전을 거듭할 것이고 그 방법으로 또 다른 창업을 택할 수도 있다. 다만 섣부른 도전은 금물이다. 창업은 좋아하는 일이 직접 할 수 있는 것일 때, 그리고 무엇보다 책임질 수 있을 때 하는 것임을 깨달았기 때문이다. 창업은 곧 책임이라는 것을 명심해야 한다.

"인터넷과 SNS를 통해서 창업에 대한 기본적인 정보를 많이 얻을 수 있어요. 제가 가장 강조하고 싶은 것은 '책임감'이에요. 책임감 없이는 창업을 시작해서도 안 되고 창업을 시작했으면 죽이 되든 밥이 되든 본인이 책임을 저야 해요. 좋아하는 일과 할 수 있는 일도 엄연히 달라요. 창업을 하면서 수많은 학생과 현장에서 일하는 분들을 봤는데 자신이 좋아하던 스포츠가 직장이 되고 직업이 됐을 때 오히려 견디지 못하고 다른 길을 가는 사람들을 여럿 봤어요. 겉으로는 쉬워 보이고 할 수 있을 것 같지만 현실은 그렇지 못한 거죠. 쉽게 되는 일은 하나도 없습니다. 많이 노력해야 돼요. 특히, 경험과 인사이트를 쌓아야 해요. 그러기 위해서는 끊임없이 공부해야 하죠. 제게도 아직 많이 부족한 점이고 노력하는 점이에요."

실패에 연연하기보다 최선을 다해라

"실패는 두렵지 않다. 다만 최선을 다하지 않아 후회하는 것이 두렵다." 양동혁 대표는 자신의 좌우명과 함께 실패의 경험을 강조했다. 그는 창업 이전까지 대외활동 면접에서 불합격하는 등 크고 작은 실패의 경험을 숱하게 겪었다. 비슷한 예로 인턴을 하더라도 실질적인 업무 능력과 실력을 키우지 못하는 것도 실패의 경험이라 할 수 있다. 그 시간에 대한 반성은 성공의 자양분이 된다. 창업은 실전이다. 실전에서의 실패를 줄이기 위해서는 연습에서 다양한 실패와 경험을 겪는 편이 좋다.

공식적으로 청스컴퍼니의 실재는 사라졌지만 청스컴퍼니가 가져온 스포츠마케팅의 발전은 현재진행형이다. 스포티즌 소속이 된 청춘스포츠 기자단은 계속해서 규모를 키워가고 있다. 그동안 기자단을 거쳐 간 사람만 350여 명, 이따금씩 스포츠미디어나 협회 등 관련 단체에 취업했다는 소식을 들을 때마다 양동혁 대표는 남모를 뿌듯함을 느낀다.

인턴 시절 심찬구 대표의 리더십을 지켜보며 '대표님 밑에서 일하고 싶다'는 꿈을 꾸기 시작했다. 그 마음을 알아챘는지 심찬구 대표 역시 양동혁 대표에게 마케팅 대행을 맡기는 등 그의 꿈을 적극적으로 지지했다. 두 대표의 스포츠마케팅 비전은 상호보완적으로 작용했고 스포티즌의 청스컴퍼니 인수라는 긍정적인 결과를 낳았다. 결론적으로 말하자면 양동혁 대표는 창업을 통해 하나의 꿈을 이루게 된 것

"실패는 두렵지 않다. 다만 최선을 다하지 않아 후회하는 것이 두렵다."

이다. 청스컴퍼니가 기존에 없던 스포츠 디지털 마케팅이라는 아이디어로 스포츠마케팅 시장에 성공적으로 진입하고, 손꼽히는 대형 스포츠마케팅 회사에 인수된 점은 대학생창업에서 비롯되었기에 더욱 인상적인 사례로 남을 것이다.

> "남들과 다른 길을 가는 것에 대한 결정은 그리 어렵지 않았어요. 하지만 다른 길을 선택하고 그 길을 증명하기 위해, 또 스포츠 산업에서 새로운 가치를 만들어내기 위해 끊임없이 자기 자신을 경계하며 공부하는 게 어려웠죠. 그래도 어느새 저만의 길을 만들어가고 있습니다. 스스로 개척한 그 길이 스포츠 시장에서도 선한 영향력을 끼칠 수 있도록 계속 노력하겠습니다."

Inner view 11

스포츠매니지먼트

스포츠매니지먼트(sports management)는 선수, 지도자, 구단 등을 고객으로 삼아 여러 가지 관리 업무를 대행하는 비즈니스 영역이다. 고객의 대리인으로서 이적 및 연봉 협상, 광고 및 인도스먼트, 스폰서십 계약, 훈련 일정 등 전반적인 관리 업무를 대행하여 처리하는 사람을 스포츠 매니저 혹은 스포츠매니지먼트 에이전트라고 한다. 또한 그런 활동을 기업 형태로 하면 에이전시(agency)라고 칭한다. 국내 스포츠 에이전시는 대부분 스포츠매니지먼트 및 스포츠마케팅을 비롯하여 다양한 사업 영역에 나서고 있다. 때문에 명확한 업종 구분이 어려운 창업 사례가 많지만 여기에서는 주로 인적관리 서비스의 비중이 높은 업체를 중점적으로 다룬다.

형성과정

　1994년 박찬호의 메이저리그행과 1998년 박세리의 LPGA투어 및 US오픈 등 국내 선수의 미국 진출은 여러 가지로 뜻깊은 사건이다. IMF 사태로 실의에 빠져 있던 한국인의 마음을 스포츠로 달랬기 때문이다. 또한 국내 스포츠산업의 수준을 한 단계 향상할 정도로 큰 영향을 미쳤는데, 스포츠매니지먼트 분야에도 마찬가지다. 파격적인 조건으로 LA 다저스에 입단한 박찬호의 경우 아무리 실력이 뛰어나도 훌륭한 협상 능력을 가진 에이전트가 없었다면 메이저리그행이 불가능했을 것이다. 박세리도 낯선 이국땅에서 자기 기량을 마음껏 발휘할 수 있었던 것은 본인의 노력과 함께 소속사의 체계적인 매니지먼트가 있었기 때문일 것이다.

　스포츠매니지먼트 개념은 메가스포츠이벤트인 2002년 한일 월드컵 개최를 계기로 자리 잡게 됐다. 한국 축구의 위상이 높아지고 국내 선수의 해외 진출이 활발해지면서 스포츠 에이전트의 역할도 커지기 시작했다. 매니지먼트 업무를 담당하는 에이전트의 활동이 가장 두드러진 종목은 역시 축구다. 국내에서도 가장 많은 선수 규모*를 자랑하며, 해외 이적이 활발하다.

특히, 2001년부터 국제축구연맹(FIFA)은 공인 에이전트 자격증을 발급하여 어느 나라에서나 활동을 보장함으로써 에이전트를 각광받게 하였다. FIFA 에이전트는 선수 에이전트와 매치 에이전트**로 구분하였다. 국내에서는 주로 프로축구선수 및 구단에 대한 매니지먼트 서비스를 제공하는 에이전트가 주류를 이뤘으며 대한축구협회에서 인증 및 관리를 하였다.

국내 1세대 스포츠매니지먼트 에이전시로 손꼽히는 이반스포츠를 비롯하여 지쎈, 인스포코리아, FS 코퍼레이션, O&D 엔터테인먼트 등은 축구 전문 에이전시에 해당한다.

이반스포츠는 1990년대 후반에 국내 선수의 J리그 진출을 도우

---

* 2015년 기준으로 대한체육회에 가맹된 57개 종목 단체에 등록한 각급 축구선수의 총합은 27,349명으로 가장 많고 다음으로는 태권도 12,198명, 야구 11,517명, 궁도 10,823명 순이다.

** 매치 에이전트(match agent)는 FIFA에 가입된 국가 간 친선경기(다른 국가협회에 소속된 구단 간 친선경기도 포함)나 A매치를 주선한다.

며 선구자적 역할을 했다. 한일 월드컵 때는 우리나라 국가대표 선수의 80%가량이 이반스포츠 소속일 정도였다.

FS 코퍼레이션은 2003년 박지성이 네덜란드 에인트호벤과 47억 원 규모의 계약을 맺도록 이끌어냈으며, 2005년 박지성이 한국인 최초로 잉글랜드 프리미어리그(EPL)에 진출하면서 70억 원 상당의 연봉을 받는 데 기여했다.

지쎈도 비슷한 시기에 설기현과 이영표의 프리미어리그행을 도왔다. 2004년 당시 대형 신인 선수였던 박주영의 매니지먼트를 맡았던 스포츠하우스는 나이키와 7년간 장기 스폰서십을 이끌어내면서 국내 업계에 새로운 가능성을 제시했다.

2002년 홍명보는 자신의 매니지먼트와 스포츠선수 이적 사업을 위해 엠비스포츠를 설립했다. 이후 맨체스터 유나이티드 시절 박지성의 매니지먼트를 담당했던 JS리미티드, 김연아의 매니지먼트사인 올댓스포츠가 2010년 설립되기에 이르렀다. 그리고 오투에스앤엠(이대호), YB스포츠매니지먼트(양학선), 에이스펙 코퍼레이션(류현진) 등 선수의 가족이 직접 매니지먼트에 나서는 사례도 늘어났다. 이는 스타플레이어가 자신의 매니지먼트 에이전시 설립의 주체로 참여한 공통점이 있으며, 매니지먼트 비즈니스에 대한 필요성과 관심을 환기시키는 데 기여했다.

국제농구연맹(FIBA)과 국제배구연맹(FIVB)의 공인 선수 에이전트 자격 제도가 있긴 했지만 프로축구 외 종목에서는 에이전트의 존재를 달가워하지 않는 분위기가 오랜 기간 지속됐다. 프로구단 입장에서는 선수의 몸값을 올리는 에이전트를 부정적으로 인식했기 때문이다. 그러나 점차 프로스포츠가 발전함에 따라 팬의 요구 수준이 높아지고 선수 자신의 가치 및 대외경쟁력 향상을 위해 체계적인 매니지먼트를 필요로 하게 되었다. 더하여 구단도 새로운 시장을 개척하기 위해 스포츠 에이전시와 파트너십을 맺고 수익 창출에 나서는 쪽으로 변하기 시작했다.

업계현황

스포츠산업 특수분류에 따르면 스포츠서비스업 내 스포츠마케팅업은 스포츠 에이전트업 및 스포츠마케팅 대행업, 기타스포츠마케팅업 등을 포함한다. 스포츠마케팅 대행업은 스포츠마케팅 관련 파트에서 다루고 스포츠 에이전트업은 스포츠매니지먼트의 측면에서 살펴본다.

2016 스포츠산업실태조사에 의하면 2015년 스포츠마케팅업 매출액은 1조 4,620억 원대로 조사되었다. 그중에서 기타스포츠마케팅업이 1조 2,660억 원으로 가장 비중이 높고 회원권 대행 판매업(1,680

억 원), 스포츠 에이전트업(200억 원), 스포츠마케팅 대행업(80억 원) 순으로 나타났다. 스포츠 에이전트업은 2013년에 170억 원대였던 규모가 200억 원대로 성장했음을 알 수 있다. 물론 앞서 언급한 바와 같이 스포츠매니지먼트 비즈니스만 하는 곳이 드물기 때문에 업종 구분이 모호한 점도 고려해야 하겠지만 스포츠마케팅업을 통틀어 봤을 때 꾸준히 업계 규모가 증가하고 있음을 확인할 수 있다.

2015년 스포츠 에이전트업을 영위하는 업체는 29개로 전년 대비 8개 업체가 줄어든 것으로 나타났으나 기타스포츠마케팅업의 사업체 수는 728개로 96개 업체가 증가했다. 스포츠 에이전트업에 포함되지 않음에도 스포츠매니지먼트 비즈니스에 나서는 에이전트와 에이전시는 더 많다. 대한축구협회에 등록한 에이전시만 해도 60여 개를 상회한다. 개인 에이전트까지 합하면 비즈니스 규모는 더욱 커진다. 분명 비즈니스 규모는 지속 성장 중이지만 소수의 대형·중견 에이전시의 시장점유율이 높고 영세한 다수는 고군분투 중인 상황이다.

매니지먼트를 통한 수입원은 선수 연봉의 수수료, 이적료의 일부, 광고 및 스폰서십 수입의 일부 등이다. 선수 연봉의 수수료의 경우 협의에 따라 다르지만 최소 3%에서 10% 정도로 책정된다.* 구단의 시

---

* 한국배구연맹(KOVO)의 2016 V-리그 트라이아웃 가이드라인에 선수 에이전트 수수료 등 에이전트 관련 사항이 비중 있게 표기되었다. 에이전트 수수료는 기존의 10%에서 15%로 남자선수의 에이전트 수수료를 상향조정(선수 지명 구단 부담)하여 우수선수 확보에 대한 동기부여를 했다(여자부는 선수 연봉의 10%). 24명의 최종 초청선수 중 가장 많은 선수를 확보한 에이전트에게는 별도의 인센티브(연맹 부담)를 최대 5%까지 지급한다는 명시도 했다.

즌 종료 무렵이나 선수 이적 기간은 성수기에 해당된다. 광고와 스폰서십 계약을 성사할 경우 20% 안팎까지 수수료가 책정되기도 하는데 미국의 에이전트와 선수가 인도스먼트 협상 능력을 왜 중요시하는지 알 수 있는 대목이다.

2017년 롯데자이언츠로 복귀한 이대호는 4년간 150억 원이라는 프로야구 FA 최고 기록을 세웠다. 앞서 KIA로 이적한 최형우가 사상 첫 100억 원 시대를 연 이래 우리나라에서도 고액 연봉 시장이 열렸다.

프로야구를 비롯해서 프로축구, 프로농구, 프로배구에서도 모두 외국인 선수 제도를 운영하고 있으며, 뛰어난 외국인 선수를 국내로 데려와서 성공을 거둘 수도 있지만 반대로 국내 선수의 해외 진출로 성공을 이룰 수도 있다. 미국의 보라스 코퍼레이션을 운영하는 스캇 보라스는 메이저리거 류현진과 추신수의 에이전트다. 포브스가 발표한 스포츠 에이전트 순위 1위를 차지하기도 한 거물인 그는 MLB에 막강한 영향력을 행사한다. 2013년 추신수와 텍사스 레인저스의 대형 계약(7년간 1억 3,000만 달러)을 성사한 것도 스캇 보라스다.

참고로 축구 쪽에서는 프리미어리거 손흥민이 2015년 토트넘으로 이적하며 아시아 역대 이적료 최고액을 찍었고 약 65억 원의 연봉을 받고 있다. 한국 선수의 대외 경쟁력과 가치가 충분하다는 해석이 가능하다. 나아가 매니지먼트 비즈니스의 가능성을 점쳐볼 수 있다.

국내 동향을 살펴보면 문화체육관광부와 한국프로스포츠협회 (KPSA)[*]의 주도로 각 스포츠 종목별 공식 에이전트 제도를 추진하고 있다. 국내 선수의 해외 진출 증가와 2012년 김연경 선수의 해외진출 관련 분쟁이 발생했고 이듬해 프로야구선수 처우 문제 및 개선방안 토론회 개최 등으로 에이전트 제도 도입에 관한 논의가 다시 표면화 되었다.

2015년에는 FIFA가 기존의 선수 에이전트 자격 제도를 폐지하는 대신 중개인 제도를 도입했다. 매치 에이전트는 지속되고 있으나 중개인 제도를 통해 안정적인 재정 기반을 갖춘 에이전트나 에이전시가 선수 매니지먼트 시장에 더 많이 유입되도록 했다. 과거에는 고난이도의 자격시험을 통과해야 선수 대리인으로서 구단과 협상할 수 있었으나 지금은 일정한 자격요건[**]을 갖춰 해당 축구협회에 등록하면 된다. 프로농구와 프로배구에서도 FIBA나 FIVB의 공인하는 자격증을 취득한 선수 에이전트의 활동을 인정하고 있다.

---

[*] 2015년 1월 출범한 한국프로스포츠협회는 한국프로축구연맹(KPFL), 한국야구위원회(KBO), 한국농구연맹(KBL), 한국여자농구연맹(WKBL), 한국배구연맹(KOVO), 한국프로골프협회(KPGA), 한국여자프로골프협회(KLPGA) 등 총 5개 종목, 7개 단체의 프로스포츠 법인으로 구성되어 있다.

[**] 대한축구협회의 중개인은 연중 수시로 등록 가능하며 필요 서류를 제출하고 등록비 및 책임 보험료를 납부하면 활동이 가능하다. 등록의 효력은 1년으로 갱신이 필요하다.

2016년에는 이반스포츠의 이영중 대표를 초대 회장으로 추대한 한국스포츠에이전트협회(KSAA)가 출범했다. KSAA는 축구 에이전트를 주축으로 출발했지만 점차 외연을 확대하며 매니지먼트 비즈니스 시장도 함께 키워나갈 것으로 기대된다.

향후 스포츠매니지먼트 분야는 꾸준히 증가할 전망이며, 고용도 다소 증가할 것으로 예상된다. 국내 축구계의 승강제 도입으로 축구단이 꾸준히 늘어나고 있으며 프로야구단도 10구단 체제로 거대한 시장을 형성하고 있다. 대한체육회에 등록한 선수는 2015년 기준으로 초등학교부터 일반까지 14만 명을 넘어섰다. 전년도 대비 2만 명가량 증가한 수치다. 즉 매니지먼트 비즈니스 기회도 그만큼 증가하고 있다고 볼 수 있다.

창업방향

기본적으로 스포츠매니지먼트 서비스의 내용은 비슷하다. 후발주자로서는 차별적인 서비스가 필요하다. 비교적 최근의 스타트업인 스포티스트는 유망주 선수의 매니지먼트로 출발했고 하위나이트 스포츠의 이주현 대표는 축구선수 출신인 점을 살려서 스포티비 해설위원 활동과 축구 재능기부를 하거나 재미있는 축구레슨 영상을 만들어 SNS에 공유함으로써 관심을 끌고 있다. 엔스포츠매니지먼트의 경우에도 스포츠매니지먼트 외에 스포츠 통역과 같은 서비스도 부각하고 있다.

스포츠에이지먼트나 레미스포츠는 구단을 대상으로 전지훈련 프로그램을 제공하거나 축구 유학 및 캠프 등을 운영하며 차별화에 나섰다. 스포츠인텔리전스도 스포츠 단체나 구단을 상대로 컨설팅 및 솔루션에서 독보적인 입지를 구축하고 있다.

이제까지 스포츠매니지먼트 업체가 선수의 편에서 권익 향상에 애썼다면 이제는 구단과 협력 관계로 바뀌고 있다는 점도 시사점을 제공한다.

인스포코리아의 경우 축구선수의 매니지먼트를 전문적으로 하다가 세계적인 여자 배구선수인 김연경을 터키 리그로 진출시키며 관심을 모았다.* 터키 축구도 발달되어 있지만 유럽의 빅리그에 포함되진 않는다. 그러나 터키 배구는 최상위급 리그로 분류된다. 이 점에 착안하여 인스포코리아는 축구 비즈니스를 통해 형성된 네트워크를 활용하여 김연경의 이적을 성사했다.

KBF 스포츠는 브라질 선수를 전문적으로 국내 축구계에 소개했는데 까보레, 뽀뽀, 말컹 등이 대표적이다. 투비원 엔터테인먼트도 초

---

* 피피에이피(PPAP)는 김연경과 매니지먼트 계약을 체결하고 광고 계약을 전문적으로 맡았다.

기에는 투비원 매니지먼트라는 상호로 브라질 선수의 일상적인 매니지먼트를 전문적으로 담당하면서 호응을 얻은 바 있다.

DJH 매니지먼트와 인스파이어드 아시안 매니지먼트(IAM)는 아시아 전문 축구 에이전시, 더블유스포츠마케팅은 올림픽 선수 전문 매니지먼트 회사라는 타이틀로 활동하고 있다. DJH 매니지먼트는 2015년 12월 베트남 국가대표 선수인 쯔엉을 베트남의 호앙 안 지아 라이 FC에서 인천유나이티드로 임대 이적하도록 도왔고 구단이 연고지뿐 아니라 국내 베트남 근로자 및 거주자를 끌어들이는 마케팅 활동을 가능하게 했다. 이후 매니지먼트를 맡은 인스파이어드 아시안 매니지먼트는 쯔엉 선수의 피규어와 기타 머천다이징 상품을 제작했고 인천유나이티드 및 후원사와 함께 '베트남 데이'를 개최하기도 했다. 쯔엉은 피아퐁 이후 30년 만에 K리그에 진출한 동남아시아 출신 선수였다. 이처럼 관점의 전환과 폭넓은 시야 및 네트워크 구축은 경쟁력이 된다.

그동안 축구 쪽 매니지먼트에 초점을 맞춘 에이전시가 주류였지만 골프 관련 이벤트 매니지먼트를 특화한 위즈골프나 토탈 골프 매니지먼트 기업으로 탄생한 YG스포츠도 있다. 특히, YG스포츠는 프로골프선수 매니지먼트와 골프대회의 기획 및 대행, 골프 아카데미 운영, 골프 유통사업도 전개한다.

ISE 그룹의 경우 스포츠 에이전트 사업을 영위하는 ISE Sports와 스포테인먼트 마케팅 서비스를 제공하는 ISE Value Maximizer로 구성되어 있으며, 초기 이카루스 스포츠 시절부터 배구와 축구 종목의 선수를 매니지먼트하고 있다. 배구선수 문성민의 해외 이적과 당구선수 차유람의 매니지먼트를 담당하기도 했다.

제임스앤컴퍼니는 비인기 종목의 국가대표 선수들을 매니지먼트하며 두각을 나타내고 있다.

비스 스포츠와 리코 스포츠 에이전시의 사례도 주목할 필요가 있다. 2003년부터 활동을 시작한 비스 스포츠는 국내 농구 판에서 막강한 영향력을 가진 에이전시다. 주로 미국 선수를 KBL 구단에 연결하는 역할을 했다. 문태영, 문태종 등이 대표적인 고객이다. 흥미로운 점은 블루오션을 찾아 국내 핸드볼 선수의 유럽 이적도 다수 성사한 점이다. 또한 서동규 대표는 여러 스포츠마케팅 및 매니지먼트 에이전시를 거쳐 비스 스포츠를 창업했다. 초기에는 개인사업자로서 에이전트 활동을 하다가 충분한 경험과 실적을 올린 뒤 법인사업자로 전환했다. 필요한 시간을 갖고 상당히 많은 준비를 했음을 짐작할 수 있다.

리코 스포츠 에이전시는 프로야구선수와 대거 손잡으면서 보기 드문 야구 전문 매니지먼트 업체로 등판했다. 현재는 다른 종목의 선수도 함께하고 있지만 초기에는 김현수, 조성환, 이재학, 박병호 등의 매니지먼트에 초점을 맞췄다. 이후 여러 야구선수의 미국행에 기여했다. 프로야구에서 에이전트 제도를 공식적으로 도입하게 되면서 리코 스포츠 에이전시의 활동은 더욱 활발해질 것으로 기대된다. 에이전트를 인정하지 않던 프로야구계의 진입장벽으로 초기 시행착오를 겪는 어려움이 많았겠지만 리스크를 감수한 대가로 유리한 고지를 점하게 됐다. 하지만 여전히 프로야구 시장은 크고 전문적인 매니지먼트 에이전시가 프로축구에 비해 적은 편이다. 충분히 노려볼 만한 영역이다.

지셀처럼 다른 미개척 종목도 찾아볼 수 있다. 지셀은 글로벌 e스포츠 선수 이적과 매니지먼트를 전문적으로 담당하는 에이전시다. 우리나라는 e스포츠 종주국의 위치에 있으며, 국제e스포츠연맹 본부가 부산에 있다. 전 세계 e스포츠 시장 규모가 1조 원에 달하며 급격한 성장세에 있는 점을 감안하면 관련 매니지먼트 비즈니스도 유망할 것으로 보인다. 지셀은 e스포츠 선수 매니지먼트를 중심으로 경기영상 콘텐츠 제작과 e스포츠 대회 개최 등의 비즈니스도 계획하고 있다.

스포츠매니지먼트 창업에 나서려면 관련 업무를 원활하게 수행하기 위해 필요한 자격과 역량을 갖춰야 한다. 가령, 스포츠 배경지식, 외국어, 에이전트 자격증 등을 갖추는 것이다. 관련 전공으로는 체육학, (스포츠)경영학, 법학, 언론정보학 등이 있지만 필수조건은 아니다. 현직에서 활동하는 선수 에이전트의 경우 스포츠 기자, 변호사, 마케터, 선수 등 출신이 다양하다. 기존의 스포츠 에이전시를 통해 매니지먼트 업무를 익히는 과정도 필요하다. 도움을 주고받을 수 있는 인맥을 구축하고 고객사나 거래처를 확보할수록 좋다. 한국프로스포츠협회가 주관하는 에이전트 아카데미도 참고할 만하다.

하위나이트 스포츠의 축구선수 및 운동선수 양성소
'FC하위나이트'

하위나이트 스포츠(www.hauynite.com)는 축구선수 출신인 이주현 대표가 2016년 창업한 스포츠 매니지먼트 에이전시다. 스포츠 선수 매니지먼트와 함께 축구레슨 아카데미 '하위클래스', 멘토링, 운동선수 특강, 축구입단 테스트, 은퇴 선수 직업 컨설팅 등의 서비스를 제공한다. 하위나이트 스포츠는 호주, 태국, 말레이시아, 베트남, 중국 등 해외리그 커넥션을 구축하고 지속 확대하며 선수들의 진출을 돕는 중개인 역할도 한다. 독특한 부분은 무적 선수, 이력이 좋지 않아 기회를 얻지 못한 선수 등을 에이전시가 직접 트레이닝을 하여 입단까지 이끄는 점이다. 그 일환으로 아마추어 축구단인 FC하위나이트를 운영하고 있으며, 2017년에 순수 아마추어였던 조정훈 선수를 트레이닝하여 반년 만에 태국의 프로축구단과 계약을 성사하였다. 또한 더원운동과학센터와 합작하여 축구연구소를 발족하고, 태국에서 한국 아마추어 축구 올스타전을 개최하며 관심을 모으기도 했다. 활발한 움직임으로 아디다스, 자이크로, 타미카퍼, 더 스카웃, JL Company, 아마조니아코리아, 라티오 핏, 힘스포츠 재활센터 등 다양한 업체와 업무협약을 맺고 있다.

참고사례

기업명	설립연도	주요 제품 · 서비스	홈페이지
이반스포츠	1995	축구 에이전트 및 매니지먼트 등	www.ivansports.com
인스포 코리아	2002	스포츠매니지먼트, 라이선싱, 스폰서십 프로모션 대행 등	www.inspokorea.com
스포츠 하우스	2004	축구 에이전트, 스포츠마케팅 등	www.sportshaus.co.kr
이카루스 스포츠 & 엔터테인먼트 (ISE 그룹)	2006	스포츠매니지먼트, 마케팅, 아카데미, ICT 등	http://isekorea.com
투비원 엔터테인먼트	2010	축구 에이전트 및 매니지먼트, 스포테인먼트 등	www.twobe1.com
스포츠 인텔리전스	2011	관람·참여스포츠 컨설팅 및 솔루션, 디지털 테마파크 등	www.sportsit.co.kr
스포츠 인텔리전스 그룹	2012	선수 에이전트 및 매니지먼트, 스포츠이벤트 기획 및 컨설팅, 프로퍼티 비즈니스 등	www.sportsin.kr
리코 스포츠 에이전시	2014	스포츠매니지먼트, 스폰서십, 스포츠마케팅 등	http://leecosports.com
피피에이피	2015	스포츠매니지먼트, 스포츠마케팅, 유통사업 등	www.ppapkorea.com
하위나이트 스포츠	2016	축구선수 매니지먼트, 레슨, 멘토링, 영상 촬영 등	www.hauynite.com

Interview 11

스포츠 스타를 더욱 빛나게 하는
'리코 스포츠 에이전시'

스포츠선수 에이전시_리코 스포츠 에이전시. 이예랑 대표

한국의 스캇 보라스를 꿈꾸다

영화 '제리 맥과이어'를 보고 스포츠 에이전트가 되길 희망하는 이들이 많다. 하지만 무작정 에이전트를 꿈꾸는 것만큼 무모한 도전도 없다. 안정적이지 않은 수입, 최근에서야 프로야구 공인 선수대리인(에이전트) 제도가 도입된 국내 업계 상황을 감안하면 스포츠매니지먼트 스타트업은 많은 준비와 각오가 필요하다. 또한 공들여 구단이나 선수와 신뢰를 쌓고 그를 바탕으로 에이전트 혹은 에이전시만의 차별성을 만들어야 한다.

2014년에 설립한 리코 스포츠 에이전시는 국내외 스포츠 시장을 동시에 공략하며 빠르게 성장했다. 내로라하는 스포츠 에이전시를 제치고 유명 야구선수를 중심으로 매니지먼트 계약을 맺었다. 어느덧 김현수, 박병호를 포함해 70여 명의 스포츠 스타와 함께 일하고 있다. 2018년 프로야구 공인 선수대리인 제도가 도입되기 전까지 많은 선수를 보유할 수 있었던 배경에는 이예랑 대표가 있다.

이예랑 대표는 한영외국어고등학교를 졸업하고 미국 일리노이주립대학교에서 신문방송학을 전공했다. 세종대학교 경영학 석사를 수료하며 방송계에 진출해 진행자와 라디오 DJ 등 다양한 경력을 쌓았다. 방송계에서 자리를 잘 잡아가던 찰나에 미국 서던캘리포니아대학원 커뮤니케이션 석사 과정 유학을 결정했고 2012년에 야구 에이전트로 돌연 진로를 바꿨다. 주위에서는 걱정과 우려의 목소리가 높았다.

"주변에서 말이 많았어요. 자리를 잡아가고 있는데 왜 떠나느냐고요. 처음에
는 방송 일을 하면서 공부를 통해 내 전문 분야를 만드는 게 중요하다고 생각
했어요. 하지만 스포츠 에이전시에도 관심이 가더라고요. 그동안 야구선수들
과 친분을 쌓으면서 그들이 도움을 필요로 하는 부분이 많다는 걸 느꼈거든
요. 사업으로 한번 제대로 해보고 싶었어요. 우리나라에서도 거물 야구 에이
전트인 스캇 보라스처럼 일할 수 있으면 좋겠다고 생각했죠. 그래서 해외 대
학원에 진학했을 때 먼저 인적 네트워크를 만들어두고자 했어요."

말보다 행동으로 실천하는 이예랑 대표는 미국에서 거물 에이전
시에 연락을 취하기도 하고 윈터미팅과 스프링캠프를 쫓아다니며 적
극적으로 시장조사에 나섰다. 현장에서 직접 부딪히면서 인적 네트워
크를 쌓고 야구선수들을 인터뷰하며 선수가 원하는 것, 싫어하는 것,
도움을 필요로 하는 것에 대해 연구했다. 그렇게 시장조사하는 것만 1
년이 넘게 걸렸다. 비선수 출신이 야구선수의 모든 것을 이해하지 못
하는 것은 자명한 사실이기에 그 외의 면에서는 확실히 준비했다. 야
구 규약, 법률, 재테크, 언론 등 선수들이 잘 모르는 부분에 대해 조언
해 줄 수 있을 만큼 충분한 공부를 마쳤다.

2년 가까운 준비 후 정식으로 법인을 설립했다. 선수 계약에서는
풍부한 지적 자원과 인적 네트워크를 바탕으로 회사의 비전, 매니지
먼트 계획, 선수가 받는 이점을 적극적으로 어필했다. 쟁쟁한 선수들

이 리코 스포츠 에이전시와 손을 잡았고 이예랑 대표는 정확하고 신뢰 높은 매니지먼트로 보답했다. 특히 김현수가 메이저리그 볼티모어 오리올스에서 마이너리그 거부권을 행사한 데는 이예랑 대표의 역할이 컸다.

김현수의 가능성을 믿은 이예랑 대표는 계약을 꼼꼼히 검토하고 선수가 구단에 대해 행사할 수 있는 권리를 당당히 주장했다. 이후 김현수는 초반의 부진을 딛고 첫 시즌에서 3할 2리의 타율, 6개의 홈런, 92개의 안타를 기록하며 자신의 실력을 입증했다. 구단의 권유로 즉시 마이너리그행을 선택했다면 김현수는 메이저리거의 꿈을 더욱 빨리 접었을지도 모른다. 현재는 박병호, 김현수 모두 국내 리그로 복귀했지만 메이저리그 입성의 꿈을 이뤄준 에이전트의 능력은 박수받기에 충분했다.

프로의 세계에서 프로답게 일하자

국내 스포츠매니지먼트 분야는 에이전시 형태보다 에이전트 개인으로 움직이는 경우가 많았다. 제도적으로 자리 잡히지 않아 법인 규모로 활동하기에 위험 부담이 크기 때문이다. 선수 입장에서는 매니지먼트가 필요하지만 자세한 정보가 없기 때문에 제대로 된 계약서 없이 친분으로 에이전트와 계약을 맺는 경우도 빈번했다. 또 전문적이지 않은 매니지먼트가 이뤄지기도 했다.

리코 스포츠 에이전시는 기업형 매니지먼트 시스템을 확립했다는 점에서 남들과 다른 차별화에 성공했다. 계약부터 용품 협찬, 광고까지 매니지먼트 분야를 세분화하고 전력분석은 외주 업체에 맡겨 전문성을 배가했다. 중장기적인 전략을 세워 선수에게 안정감을 주는 서비스를 갖추는 데 노력했다. 덕분에 선수들은 운동에만 전념하며 높은 기량을 발휘할 수 있었다.

"저는 선수들을 친한 친구 또는 동생이라 생각하기 전에 '고객'이라고 불러요. 선수를 상업적으로 바라본다는 뜻이 아니라 우리가 선수를 존중해야 같은 대접을 받을 수 있다고 생각해요. 이 일을 하며 배운 것은 연예인과 스포츠스타의 매니지먼트 방식은 여러 부분에서 다르다는 거예요. 스포츠스타는 마케팅과 매니지먼트만으로 커버하기에는 한계가 있어요. 아무리 대단한 마케팅, 매니지먼트 회사라 해도 실력이 없는 선수를 띄울 수는 없어요. 그래서 저 역시 선수들에게 방송출연이나 광고를 강요하지 않아요. 그들은 운동할 때 가장 멋있고 그렇게 돈 버는 것이 맞는 것 같아요. 저는 그들이 정당한 대우를 받을 수 있게 도와주고 운동에 집중할 수 있게 해주는 '조력자'예요."

리코 스포츠 에이전시는 네 가지 핵심가치로 투명성, 신뢰성, 전문성, 사회공헌을 내세운다. 그중에서도 이예랑 대표가 가장 강조하는 것은 전문성이다. 프로의 세계에서 프로답게 일하자는 마인드로 직원들에게 '리코스럽게 일하라'고 강조한다. 일은 열심히 하는 것도 중요하지만 프로라면 잘하는 것이 중요하다. 인간적으로 친하게 지내는

나는 스포츠로 창업을 꿈꾼다

것은 신뢰가 쌓이고 난 다음의 문제다.

스포츠매니지먼트는 선수 생활의 직·간접적인 일거리를 모두 도맡기 때문에 다방면에서 전문성을 갖춰야 한다. 개인이 에이전트 자격을 갖춰 활동한다면 지식과 경험을 두루 갖춰야 할 것이고, 회사라면 구성원이 각각의 영역에서 확실한 실력을 갖추고 시너지를 내야 할 것이다. 그 와중에 자신의 실력과 열정을 구분 지을 줄 알아야 한다.

> "매니지먼트 업계 입문 전에 야구 안 좋아하는 사람은 거의 없어요. 그런데 막상 들어오고 나서 그 열정이 없어지는 사람이 태반이에요. 정말로 좋아하면 관련 책도 읽어가며 열심히 공부할 거예요. 그런데 제게 에이전트하고 싶다고 찾아오는 사람 중에 야구 규약 한번 읽어본 사람이 거의 없더라고요. 열심히 공부해서 시장에 대해 많이 알고 도전하는 것이 중요해요. 또 자신이 잘하는 것이 무엇인지 아는 것도 중요해요. 다들 스펙은 비슷한데 본인의 진짜 강점을 드러내지 못하더라고요. 딱 하나라도 있으면 좋죠. 예를 들어 사진을 잘 찍는다면 기자회견 할 때 고민 없이 그 사람에게 맡길 수 있잖아요."

선수의 조력자가 되라

에이전트 업무에만 한정한다면 선수 연봉을 높게 계약하는 것으로 할 일을 다했다고 말할 수 있다. 하지만 전반적인 매니지먼트 업무는 그렇게 단순하지 않다. 선수가 경기에 집중할 수 있도록 주변 환경의 모든 요소를 파악하고 조절해야 한다. 일단 선수의 성향을 파악해야 한다. 전화하는 것을 좋아하는 선수도 있고 귀찮아하는 선수도 있다. 연락 안 하고 경기장에 찾아오는 것을 반기는 선수가 있는가 하면 꺼려하는 선수도 있다. 야구배트와 같은 장비에 예민하거나 언론 인터뷰에 예민한 선수도 있다. 이예랑 대표는 선수의 사소한 성향까지 세세하게 파악한 후 최대한 맞춰준다. 절대적인 실력 향상 이전에 심리적인 안정감을 주는 노력이 필요하다.

> "선수가 슬럼프를 겪을 때면 무엇보다 안정을 찾을 수 있게 도움을 줘요. 좋은 음식을 권하거나 필요한 도구가 있다면 바꿔주곤 하죠. 예전에 한 선수가 홈런이 계속 안 나온 적이 있었어요. 그래서 기존에 쓰던 배트가 아닌 새로운 배트를 줬는데 다음 날부터 홈런 3개를 연달아 치더라고요. 그런 노력과 경험이 쌓여 이제는 선수마다 컨디션에 따라 어떻게 하면 기분을 전환할 수 있는지 노하우가 생겼어요."

선수들에게 필요한 것이라면 외부와의 전략적 업무협약(MOU)을 체결해 해결하는 것도 하나의 방법이다. 리코 스포츠 에이전시는 다양한 전문가 및 기업과의 협업을 통해 선수들의 니즈를 충족해준다. 실제로 많은 선수가 자산관리 등에 어려움을 느끼는데, 이를 잘 알고 있던 이예랑 대표는 직접 재무 상담을 해주기도 했다. 한층 전문적인 지원을 통해 매니지먼트 시스템을 발전해 나갈 예정이다.

이예랑 대표의 말처럼 선수 매니지먼트는 선수를 키우는 것이 아니라 도와주는 것에 가깝다. 에이전트라고 해서 선수 생활에 지나치게 개입한다면 오히려 선수의 경기력이나 경력에 부정적인 영향을 줄 수 있다. 갑을 관계가 아닌 평등한 관계에서 조력자 역할에 충실할 것을 유념할 필요가 있다.

당신도 제리 맥과이어가 될 수 있다

이예랑 대표는 사업가인 어머니의 영향을 받아 23세에 처음 사업에 도전했다. 컨설팅 사업도 했고 해외배송, 수입 액세서리 판매, 인터넷 쇼핑몰 운영 등 다양한 사업을 경험했다. 작은 사업을 경험하면서 기본적인 창업 과정을 익힌 덕분에 리코 스포츠 에이전시 설립 과정에서 큰 어려움은 없었다. 그러나 창업이 어렵다는 것을 누구보다 잘 알고 있기 때문에 더욱 진심 어린 조언을 전한다.

"제 이름으로 사업자를 내서 성공도 해봤고 실패도 해봤는데 남의 돈을 받고 일하는 거랑 창업은 정말 달라요. 많은 분이 회사에서 잘하면 밖으로 나가서도 세상이 인정해 줄 거라고 착각해요. 사실 회사 안에 있을 때의 나와 그렇지 않을 때의 나는 많이 달라요. 똑같은 능력을 가진 사람이라도 소속에 따라 다르게 평가될 수 있거든요. 자기 자신을 과대평가하지 않고 냉정하게 바라보는 것이 중요해요. 그래도 창업을 결심했다면 '이거 아니면 죽겠다'는 생각으로 뛰어들어야 해요. 그렇게 생각해도 안 되는 경우가 많은데 다들 될 것처럼 생각하는 바람에 오히려 돈과 시간을 허비하고 나태해져요. 저는 3년 계획을 세웠는데 저축해둔 돈을 알뜰하게 쓰되 초기비용으로 다 투자해도 좋다는 계획이었어요. 그만큼 준비가 되지 않으면 쉽지 않아요."

2018년부터 국내 프로야구에 선수대리인 제도가 공식적으로 도입되면서 새로운 길이 열렸다. 1982년 출범 이후 36년 만으로 선수 권익 보호와 동시에 산업적 측면에서도 반가운 일이다. 다만 국내 시장 규모가 아직 크지 않은 탓에 실효성 있는 제도로 자리 잡기까지는 시간이 필요하다. 대신 미국과 일본 프로야구의 관심이 날로 커지고 있기 때문에 에이전트의 역량에 따라서 대박의 가능성도 충분히 있다. 프로야구의 선수대리인 제도 도입을 계기로 프로배구와 프로농구 등 다른 팀 스포츠 종목에서도 에이전트 제도가 정착한다면 스포츠매니지먼트 시장의 가능성은 더욱 높아진다.

최근 갤럭시아SM, YG스포츠 등 대형 엔터테인먼트 기획사가 스포츠매니지먼트 분야에 뛰어든 점도 주목할 필요가 있다. 전체적인 판을 더 키울 수 있고 스포츠산업의 새로운 일자리가 생기는 면에서 긍정적이다. 기존 스포츠 에이전시 측면에서는 자본과 경험을 모두 갖춘 신규진입자의 등장이 달갑지 않을 수도 있다. 하지만 이들의 진입을 막기보다 시장의 변화에 주목하고 공정한 경쟁을 펼칠 수 있도록 전략 강화에 나서야 한다. 스타트업도 마찬가지로 젊은 감각과 변

"저는 선수가 정당한 대우를 받을 수 있게 도와주고
운동에 집중할 수 있게 해주는 조력자예요."

화에 대응하는 빠른 의사결정으로 경쟁력을 한층 강화할 수 있다. 이예랑 대표처럼 신뢰와 전문성을 기반으로 성실하게 준비한다면 제리 맥과이어는 그리 먼 꿈이 아닐 것이다.

Inner view 12

스포츠이벤트

스포츠이벤트(sports event)는 경기와 대회를 기본으로 하며 스포츠 연계 행사도 포함한다. 그동안은 전문 체육인이 선보이는 경기나 대회 자체에 스포츠이벤트의 초점을 맞췄다. 이제는 스포츠와 연계한 각종 행사, 프로모션의 수요가 높아졌다. 그만큼 소비자가 직접 체험할 수 있는 형태의 스포츠이벤트 선호도가 높아지고 있다. 또한 스포츠이벤트를 대행하는 형태의 비즈니스가 주류였다면 독자적으로 스포츠이벤트를 기획·운영하는 사례도 늘고 있다. 여기에서는 스포츠이벤트의 대행업, 직접 운영, 단일 혹은 복합 콘텐츠를 운영하는 창업 사례를 전반적으로 다룬다.

형성과정

　2018 평창동계올림픽 이후 우리나라는 하계올림픽, FIFA 월드컵, IAAF 세계육상선수권대회까지 개최한 세계 5대 국가(독일, 프랑스, 이탈리아, 일본, 한국)에 포함된다. 그 출발점인 1988 서울하계올림픽은 한국 역사상 첫 메가스포츠이벤트였고 2002 한일 월드컵은 단일 종목 최대의 메가스포츠이벤트였다. 대형 스포츠이벤트는 국가 인지도 및 이미지 제고, 방송중계권료와 스폰서십 유치로 생기는 경제효과 같은 대의명분에 초점이 맞춰져 있었다. 이후에도 지자체나 관련 단체, 기관에서 꾸준히 스포츠이벤트를 유치하고 개최하는 주요 이유로 볼 수 있다.

　민간 영역에서는 조금 더 앞서 1980년대 초반 프로리그가 출범하면서 스포츠이벤트가 본격화됐다. 프로야구나 프로축구가 열리는 경기장은 거대한 스포츠이벤트 무대인 셈이다. 초기에는 경기 자체가 가장 핵심적인 스포츠이벤트였다. 그러나 점차 구단 간 경쟁이 치열해지면서 팬 서비스 차원에서 스포츠이벤트도 발전을 거듭했다.

각 경기장에서 치어리더 응원전을 선보이거나 경기 휴식 시간에 특별공연을 마련하는 것부터 팬 사인회까지도 넓은 의미에서 스포츠이벤트로 볼 수 있다. 스포츠이벤트를 크게 관람형과 참여형으로 나눴을 때 관람형 스포츠이벤트의 비중이 높다. 하지만 점차 프로스포츠를 즐기는 문화가 정착되고 굵직한 스포츠이벤트를 경험한 스포츠 팬들의 관심과 행동이 활발해지면서 참여형 스포츠이벤트도 두각을 나타내기 시작했다. 가령, 기업이나 스포츠브랜드가 상품의 판매 촉진을 위해 다양한 커뮤니케이션 활동과 현장 프로모션을 개최하기 시작했다. 그와 함께 스포츠이벤트를 전문적으로 대행하는 에이전시가 등장하면서 동반 성장하게 된 것이다.

이는 국내 스포츠마케팅 에이전시의 탄생과 맥을 같이 하는 부분이다. 대부분 스포츠마케팅과 스포츠이벤트를 연계하여 비즈니스를 이뤄왔다. 물론 불가분의 관계인 것은 사실이지만 오늘날 각 분야의 전문성이 강화되면서 분리해도 무방한 수준이 되었다. 2010년대 들어 외부의 행사 대행 의뢰를 기다리는 것이 아니라 직접 수익을 내는 스포츠이벤트를 개최하는 형태가 두드러지고 있기 때문이다.

나는 스포츠로 창업을 꿈꾼다

업계현황

스포츠이벤트 업종은 스포츠산업 분류상 스포츠마케팅 대행업 또는 기타 스포츠마케팅업에 해당한다. 동 업계에서 영업하는 사업체는 700여 개이다. 스포츠이벤트를 따로 영위하는 게 아니라 스포츠마케팅을 함께 하는 형태이므로 정확한 업종 규모를 산출하기 어려운 측면이 있다. 또한 스포츠이벤트의 특성상 단발성으로 개최하는 경우도 많다.

단발성의 스포츠이벤트는 주로 국제 스포츠이벤트에 해당한다. 그동안 4대 메가스포츠이벤트를 비롯해서 세계적인 수준의 스포츠이벤트를 여러 가지 개최하였다. 각 대회마다 대행사가 홍보·마케팅, 이벤트·프로모션 등을 맡는 형태로 업계가 성장해왔다.

지난 2017년 3월 고양시는 지자체 최초로 엘리트 및 생활체육의 통합브랜드인 'SC Goyang'을 발표했다. 제11회 대한민국스포츠산업대상 대통령상 수상을 기념해 발간한 책자에는 2010년부터 고양시에서 개최해온 스포츠 활동과 지역 스포츠융복합산업 육성, 연고 스포츠 팀 활성화, 스포츠인프라 확충 등의 내용이 담겨 있다. 고양시는 '2018 대한민국 스포노믹스 대상' 시상식에서도 지방자치단체 부문 대상을 수상했다. 고양시의 사례를 벤치마킹하려는 다른 지자체의 문의가 상당하다고 한다. 스포츠이벤트에 대한 높은 관심과 활용도를 짐작할 수 있는 부분이다. 비연속적이고 휘발성이 강한 스포츠이벤트가 아닌 개최지의 독특한 매력을 배가할 수 있는 상품화는 여러 면에서 유용하다.

지역적 특성을 살린 스포츠이벤트로는 대구 비치발리볼월드투어, 부산 국제장대높이뛰기대회 등이 있다. 대구 비치발리볼월드투어는 올림픽 출전권이 걸려있는 비중 있는 대회로 내륙 지방에서 비치발리볼을 개최하는 참신함이 돋보인다. 부산의 경우 용두산공원이라는 지역 명소와 장대높이뛰기의 종목 이미지가 잘 어우러져 볼거리를 제공한다.

스포츠인프라를 적절하게 활용한 스포츠이벤트 활용 사례로는 김천시 종합스포츠타운, 영암군 아시아 모터스포츠 카니발, 강원도 스키 및 동계스포츠, 남해안 지역의 해양스포츠이벤트 등이 있다.

또 국내에서 정기적으로 열리는 스포츠 대회 및 리그도 있다. 연 1회씩 열리는 이벤트 대회도 있지만 K리그와 KBO리그, V리그 등 프로리그와 각 경기는 정기적으로 개최되는 스포츠이벤트다. 프로구단에는 홍보·마케팅 부서가 있지만 여건상 현장에서 이뤄지는 모든 스포츠이벤트를 감당하기 어려운 부분이 있다. 특히, 치어리딩이 보편화되어 있는 프로야구, 프로농구, 프로배구 등에서는 관련 인적 이벤트는 외주를 맡길 수밖에 없는 구조다. 새로운 시즌을 앞두고 아예 연간 스포츠이벤트를 전담할 업체를 모집하는 공고를 흔히 접할 수 있다.

에이치에스컴은 스포츠마케팅의 핵심 분야로서 스포츠이벤트 관련 종합 서비스를 제공한다. 고객사의 이미지 향상과 새로운 이벤트 기획 및 현장 시스템 관리까지 모두 가능하다는 점에서 차별성을 띤다. 그동안 4대 프로스포츠는 물론이고 펜싱, 핸드볼, e스포츠 등 다른 종목에서도 폭넓은 행사와 응원대행으로 포트폴리오를 쌓은 대표적인 기업이다. 또 프로구단 치어리더 팀과 빅 타이드 스턴트 치어리딩 팀을 매니지먼트하며 스포츠이벤트와 접목하고 있다. 이후 제이알 커뮤니케이션, 파워리더스, 에이펙스 커뮤니케이션즈, 정엔터테인먼트와 같이 치어리더 팀을 전문적으로 운영하며 스포츠이벤트와 연계한 사업체가 다수 생겨났다.

프로스포츠 시장이 지금처럼 커지기 전에는 일반 기업을 대상으로 한 이벤트 대행도 주축이 되었다. 윤플래닝은 스포츠행사, 체육대회·단합대회, 각종 문화행사 기획 및 대행사로 고객사가 스포츠 단체보다 일반 기업의 비중이 더 높은 것이 특징이다. 또한 자체적인 사회인야구 이벤트 대회도 개최하고 있다. 스포츠이벤트의 영역을 엘리트 스포츠로만 한정할 필요가 없음을 시사한다.

케이시스·코는 2005년 레저 이벤트 업체를 인수하며 본격적으로 스포츠이벤트 분야에 뛰어들었다. 스포츠이벤트 대회 기획 및 운영,

기업연수, 청소년사업, 동·하계 스포츠 프로모션을 주요 사업 영역으로 삼는다. 체육학계 인사로 구성된 자문단과 함께 산하 레저 연구소를 운영하며 스포츠이벤트 영역의 전문성 및 체계화에 힘쓰는 운영방식이 인상적이다.

이제 스포츠이벤트가 대회와 경기로만 제공되지 않는다. 인기 선수를 섭외하여 엔터테인먼트 요소를 접목한 팬 서비스도 이뤄지고 있으며, 또 스포츠어코드 컨벤션 같은 형태의 스포츠 MICE산업*도 새로운 스포츠이벤트로 부상하고 있다. 스포츠어코드는 국제 스포츠협회 간 협력 및 소통을 위한 기구로 과거에는 국제스포츠연맹기구로 불렸다. 이 컨벤션 행사는 6일간 한 도시에 국제올림픽위원회 위원장을 포함하여 100여 개 국제 스포츠 단체의 주요 인사가 2천여 명이나 모이는 만큼 높은 경제적 효과와 홍보 효과도 기대할 수 있다. 이에 충청북도가 2019년 스포츠어코드 컨벤션 유치에 나섰다.

스포츠 MICE산업은 그 자체로 스포츠이벤트가 될 수 있으며, 다른 스포츠이벤트와 연계하여 시너지를 낼 수 있다. 가령, 미국 오하이오주 콜롬버스에서 매년 봄마다 열리는 '아놀드 스포츠 페스티벌'을 예로 들 수 있다. 1989년 아놀드 클래식이라는 명칭의 보디빌딩 경연으로 시작해 역도, 팔씨름 등 50여 개 종목을 포함하면서 이벤트 타

---

*　MICE산업은 회의(Meeting), 포상관광(Incentives), 컨벤션(Convention), 이벤트와 전시(Events & Exhibition)로 구성된 부가가치가 높은 복합적인 산업이다.

이틀을 지금과 같이 교체했다. 이후 대회 기간에 수십만 명이 개최지를 방문하여 많은 소비를 할 정도의 대형 스포츠이벤트로 성장했다.

국내 최대 규모의 스포츠레저 산업 종합 전시회로는 2001년에 첫 개최된 서울국제스포츠레저산업전(SPOEX)이 있다. '스포츠산업 잡페어'도 매년 열리며 단순히 스포츠 분야의 구인구직 행사에 머무르지 않고 포럼과 특강, 스포츠산업 교류의 장을 제공하는 스포츠이벤트로 발전했다. SPOEX와 스포츠산업 잡페어처럼 명성을 확보한 전시·박람회가 있지만 공기관 주도로 이뤄진 게 사실이다. 민간 부문에서 자리를 잡기는 쉽지 않은 편이다.

국내 스포츠 전시·박람회 분야에서는 단연 EX스포테인먼트가 눈에 띈다. 2012년 설립한 이래 주로 골프 관련 전시 행사를 열었으며, 한일 프로야구 레전드 슈퍼 게임과 캠핑 아웃도어 쇼도 주관했다. 스포츠 전시·박람회 유치와 대행을 하면서 독자적으로 '골프쇼'를 각지에서 순회 개최하며 스포츠이벤트 브랜딩에 성공한 사례다. 평창동계 올림픽을 계기로 해서 국내 스포츠 MICE산업과 함께 관련 스타트업도 더욱 성장할 것으로 기대한다.

창업방향

스포츠이벤트 관련 창업 시 가장 중요한 흐름은 스포츠마케팅 비즈니스와 연관성이 크지만 따로 분리해서 전문성과 현장성을 갖춰야 한다는 것이다. 동시에 스포츠 관광업, 스포츠시설업과 연계해서 준비해야 한다. 스포츠이벤트를 직접 개최하려면 많은 자금과 역량이 필요하다. 초기 창업자는 스포츠이벤트 대행으로 경험과 자산을 쌓아나가며 아이템을 발전시키는 과정을 거치는 게 도움이 된다.

에이치에스컴과 스크럼 스포테인먼트는 스포츠이벤트 대행의 비중이 높은 편이다. 스크럼 스포테인먼트는 2015년 창업한 스타트업으로 스포츠 행사 및 스폰서십, 스포츠마케팅, 디자인 커뮤니케이션 등이 비즈니스 영역이다. 프로농구계에서 오랜 기간 마케팅 및 프로모션의 전문성을 가진 이들이 주축이 된 조직인 만큼 스포츠이벤트 영역에서는 각종 스포츠 대회 및 프로스포츠 구단의 현장 이벤트를 총괄 대행하며 치어리더 및 전문적인 공연단도 운영하고 있다.

한편, 로드FC나 커무브, 케이아이 스포츠 페스티벌은 처음부터 자체적인 스포츠이벤트 개최에 나선 사례다. 커무브는 스포츠 사회적기업으로 출발하여 2013년부터 스포츠 체험이벤트 프로덕션으로 정체성을 정립했다. 스포츠(마라톤)와 게임을 결합한 형태의 좀비런, 에일리런 등 이른바 G-스포츠이벤트라는 독특한 영역을 구축했다. 일종의

나는 스포츠로 창업을 꿈꾼다

참여형 액티비티로 재미있는 게임 요소를 부각하면서 운동 효과도 볼 수 있도록 했다. 결정적으로 이벤트 개최에 필요한 비용을 스폰서십 유치와 참가자 대상의 티켓 판매로 충당하는 비즈니스 모델을 분명히 했다. 또 중국을 기점으로 해외 시장 진출에 나서고 있다.

격투기의 경우 스포츠 시설과 연관성이 높은 스포츠이벤트에 해당된다. UFC하면 옥타곤이 떠오르듯이 말이다. 국내에는 로드FC, TFC, MAX FC, 엔젤스파이팅 등의 격투기 단체가 존재한다. 특히, 로드FC는 2010년 창립한 종합격투기 운영사로 자체적인 아마추어 및 세미프로 종합격투기 리그와 이벤트 대회를 개최한다. 나아가 스포츠 시설을 활용한 로드짐과 격투기 용품 판매업도 하고 있다. 스포츠이벤트 개최에 셀러브리티 마케팅과 리얼리티쇼를 적절하게 활용함으로써 단체의 인지도를 높였고 격투기의 스포테인먼트 가능성을 엿보게 했다. 로드FC도 커무브, 케이아이 스포츠 페스티벌과 마찬가지로 해외 시장 개척에서 성과를 거두었다. 국내 스포츠이벤트로서는 드물게도 일본과 중국 등 해외에서 로드FC 대회를 정기 개최하면서 글로벌 진출 가능성과 그 가치를 드높이고 있다. 이벤트 대회의 타이틀 스폰서 유치도 원활한 편이다. 스포츠이벤트에서 스폰서십은 매우 중요한 요소다. 이벤트 개최에 필요한 자금을 충당하며 대외적인 신뢰도 역시 높일 수 있는 수단인 까닭이다. 타이틀·부분 스폰서십, 현금·현물 스폰서십 등 스포츠이벤트의 조건과 콘셉트에 따라 시너지를 낼 수 있는 후원사 확보 능력을 갖춰야 한다.

스포츠이벤트 중개서비스도 창업 시 고려할 수 있다. 스포츠이벤트 산업의 활성화를 위해서는 연관된 다양한 분야에서 부가적인 가치와 비즈니스 기회를 창출할 수 있는 행위자가 많아야 하기 때문이다. 바로 스포츠이벤트 중개인 혹은 에이전트의 역할이다.

모로 스포츠마케팅 컴퍼니는 2007년부터 축구 매니지먼트에서 두각을 나타낸 스포츠 에이전시다. 2012년에 지금의 사명으로 바꾼 뒤 축구 매치 에이전시로 운영 중이다. 주로 축구 매치 에이전트 비즈니스와 트레이닝캠프, 스포츠마케팅, 광고 및 중계권 판매 대행 등을 영위하고 있다. 매치 에이전트란 축구 경기가 원활하게 이뤄질 수 있도록 제반 업무를 주선하는 역할을 한다. 각급 대표 팀 간 경기나 국적이 다른 클럽 간 경기를 위해서는 많은 준비가 필요한데 중간에서 양측의 연결고리가 되는 것이다. 선수 에이전트와 마찬가지로 FIFA의 공인을 받아야 하며 진입 장벽이 높은 분야이다. 축구 경기라는 스포츠이벤트를 성사하고 일정한 수수료를 받는 형식으로 비즈니스가 이뤄진다.

국제적인 스포츠 및 공연 티켓 중개사인 '스포츠이벤트365'의 비즈니스 모델도 눈여겨볼 만하다. 각종 티켓 판매를 대행하는 전문업체가 국내에도 이미 존재하지만 프로스포츠나 유명 스포츠이벤트를 주 내용으로 한다. 즉 전국 곳곳의 중소규모 스포츠이벤트 일정과 소식을 전하며 티켓 판매도 겸하는 종합 정보 사이트가 아직은 희소한 상황임을 고려할 수 있다. 국내외 스포츠이벤트의 관람 및 참가 시 필연적으로 스포츠관광과 연결되므로 여행업이나 호스피탈리티 비즈니스에 대한 이해도가 높을수록 도움이 된다.

직접적인 수익원은 아니지만 부가적인 가치를 발생시키는 스포츠이벤트가 있다. 자선 격투 이벤트를 개최하는 엔젤스파이팅이나 비카인드의 '슛포러브' 캠페인이 대표적이다.

레포츠나 아웃도어 액티비티 이벤트, 스포츠 MICE산업, 해양스포츠, e스포츠도 수요가 꾸준히 증가하고 있는 분야이며, 스포츠 클라이밍 같은 익스트림 스포츠 관련 이벤트는 체험형과 관람형 모두 사업성이 있다. 동계올림픽 개최를 계기로 프로모션 차원에서 전혀 다른 계절과 장소에서 동계종목 이벤트가 열리기도 했다. 광화문 봅슬레이나 통영 루지가 바로 그것이다. 관련하여 동계스포츠이벤트 전문 스타트업도 기대해볼 만하다.

스포츠이벤트업 역시 아이디어의 중요성을 되새길 필요가 있다. 63빌딩 계단오르기 대회처럼 초고층 건물이라는 인프라를 활용하여 이색적인 스포츠이벤트를 개최할 수 있고, 머천다이징 사업과 연계도 가능하다. 또한 스포츠이벤트업에서 대행에 초점을 맞추든 직접 개최를 하든 자금 못지않게 인적 자원이 중요하다. 현장 진행 과정에서 관람자 및 참가자에게 직접적인 영향을 미치기 때문이다. 인력 수급과 관리가 쉽지 않은 부분으로 단순히 자금을 많이 쓴다고 금방 해결되는 문제가 아니므로 상시 인력 풀 관리에 유의하자. 규모가 큰 스포츠 이벤트일수록 안전 문제가 중요하므로 적절한 인력 배치와 보험 가입 등도 유념해 두자.

외국의 경우 스포츠이벤트 경영학과나 이벤트, 스포츠 & 엔터테인먼트 경영학과 등 관련 전공 과정이 있지만 국내에서는 스포츠매니지먼트나 스포츠마케팅 안에서 포괄적으로 다룬다. 호남대학교의 스포츠레저이벤트개발전문인력 양성과정이나 《스포츠마케팅 쪼개기 실전편: 스포츠이벤트 운영》 같은 도서를 참고할 만하다.

KIG의 멀티 스포츠이벤트
'KI SPORTS FESTIVAL'

케이아이 스포츠 페스티벌(www.kisportsfestival.com)은 KIG(Korean International Group)의 브랜드 계열사로 2014년에 설립됐으며 스포츠 경기, 엑스포(박람회), 콘퍼런스, 부대행사 등이 결합된 멀티 스포츠이벤트 'KI SPORTS FESTIVAL'을 지속적으로 개최하고 있다. 보디빌딩 및 피트니스 대회인 나바코리아 부회장 출신인 권기철 대표가 KIG와 케이아이 스포츠 페스티벌을 이끌고 있다. KI SPORTS FESTIVAL은 한 공간에서 보디빌딩·피트니스, 크로스핏, 주짓수, 스트리트 워크아웃* 등 다채로운 경기와 부대행사를 즐길 수 있는 차별화된 종합 스포츠이벤트로 2017년에 첫선을 보인 뒤, 유럽의 바디파워나 미국의 아놀드 스포츠 페스티벌(아놀드 클래식) 못지않은 규모로 나아갈 전망이다. 서울, 대구 등 국내 개최 지역 및 횟수를 확대하고 있으며, 베트남에도 진출했다. 스포츠 캐주얼 멀티샵 'KIS'와 스포츠 에이전시 'KISA'도 브랜드 계열사로 함께 운영하고 있다.

---

* 스트리트 워크아웃(street workout)은 길거리에서도 접할 수 있는 철봉, 평행봉 등을 이용하여 맨몸으로 현란한 퍼포먼스를 겨루는 신생 스포츠로 국내에서 조금씩 인기를 모으고 있다.

참고사례

기업명	설립연도	주요 제품 · 서비스	홈페이지
HSCOM	1998	스포츠이벤트 행사대행, 응원용품, 전자상거래 등	www.hsevent.com
모로 스포츠마케팅 컴퍼니	2007	축구 매치 에이전트, 트레이닝캠프, 스포츠마케팅, 광고 및 중계권 판매 대행 등	www.morosports.com
로드FC	2010	종합격투기 대회 개최, 용품 판매, 스포테인먼트 등	http://roadfc.co.kr
에이펙스 커뮤니케이션즈	2011	스포츠이벤트, 치어리딩, 스포츠마케팅 및 프로모션 등	www.apexcom.co.kr
비카인드	2012	자선 모금, 슛포러브 캠페인 등	www.bekind.co.kr
EX 스포테인먼트	2012	골프 및 스포츠 전시회, 스포츠마케팅, 스포테인먼트 등	www.exspotainment.com
윤플래닝	2013	스포츠행사, 체육대회 · 단합대회, 각종 문화행사 기획 및 대행 등	www.yunplanning.com
커무브	2013	스포츠체험이벤트 좀비런, 스포츠콘텐츠 기획 및 제작 등	http://zombierun.co.kr
케이아이 스포츠 페스티벌	2014	스포츠이벤트, 엑스포, 콘퍼런스, 부대행사 등	www.kisportsfestival.com
엔젤스 파이팅	2016	자선 격투 스포츠이벤트 등	http://angels-fighting.com

나는 스포츠로 창업을 꿈꾼다

Interview 12

새로운 가치를 창조하는
'EX스포테인먼트'

스포츠 전시기획사_EX스포테인먼트, 류주한 대표

직장 생활로 창업의 발판을 마련하다

국내에서 열리는 대표적인 스포츠 박람회는 스포엑스(SPOEX)로 잘 알려진 서울국제스포츠레저산업전과 스포츠산업 구직자를 위한 '스포츠산업 잡페어'다. 주로 문화체육관광부, 국민체육진흥공단, 한국무역협회 등 공기관이 주최·주관하는 이벤트다. 민간 기업이 운영하는 박람회 중 가장 보편화된 스포츠는 골프라 할 수 있는데 이는 주로 한국경제신문, 매일경제, SBS골프 등 언론사가 주최해왔다. 이마저도 인구 유동성이 높은 수도권에 한정되어 있고 이외에 주목할 만한 스포츠 박람회는 찾아보기 어렵다.

이러한 의문에서 EX스포테인먼트 류주한 대표의 창업이 시작됐다. 그는 골프 박람회를 전국적으로 연중 주최하여 많은 아마추어 골퍼에게 골프 용품과 서비스를 접하는 기회를 제공하는 박람회를 기획했다. 이름을 '더골프쇼'로 통합 운영함으로써 스포츠이벤트의 브랜딩 효과도 극대화했다. 현재는 해마다 '더골프쇼 프리시즌'을 시작으로 부산, 울산, 대전, 광주 등 11개 지역에서 총 13차례를 꾸준히 개최하고 있다.

류주한 대표는 서른 살에 골프 관련 회사에 입사하면서 골프 전시 업무를 경험했다. 입사 전 대학에서는 사회체육학과를 졸업하고 체육교육학 석사를 수료하는 와중에 8년간 퍼스널 트레이너로 일했다. 언젠가 사업을 하겠다는 막연한 꿈을 가졌지만 할 수 있는 것이 헬스 분야밖에 없으니 시기상조였다. 마음을 바꿔 골프 회사에 들어가 실무를 배운 것이 터닝 포인트가 되었다.

"아르바이트로 시작한 퍼스널 트레이너였지만 오랜 기간 일하면서 운동도 하고 돈도 꽤 벌어서 편했어요. 하지만 사업을 하기에는 부족하다 느꼈고 다른 쪽으로 안목을 넓혀야겠다고 생각했어요. 그래서 트레이너 생활을 그만두고 100만 원 남짓의 월급을 받는 직장 생활을 시작했어요. 그런데 지금도 가장 잘한 선택이라고 생각해요. 직장 생활을 했던 3년이 지금의 저를 만들었거든요."

먼저 회사원이 되어 경력을 쌓은 뒤 창업하기로 계획했다. 당시 회사에서 맡은 업무는 골프 박람회 대행이었다. 이후 스포츠잡지사로 이직해 스포츠마케팅 업무를 맡았는데 역시나 대행업이 주였다. 3년간 이벤트 대행 업무를 하면서 직접 주최를 해도 되겠다는 확신이 들었다. 충분히 성공할 수 있는 일이라 생각했는데 회사에서는 지원해주지 않았다. 퇴사 그리고 창업을 결정한 계기였다. 2011년 말 퇴사후 EX스포테인먼트를 설립하고 '더골프쇼'를 기획하여 5월에 첫 포문을 열었다.

나는 스포츠로 창업을 꿈꾼다

통합 브랜드로 인지도를 높이다

처음부터 '더골프쇼'를 기획한 것은 아니었다. 계약 과정에서 주최사의 사정으로 대행을 맡으려던 골프 박람회에 문제가 생겼다. 위기는 곧 기회라고 했던가. 류주한 대표는 수포로 돌아갈 뻔한 행사를 국내 첫 통합 브랜드 골프 박람회 '더골프쇼'의 시초로 탈바꿈했다. 스포츠전시기획사로서 당당히 이름을 알림과 동시에 업체 관계자에게 두터운 신뢰를 얻었다.

"대행으로 계약하려던 행사가 어그러지면서 대행이 아니라 직접 해보라는 제의를 받았어요. 한 달의 준비 시간을 제안 받는데 행사를 준비하기엔 턱없이 부족해서 망설였어요. 하루만 시간을 달라고 한 뒤 생각해봤는데 아무것도 하지 않으면 일이 없는데 어쩌겠어요. 일단 해보자는 생각으로 덤볐어요. 우여곡절 끝에 직접 주최했는데 잘 마무리됐고 수익도 발생했어요. 업체 관계자가 '안 될 행사가 류주한이 하니까 되네'라고 말해주더라고요. 인정을 받으니 성취감이 아주 컸어요."

첫 박람회 이후 업체와의 신뢰를 최우선 가치로 삼았다. 행사가 잘되지 않을 때는 이해당사자들과의 신뢰도 무너지기 쉽다. 회사 이익만 생각하면 나가는 비용을 더 아끼고 적당히 행사를 치를 수도 있지만 얕은 신뢰로는 업계에서 오래 버틸 수 없다. 수익이 적어지더라도 참가업체를 위해 홍보만큼은 제대로 하겠다고 다짐했다.

'더골프쇼'라는 통합 브랜드 골프 박람회는 희소성만큼이나 빠르게 인지도를 높였다. 처음에는 '부산 골프쇼', '울산 골프쇼'와 같이 지역 명칭을 따서 이름을 붙이고 홈페이지도 따로 운영했다. 그러다보니 효율성이 떨어져 '더골프쇼'로 이름을 바꾸고 홈페이지도 통합 운영했다. 하나의 박람회 브랜드로 전국 투어를 하듯 광주, 창원, 대전, 대구 등 개최 지역만 바뀌니 박람회와 EX스포테인먼트를 홍보하기에도 훨씬 유용했다. 가수가 전국 순회공연을 하듯 일 년 내내 전국을 돌아다녔다. 많은 업체와 골프 팬이 참가했고 실적은 해를 거듭할수록 상승 곡선을 그렸다. 2012년부터 2016년까지 행사 규모와 매출은 매년 100% 이상 성장했다. 성공할 수 있다는 믿음은 그렇게 현실이 되었다.

고객의 니즈를 파악하라

신생 전시기획사가 자리를 잡기 위해서는 사업 고객이자 파트너 격인 참가업체, 후원사와의 관계가 중요하다. 이들 없이는 박람회를 열 수도 관람객들을 모을 수도 없다. '더골프쇼'가 짧은 시간에 자리잡을 수 있었던 비결은 이러한 고객들의 니즈를 충족하는 데 성공했기 때문이다. 박람회가 열리는 동안 틈틈이 참가업체를 찾아가 이야기를 나누고 관람객 상황을 살핀다. 박람회가 참가업체의 브랜드 홍보를 극대화하고, 업체에게 신규 고객을 확보하는 장이 되는 것이 류주한 대표의 바람이다.

"저는 배의 선장 같은 역할이에요. 리더십보다는 책임감, 솔선수범하는 모습을 보이려고 노력해요. 참가업체가 잘될 수 있게, 니즈를 충족할 수 있게 계속 고민해요. 기획사가 홍보를 잘못하면 업체에 타격이 크거든요. 그러니 피해 보는 분들이 없도록 항상 책임감을 갖고 일하죠. 직원들에게도 지시만 하지 않고 제가 나서서 하려고 하는 편이에요. 선장이라면 직접 배의 핸들을 잡아야 하지 않을까요?"

우리나라 골프 산업은 2010년대 들어 대중화되면서 남녀노소 가리지 않고 즐기는 레저스포츠가 되었다. 2015년 기준 우리나라 골프장 연간 내장객은 3,388만 명으로, 국내 골프장 산업의 규모는 4조 8,353억 원이다(레저백서, 2016). 이 같은 추세는 박람회에서도 확인할 수 있다. 특히, 여성의 참여가 늘어났고 젊은 관람객의 방문도 낯설지 않다.

EX스포테인먼트는 이러한 흐름에 맞춰 대중적인 프로모션을 끊임없이 기획한다. 참가업체와 관람객 모두의 만족을 높이기 위해서는 업체의 자랑만 늘어놓거나 단순 전시에 그쳐서는 안 된다. 업체마다 퍼팅 토너먼트, 스윙분석, 시착 및 시승 이벤트, 경품 이벤트 등 다양한 부대행사를 마련한다. 연초에는 아울렛 코너를 마련하고 이월 상품을 할인 판매하기도 한다.

EX스포테인먼트는 통합 브랜드 박람회의 인지도가 높아짐에 따라 '더골프쇼' 애플리케이션을 출시했다. EX스포테인먼트가 골프 업계에서 꾸준히 다져온 네트워크가 앱 출시로 반영된 셈이다. 이 앱에서는 골프 용품 특가정보, 전국 골프장 정보 및 예약, 행사 및 시즌별 정보뿐만 아니라 박람회 무료티켓도 제공한다. 또한 골프뉴스 및 동영상을 제공함으로써 국내 골프 산업의 활성화와 경쟁력 강화에 앞장서겠다는 계획이다. 이외에도 더골프쇼 홈페이지 내에서는 '더골프샵'을 별도 운영하여 골프 용품 구매에 대한 접근성을 높이고 있다.

도전이라는 첫걸음을 내딛어야 비로소 경험이 된다

골프 박람회 아이템으로 과감히 창업에 나선 배경에는 '나는 아직 젊다!'라는 도전정신이 있다. 새로운 것에 도전하는 것이 두렵게 느껴질 때면 스스로를 다독이며 자신감을 불어넣는다. 류주한 대표는 계약금 500만 원을 빌려서 창업에 뛰어들었고 서른 살에 골프 관련업을 시작한 지 10년 만에 리더의 자리에 올랐다. 누구도 가지 않는 길을 묵묵히 걸어간다는 점에서 무한한 동력을 얻는다. 그런 의미에서 창업은 충분히 도전해볼 만한 가치 있는 일이다.

"창업은 생각보다 대단하지 않아요. 사업자등록을 하면 그만이거든요. 젊은이라면 창업으로 끝까지 가겠다는 마음보다 일단 시작하는 게 중요해요. 일단 해본 것과 안 해본 것은 엄청난 차이가 있어요. 시작해 보면 관심이 절로 가게 되고 공부를 하게 되죠. 그러다보면 뭔가 눈에 보여요. 무언가를 해볼 기회가 있고 실패를 한다고 해도 젊었을 때 하는 것과 더 나이 들어 챙겨야 할 가족이 있을 때 하는 것은 또 다르고요. 창업을 하고 실패할지라도 나중에 취업을 하든 다른 일을 하든 분명히 좋은 경험이 될 거예요."

앞뒤 재지 않고 도전하는 것은 바람직하지 않다. 좋아하는 일과 할 수 있는 일 사이에는 분명 차이가 있다. 그 차이를 결정하는 데 도움이 되는 것이 경험이라는 자산이다. 도전은 경험을 통한 깨달음을 얻기 위해 첫걸음을 내딛는 것이다. 그런 의미에서 시도하는 것이 중요하다. 심리학자 알프레드 아들러는 '아무것도 하지 않으면 아무 일도 일어나지 않는다'고 말했다.

"일단 좋아하는 일을 해야 해요. 좋아서 하는 일이 아니면 사람이 수동적으로 살게 돼요. 무명의 화가나 시인이라 하더라도 자기만의 철학과 쾌락이 있으니 계속할 수 있지 않겠어요? 무엇보다 어떤 일이든 무조건 해봐야 알 수 있어요. 직접 해보기 전까지는 모르니까 해보고, 안 되는 건 과감히 버리고 또 다른 걸 시도하는 것이 중요해요. 저는 헬스트레이너 8년, 직장 생활에서의 경험이 있었기에 창업까지 할 수 있었어요. 특히 대학생 때 할 수 있는 경험은 더 많잖아요. 많이 공부하고 경험하면서 내가 좋아하는 것을 찾고 준비하는 데 1~2년이 늦어지는 건 중요하지 않아요. 계속 머릿속에 담아두는 건 궁상일 뿐이에요."

EX스포테인먼트는 전시 산업(exhibition)을 기반으로 스포츠마케팅, 엔터테인먼트, 매니지먼트를 동시에 창출한다는 의미를 담고 있다. 골프 이외의 스포츠 분야 박람회도 기획하면서 새로운 영역을 발견하고 새로운 가치를 추구할 계획이다. 이미 '2014 중국 칭다오 국제골프박람회'를 진행하며 국제무대에서의 가능성도 발견했다. 2018년 5월에는 광주에서 '더골프쇼'와 함께 '더레저쇼'를 개최하면서 캠핑·아웃도어, 익스트림 스포츠, 드론까지 폭넓게 다루며 스포츠 박람회의 선두 주자로 나아가고 있다.

전 세계 근로시간 2위의 대한민국이지만 여가 시간에 집에서 휴식만 취하기보다 밖에서 즐겁게 보내려는 욕구가 높아지고 있다. 스포츠산업에서도 관람형 스포츠를 넘어서 경기장 안팎을 구분하지 않고 직접 참가할 수 있는 체험형 스포츠에 대한 관심이 늘고 있다. 주말에는 등산이나 마라톤에 참가해 활력을 찾고 건강한 삶을 위해 헬스, 요가 등을 배우는 데 시간적·금전적 투자를 아끼지 않는다. 어떤 아이디어로 어떻게 접근하느냐에 따라 스포츠이벤트는 무궁무진하게 만들 수 있다. EX스포테인먼트의 비전처럼 '새로운 영역을 창조함으로써 새로운 가치를 창조'하는 자세가 필요하다.

"창업은 정말 많은 에너지를 쏟아부어야 합니다. 그 에너지가 분산되면 안 된다고 봅니다. 또 하나 중요한 점은 지나친 욕심은 금물입니다. 제가 사업 초기 몸은 하나인데 돈을 더 벌겠다고 후원사의 로고만 노출한 후 투자해 수익의 일부를 받는 행사를 몇 건 진행했었어요. 결국 투자금을 회수하지도 못하고 행사는 다 잘 안되었지요. 직접 하지 않으면서 욕심만 부려 영역을 확장하고 돈을 쉽게 더 벌려는 수를 쓰면 안 됩니다. 사업 초기에는 에너지가 절대 분산되지 않도록 주의하세요. 선택과 집중이 중요합니다."

START

04

**스포츠창업 트렌드
& 아이템**

2015년을 기준으로 스포츠산업을 영위하는 사업체 수는 93,350 개로 나타났으며, 전년도 대비 1,057개 업체가 증가하는 등 꾸준히 증가 추세에 있다. 업종별 비중은 스포츠용품업, 스포츠시설업, 스포츠서비스업 순으로 점유하고 있으며, 세분류로 보면 참여스포츠 시설운영업 31.4%, 운동 및 경기용품 소매업 29.1%, 스포츠 교육기관 23.9%가 상위를 차지한다. 전체 연간 매출액은 65조 1,450억 원으로 전년도 대비 3.2% 증가했으며, 종사자 수도 38만 3천 명으로 2.7% 증가했다. 국내 스포츠산업의 사업체 수와 매출이 증가 추세인 것은 반갑지만 스포츠시설업에 16만 1천 명이 종사한다는 것에 주목해야 한다. 이는 전체의 42.1%에 해당한다(2016 스포츠산업 실태조사).

　특정 업종에 사업자와 종사자가 몰려 있는 것은 바람직하지 않다. 레드오션을 야기하기 때문이다. 신분류(스포츠산업분류) 기준으로 전년 대비 증감률은 매출액이 3.2% 증가한 것으로 나타난 반면, 수출은 12%, 영업이익은 0.2% 감소한 것으로 나타났다. 스포츠산업을 영위하는 사업체가 증가하고 전체 매출액도 증가하였으나, 영업비용이 증가한 것은 경기침체의 영향도 있겠지만 업체 간 경쟁을 또 다른 원인으로 해석할 수 있다.

스포츠산업에서 기존의 방식으로 접근하기에는 한계가 있다. 특히, 스포츠 시장의 신규진입자라면 더욱 철저한 준비와 참신한 아이템 및 아이디어로 무장해야 한다. 스포츠창업의 가장 큰 장점은 다른 분야와 융·복합이 가능하다는 데 있다. 이는 스포츠산업의 독특한 성격에 따른 것이다. 기본적으로 스포츠산업은 복합적인 산업 구조를 가지며, 공간과 입지 중시형 산업에 속한다. 그리고 삶의 질 향상을 위한 여가활동의 증가와 함께 발전하는 시간소비형 산업으로 오락성을 중시하고 심신의 건강에 영향을 미친다.

이제 4차 산업혁명을 맞이하여 기존의 스포츠산업도 새롭게 바라봐야 한다. 4차 산업혁명이란 첨단 정보통신기술이 경제, 사회 전반적으로 융합하여 산업적으로도 혁신적인 변화가 일어나는 현상을 말한다. 이러한 상황 속에서 ICT를 스포츠와 접목한 다양한 비즈니스 모델이 등장했는데 드론축구, 스마트 라켓과 축구화 같은 스마트 장비도 대표적인 사례로 꼽을 수 있다. 그리고 빅데이터(big data), 업사이클링(up-cycling), O2O(on-line to off-line), 사물인터넷(IoT, Internet of Things) 등을 활용한 창업은 스포츠 분야 뿐 아니라 일반 창업에서도 두드러지는 경향이다.

문화체육관광부와 국민체육진흥공단에서 주최한 스포츠산업 창업 올림피아드를 통해 가능성을 인정받은 아이템을 살펴보면 최신 경향과 함께 향후 활용할 만한 이색 아이디어를 얻을 수 있다. 예를 들어, '헬스장 먹튀방지' 애플리케이션이나 음성기능으로 운동 횟수를 알려주는 운동기구, 스포츠투어·스포츠통합 플랫폼, IoT를 활용한 헬스장 서비스, 중고 축구화를 활용한 업사이클링 제품 등이다. 그 외 창업을 고려할 만한 분야로 스포츠시설, 스포츠체험, 스포츠교육, 스포츠관광, 스포츠구단 등이 있다.

스포츠시설 분야는 고가의 시설과 공간 기반의 업종이라 비교적 초기 필요 자금의 규모가 큰 편이며, 전국적으로 스포츠시설업 종사자가 가장 많듯이 경쟁이 치열한 편이다. 하지만 그만큼 인력 수급에 유리한 편이며, 투자 유치와 공동창업 등으로 스포츠시설업 창업도 충분히 고려할 수 있다. 최근에는 대형유통점 옥상에 풋살장을 지어서 운영하는 형태의 스포츠시설 창업 사례가 특기할 만하다.

스포츠시설 분야에는 스포츠와 가상현실 기술이 결합된 스크린스포츠인 스크린골프장이나 스크린야구장, 스크린승마장, 스크린사격장, 스크린볼링장도 해당된다. 2000년대 초반부터 시작된 스크린골프장의 경우 2017년까지 시장규모가 약 3조 원대에 달할 정도로 활성화되었다. 골프존이나 리얼야구존, 레전드야구존, 타겟존 등은 이미 스크린 스포츠 프랜차이즈 업체로 이름을 알렸다. 양궁, 당구처럼 실내에서 스포츠체험을 할 수 있는 인도어 스포츠 아이템도 인기를 끌고 있다. 2017년 국내 최초의 프리미엄 프랜차이즈 당구장 '작당'으로 창업한 올댓메이커는 당구장 인식 전환 및 창업문화 조성에 앞장서고 있다.

스포츠체험 분야는 아웃도어 시장만 해도 2006년 기준으로 1.2조 원 규모였으나 2014년에는 7조 4,659억 원으로 성장했다(삼성패션연구소, 2015). 여가시간 증대와 재미 추구, 건강에 대한 관심이 커지면서 등산 및 캠핑을 포함한 스포츠체험 활동에 참여하는 인구가 늘어난 까닭이다. 이에 프렌트립, 엑스크루, 위드플레이어, 플레이콕, 레드블루 등은 스포츠플랫폼의 역할을 통해 다양한 스포츠체험이 가능하도록 돕는다. 또한 프라이빗 홈트레이닝 서비스인 '후케어스'를 선보인 잇다와 같이 스포츠체험 활동에 나서기 어려운 고객으로 대상으로 찾아가는 맞춤형 운동관리 서비스를 제공하는 스타트업도 나타났다.

스포츠교육 분야는 유·청소년을 대상으로 스포츠 관련 실기 지도를 해주는 형태와 이론 교육을 직간접적으로 돕는 형태가 주를 이룬다. 스포츠에 관한 교육을 하는 산업활동을 스포츠교육기관업이라고 한다.

아이엠스포테인은 부산시 초·중등학교에서 방과후, 특기적성, 동아리 위탁운영을 맡아서 다양한 스포츠교육 활동을 펼치고 있다. 아이풀, TSTC 스포츠, 플레인에듀, 트니트니 등은 어린아이를 대상으로 한 스포츠교육 업체다.

아이풀은 유소년 스포츠전문 교육기관으로 전국 최대 규모의 어린이 전문 수영센터를 운영하고 있고, TSTC 스포츠는 유아동 스포츠 교육 콘텐츠인 재미니(GEMINI)를 통해 브레인스포츠를 알리는 데 앞장서고 있다.

BEC영국교육원(영국에듀)은 영국 스포츠 전문가 유학 컨설팅, EPL 축구 캠프 운영 등을 전문적으로 한다. 레플 커뮤니케이션은 교육·컨설팅, 스포츠마케팅, 콘텐츠 제작 업체로 스포츠취업진로아카데미를 운영한 바 있으며, 아이엠루키는 스포츠마케팅 교육과정을 운영하기도 했다.

창업 아이템으로서 스포츠체험 및 스포츠교육은 연관성이 많은 분야이며, 아직 수익성이 높지 않은 특징이 있다. 수익성보다는 사회공헌 및 복지 측면에서 접근하는 사회적기업 형태의 창업이 한축을 이룬다. 크레이지풋볼, 휴브, 한국스포츠컨설팅협회, 한국재활승마교육센터 등이 대표적이다.

크레이지풋볼은 취약 계층을 대상으로 스포츠교육 사회복지 활동 및 청년 취업난 해소를 목표로 한다. 휴브는 다양한 연령층을 대상으로 스포츠 놀이와 움직임을 장려하는 프로그램을 운영한다. 그를 통해 스포츠체험 기회를 제공하는 것이다. 향후 대부분 적자로 운영되는 지역별 공공체육·스포츠시설을 공익적 성격을 띠는 스포츠 사회적기업에 위탁운영을 맡긴다면 수익성 증대와 스포츠 사회적기업 활성화에도 도움이 될 것이라는 전문가 의견도 주목할 필요가 있다.

스포츠관광 분야도 각광받고 있다. 업종상으로 스포츠여행업은 국내외를 여행하는 관광객을 대상으로 스포츠 여행관련 시설이용의 알선, 여행에 관한 안내 및 계약체결의 대리, 기타 여행의 편의를 제공하는 산업 활동이다. 국내에서 여러 메가스포츠이벤트를 개최함에 따라 외국인 관광객 유입, 일명 인바운드(inbound)에 따른 경제효과를 경험했다. 또한 국내 관광인구 증가에 따른 스포츠관광업의 가능성도 확인하였다. 그에 따라 지역별로 보유한 스포츠자원과 관광자원을 결합한 스포츠관광 콘텐츠 발굴 및 사업화가 활발하게 이뤄지고 있다.

점차 스포츠를 즐기는 문화가 형성되면서 아웃바운드(outbound) 수요도 늘어났다. 프로농구 팀이나 프로야구 팀의 해외전지훈련에 동행하여 투어 프로그램을 즐길 수 있는 여행상품이 출시되었고, 프로축구 팀의 해외원정경기 관람과 관광을 겸한 패지지 상품이 나오기도 했다. 투어일레븐, 스포투어 에이전시, 글로벌 스포츠투어 등이 스포츠관광 분야에서 인지도를 쌓은 대표적인 업체다.

스포츠구단은 일반적인 창업으로 접근하기 어렵다. 엄청난 창단 및 운영비가 들지만 수익을 장담할 수 없다. 이 때문에 스포츠구단의 경우 대기업이나 지자체에서 운영한다. 과거 국내 최초의 독립야구단인 고양원더스를 개인이 창단한 사례도 있지만 결국 오랫동안 지속되지 못했다. 그럼에도 전혀 불가능한 영역으로 단정 지을 수는 없다. 2015년에 두 번째 독립야구단인 연천 미라클 독립야구단이 모습을 드러냈기 때문이다. 연천미라클야구단을 통해 구단을 운영하며, 김

인식 감독이 대표이사를 겸하고 있다. FC바르셀로나처럼 여러 사람이 힘을 합쳐 스포츠구단을 만들고 운영하는 사례도 참고할 만하다.

또 국내 최초의 스포츠형 협동조합인 스포츠제이의 경우 유소년 스포츠클럽과 유소년전용스포츠센터를 비롯하여 프로풋살구단인 드림허브 군산 FS를 사회적 협동조합으로 운영하고 있다. K3리그에 참가하고 있는 부산FC 역시 사회적 협동조합으로 창단하여 새로운 가능성을 알렸다. 그 외에도 부천FC 사회적 협동조합, 서울유나이티드 스포츠협동조합, 청주CITY FC 사회적 협동조합 등이 존재하며, 협동조합으로 프로야구단을 설립하려는 시도가 이뤄지기도 했다.

이처럼 생각보다 많은 종류의 스포츠창업 아이템이 있으며, 마음만 먹으면 스포츠창업을 실행하기는 쉽다. 하지만 지속적으로 창업을 발전시키며 소비자의 호응을 이끌어내는 것이 훨씬 어려운 현실을 직시해야 한다. 특히나 스포츠창업은 이제 막 활성화되는 추세라서 일반 창업보다 예측불허의 위험 요소가 있는 측면도 있다. 또한 다른 업종과 달리 소비자가 스포츠 이용자로 한정되는 경우도 있으므로 남다른 준비가 필요하다. 한편으로는 스포츠 이용자가 소비자인 점은 분명한 접근 방안을 제시해주기도 한다.

일단 스포츠창업을 위해서는 창업자 스스로 스포츠 이용자가 되어야 한다. 당연한 말이지만 그래야 소비자의 생각을 이해할 수 있기 때문이다. 스포츠를 향한 애정이 있으면 마치 마라톤과 같은 창업이 힘들게만 느껴지지 않을 것이다. 운동선수들이 우승을 이루기 위해 오랜 시간 공들여 훈련에 임하듯이 창업도 단기간에 큰 성공을 거두길 바라서는 곤란하다.

자기 팀의 경기력을 향상시키기 위해 특별한 스포츠음료인 게토레이를 연구개발한 로버트 케이드나 미식축구선수 출신으로 언더 아머를 창업한 케빈 플랭크처럼 자기 분야에서 어느 정도의 전문성이 필요하다. 설령 아르바이트나 인턴십일지라도 다양한 경험을 쌓을수록 창업 과정에 도움이 된다. 시장을 전체적으로 보는 눈과 감은 단순히 정보 검색이나 지식만으로 터득하기 어려운 부분이다. 직접 부딪혀보고 느낀 경험이 창업에서도 유용하다. 물론 시장조사나 선배 창업자의 조언도 도외시할 수는 없다.

창업자가 직접 전문성을 갖추면서 외부에서 정보를 습득하는 것이 가장 바람직하다. 조금만 눈을 돌려보면 프로구단과 관련한 아르바이트나 명예기자 활동을 얼마든지 경험할 수 있다. 직접 스포츠 현장에서 향후 고객이 될 여러 스포츠 팬을 만나보자. 예비창업자가 생각하고 있는 창업 아이템에 더욱 구체적이고 도움이 되는 아이디어를 제공할 것이다.

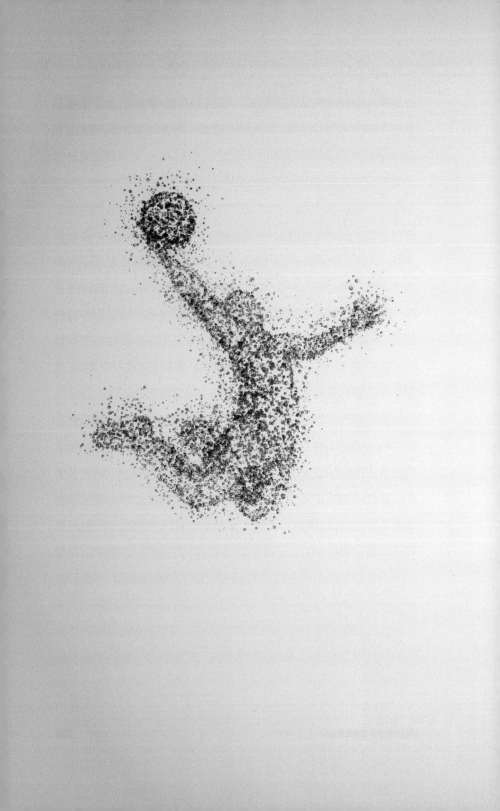

START
05
스포츠창업 지원기관 & 프로그램

스포츠창업 지원기관

문화체육관광부 & 국민체육진흥공단

문화체육관광부와 국민체육진흥공단 한국스포츠개발원은 2016년 6월 스포츠기업의 크라우드펀딩(crowd funding) 이해도 향상 및 스포츠산업 분야 투자 확대를 위해 '스포츠산업 분야 대중투자(크라우드펀딩)' 설명회를 개최했다. 자금 조달이 필요한 스포츠기업과 초기 창업자를 주 대상으로 설명회를 진행했다. 또 문화체육관광부는 산업체 비중 등 지역 산업 기반을 고려한 스포츠 전문 인력 양성을 통해 지역별로 우위에 있거나 유망한 스포츠산업을 육성하는 '스포츠산업 전문인력 양성사업'을 시행하고 있다. 각 지자체와 연계하여 지역에 특성화된 스포츠산업 전문인력 양성사업을 운영 중이다.

나는 스포츠로 창업을 꿈꾼다

● **스포츠산업 전문인력 양성사업 시행 대학교**

　단국대학교 (청년창업CEO전문가과정/스포츠행정전문가과정/스포츠마케팅전문인력양성과

　　정/스포츠관광전문인력양성과정)

　동명대학교 (프로스포츠산업전문가양성과정/해양스포츠산업전문가양성과정/스포츠마케팅전

　　문가과정/피트니스산업전문가과정)

　호남대학교 (스포츠시설경영전문인력과정/스포츠레저이벤트개발전문인력과정)

　순천대학교 (지역스포츠산업창업전문가과정/지역특화산업과접목한스포츠산업관광전문가과정)

　백석대학교 (스포츠마케팅과정/스포츠관광과정)

　또 문화체육관광부와 국민체육진흥공단은 스포츠창업을 통한 일자리 창출에 기여할 '스포츠산업창업지원 지역센터'를 선정하여 지원하고 있다. 국민체육진흥공단은 '2016년 스포츠산업 스타트업 데모데이*'를 개최하여 스포츠산업 스타트업의 새로운 비즈니스모델 및 제품 공개에 따른 우수 스타트업 발굴 및 투자 유치 기회를 제공하였다. 국민체육진흥공단이 운영하는 스포츠산업창업지원 웹 사이트 (http://spois.kspo.or.kr/start)와 스포츠산업 지원정책 가이드북 같은 정보자료는 수시로 확인해야 한다.

---

* 　데모데이(demoday)는 신생 창업체가 개발한 초기 상품이나 사업모델 등을 투자자에게 공개하고 투자를
　유치하는 행사를 의미한다.

스포츠산업일자리(창업)지원센터

　2014년 6월 문화체육관광부와 국민체육진흥공단, 한국스포츠개발원은 스포츠 분야의 일자리 창출과 새로운 스포츠 시장을 만들기 위해 스포츠창업을 지원하는 스포츠산업일자리(창업)지원센터를 모집하였다. 신청 자격은 '고등교육법'에 따른 대학 또는 전문대학이거나 국공립 연구기관 또는 민간교육기관 혹은 '특정연구기관 육성법'에 따른 특정연구기관으로 교육시설, 전담관리 인력보유, 강사 및 멘토 확보 등 교육기반을 보유한 단체여야 했다. 2014년 총 3개 권역에서 대표 센터가 선정되었는데 제1권역(서울, 인천, 경기, 강원) 경희대학교, 제2권역(대전, 충청남북도, 광주, 전라남북도) 조선대학교, 제3권역(부산, 대구, 경상남북도, 제주) 계명대학교였다. 2015년에는 부경대학교가 스포츠산업일자리(창업)지원센터를 개소했으며 경희대학교와 조선대학교가 운영했다. 각 스포츠산업일자리(창업)지원센터는 기업가 역량교육 및 창업교육 같은 집합교육과 전문가 컨설팅, 창업 멘토링 및 현장실습, 스포츠산업 세미나 및 워크숍을 함께 운영하는 점이 특징이다. 참가자의 교육비는 국민체육진흥공단의 체육진흥기금 지원으로 무료다. 스포츠 관련 창업을 준비하는 예비창업자 및 창업 1년 미만 초기기업 경영자를 대상으로 하며 스포츠기업의 창업준비자, 대학 및 교강사, 졸업예정자 및 불완전 고용 스포츠인, 스포츠 관련 창업을 희망하는 일반인 등이 참여하고 있다. 그동안 스포츠산업일자리(창업)지원센터를 통해 스포츠산업 관련 14개 사가 창업했고, 지식재산권 46건을 출원하는 성과를 거뒀다. 2017년부터는 이전보다 확대된 스포츠산업창업지원 지역센터 6개소를 선정하였다. 센터가 없는 지역에서는 스포츠창업에 대한 교육과 지원을 받기 어려운 환경이었기 때문이다. 5개 대학교(국민대학교, 대구대학교, 인천대학교, 조선대학교, 한남대학교)와 민간 벤처창업 육성기관(액셀러레이터)인 헤브론스타벤처스가 지역센터를 운영한다. 지역센터는 예비창업자 및 3년 미만 스타트업을 대상으로 교육생을 선발하고, 집합 이론 교육과 멘토링, 현장실습 등 4개월 동안 대상자별 맞춤형 교육프로그램을 제공한다. 또한 교육생 중 우수 팀을 선발해 2천만 원부터 3천만 원까지의 범위 내에서 창업보육비를 지원한다. 그 외에 창업 공간과 컨설팅, 네트워크 구축 및 투자유치 등의 창업보육 프로그램을 제공한다.

대구테크노파크 스포츠융복합산업지원센터

문화체육관광부와 국민체육진흥공단 한국스포츠개발원에서 2015년 ICT융복합 스포츠산업 육성을 통한 지역의 신성장 동력 및 새로운 일자리 창출을 위해 시행한 '지역 융복합 스포츠산업 거점육성사업'에 대구테크노파크가 주관기관으로 선정되었다. 2019년까지 490억 원의 사업비가 투입되며, 협력기관으로는 대구경북디자인센터와 계명대학교 산학협력단이 참여했다. 사업의 주요 내용은 스포츠와 ICT분야에 특화된 스포츠융복합 사업(스포츠에 ICT 웨어러블/첨단시스템/융합콘텐츠를 접목하거나 전통적인 스포츠용품 및 제조 분야) 개발지원, 스포츠 산업분야 창업 및 일자리 발굴지원, 융자상담, 지자체 협력 등 주요 기능을 수행할 스포츠융복합산업지원본부 구축 및 지역 클러스터를 조성하는 활동을 하고 있다. 초기 스포츠융복합산업지원본부 체제에서 SID(Sports Industrial city Daegu) 2015와 스포츠 문화산업 비전보고대회를 개최했으며, 2016년 8월 스포츠융복합산업지원센터(www.scic.or.kr)로 전환했다. 실질적으로 대구, 경북 소재 스포츠 및 스포츠ICT 융복합 관련 예비창업자 및 창업초기기업을 대상으로 실생활테스트베드, 전략제품화 및 사업화, 디자인 개발 및 시제품제작, 시장진출 등을 지원하며, 스포츠창업 액셀러레이터 역할을 총괄한다. 2017년 6월 기준으로 회원기업 247개 사, 수혜기업 86개 사가 스포츠융복합산업지원센터와 함께하고 있다. 참고로 대구경북디자인센터에서는 스포츠디자인개발지원(ICT융복합제품디자인개발지원) 사업을 운영하고 있다. 2018년 대구테크노파크 스포츠융복합산업지원센터는 전국 최초로 스포츠창업 전문 창의공간인 '메이커스 랩(Makers-Lab)'을 열었다.

충남대학교 스포츠융복합창업육성사업단

2017년 8월 대전시가 문화체육관광부와 국민체육진흥공단이 주관한 '지역 융복합 스포츠산업 거점 육성사업'에 선정되었다. 그에 따라 ICT 융복합 스포츠산업 육성을 위해 2020년까지 4년 간 국비 94

나는 스포츠로 창업을 꿈꾼다

억 원 등 145억 원이 투입되는 사업에 대전시를 중심으로 충남대학
교, 대전테크노파크, 대덕이노폴리스벤처연합회 등이 참여하고 있다.
특히, 충남대학교 스포츠융복합창업육성사업단은 4년 간 약 22억 원
을 지원받아 체육인, 은퇴 선수, 일반인을 대상으로 스포레이터(스포츠
액셀러레이터) 육성 및 스포츠창업 인프라 구축에 나서고 있다. 2017년
11월에는 '스포츠융복합 창업 토크콘서트'를 개최하여 스포츠 아이
디어 발굴 특강 및 스포츠창업 아이디어 대회, 지원사업 소개와 함께
교육안내, 참가자 모집을 진행했다. 이후 31명의 1기 수료생을 배출
했으며, 창업가 발굴육성 교육 및 멘토링(스포츠 창업코칭 '스포츠119'), 스
포츠융복합 창업특허캠프, 국내외 박람회 참관 및 아이디어 대회 등
다채로운 프로그램으로 지역 스포츠산업의 기반조성사업을 계획하고
있다.

계명대학교 스포츠산업육성사업단 – ICT 융·복합 창업보육

대구테크노파크가 주관하고 계명대학교 스포츠산업육성사업단
과 대구경북디자인센터가 협력기관으로 함께 문화체육관광부 공모
사업에서 선정되어 '지역 융복합 스포츠산업 거점육성사업'을 운영한
다. 세 기관은 2015년에 한국스포츠산업협회와 '스포츠ICT·콘텐츠
융합 미니잡페어', '스포츠디자인·신소재 융합 미니잡페어'를 개최하
기도 했다. 계명대학교 스포츠산업육성사업단의 지원 분야는 스포츠

산업과 방송, 메카트로닉스, 콘텐츠, 섬유, 의료, IT, 신소재 등 ICT분야를 융·복합하여 아이디어를 사업화로 실현할 창업교육(일반/기획/청년·대학생), 재직자의 역량강화 교육을 통해서 새로운 사업모델을 찾고자 하는 스포츠산업 또는 ICT산업 분야의 재직자교육, 스포츠산업과 ICT융복합 산업의 전문적 역량습득으로 전문가가 되고자 하는 인재양성 등이다. 창업지원 프로그램 참가자는 스포츠산업과 ICT산업 및 창업에 필요한 전공과목 강의와 멘토링, 컨설팅, 현장실습, 세미나, 캠프 등을 통하여 전문적인 사업계획서 작성법과 투자유치 설득법 등의 교육을 받는다. 또 창업보육 및 사업화지원 참가자 전원 국비와 교비로 교육비를 전액 지원하며, 우수한 창업아이디어를 가진 교육생에게는 창업지원금을 지급한다. 계명대 스포츠산업육성사업단은 2016년 8월 대구무역회관에 스포츠산업 창업보육지원공간을 마련하고 2015년 창업교육 우수발표자 및 스포츠ICT융복합 분야의 우수한 사업아이템을 보유한 창업기업을 입주기업으로 선정하였다.

스포츠창업 이벤트 & 프로그램

스포츠산업 창업 올림피아드

2014년 10월 문화체육관광부가 주최하고 국민체육진흥공단, 한국스포츠개발원과 한국경제신문이 주관한 '스포츠산업 창업 올림피아드'는 대학생뿐 아니라 일반인도 참여 가능한 스포츠산업 창업 아이디어 공모전이다. 스포츠 분야 창업에 대한 관심도를 높이고 일자리 창출에 기여하기 위해 매년 개최한다. 공모 주제는 스포츠산업 창업과 관련한 전 분야다. 사업계획서 평가 후 최종평가(PT발표) 직전에 창업캠프가 운영되기도 했다. 수상자에게는 상금이 함께 시상되며, 대상 및 최우수상 입상자에게는 차기년도에 창업을 위하여 스포츠산업 창업지원센터에서 진행하는 보육지원의 특전이 주어진다. 2017년 열린 제4회 스포츠산업 창업 올림피아드에서는 3D프린팅을 활용한 맞춤형 스포츠깔창을 내놓은 이즈굿이 대상을 받았으며, IoT 사물인터넷기술로 피칭속도와 비거리를 즉시 보여주는 피처에이드(IoT 센싱장치)와 암환자통합체력관리플랫폼인 유티인프라가 최우수작으로 선정되었다. 우수상에는 전기스케이트보드 및 킥보드인 매드퓨처, 스포츠온열마사지스틱, 스포츠공간공유정보서비스인 제이토드 등이 이름을 올렸다.

스포츠산업 창업 잡콘서트

　제1회 스포츠산업 창업 잡콘서트는 스포츠산업 일자리와 창업 정보를 공유함으로써 도전의식과 동기부여를 고취하기 위해 마련되었다. 1차는 2014년 11월 대구(계명대학교)에서, 2차는 12월 서울(한국경제신문사 다산홀)에서 열렸다. 각 차별로 4인의 특강을 진행했다. 한화그룹 글로벌 스포츠마케팅부, 눔코리아, 넥센히어로즈, 원앤원, 알룩스포츠, 스포티즌, 제일기획 마케팅 그룹, 골프존의 대표자 혹은 임원이 강연자로 나섰다. 이듬해는 더욱 확대된 규모로 스포츠산업 전문인력 양성사업단이나 스포츠산업일자리(창업)지원센터가 설치된 대학교를 순회하며 2015~2016 스포츠산업 창업 & 잡 토크콘서트 시리즈를 개최한 바 있다. 2017년 2월에는 코엑스에서 '스포츠산업 전문가 토크콘서트'를 개최하였으며, 스포츠 분야 창업자들이 스포츠산업펀드, 투자유치 및 사업추진 전략, 액셀러레이터* 운영현황, 스포츠산업분야 신규시장에 관해 발표했다. 2017 스포츠산업 창업 잡콘서트의 경우 한남대학교, 대구대학교, 원광대학교, 강원대학교, 단국대학교, 국민대학교 등을 순회하며 많은 예비 취·창업자에게 호평을 받았다.

---

*　액셀러레이터(accelerator)는 창업지원 및 보육 역량을 갖춘 비영리 법인이나 창업 촉진을 위해 법률로 등록 혹은 지정된 창업 육성·지원 업체를 뜻한다.

스포츠산업 잡페어

    2011년부터 문화체육관광부가 주최하고 국민체육진흥공단, 한국스포츠개발원이 주관하는 스포츠산업 잡페어가 매년 열려 스포츠산업 관련 분야에 취업을 희망하는 구직자에게 만남의 장을 제공하고 있다. 기본적으로 스포츠산업 잡페어는 스포츠산업 분야의 구직자 및 우수 인력이 취업정보나 직접적인 취업 기회를 획득하도록 돕는 성격이 강하다. 초기에는 스포츠산업 분야의 구인·구직에 초점이 맞춰졌다면 현재는 스포츠산업계 간 교류와 미디어, 관광, 의료 등 다른 산업과 연계한 스포츠 융·복합형 산업을 소개하는 기회의 장으로도 범위가 넓어졌다. 특히, 스포츠산업 창업관과 스포츠산업 창업 올림피아드 아이디어 공모전 투표 특별전시회, 창업특강을 마련하는 등 스포츠창업 관련 비중을 높이고 있다. 2016년 9월에 개최한 스포츠산업 잡페어에는 56개 사가 참가했으며, 15,000여 명이 방문했다. 채용관 외에도 스포츠산업 일자리창업지원관, 잡콘서트와 멘토링관을 통해 여러 스포츠 스타트업을 만날 수 있었다. '스포츠산업 토크콘서트, 이제는 창업이다!'는 스포츠창업지원센터 인큐베이팅 창업기업과 UTC 인베스트 스포츠산업펀드 창업기업이 참가했다. 멘토링관에서는 스포츠마케팅 스타트업인 왁티 등이 참가했다. 2017년 스포츠산업 잡페어에서는 스타트업 지원관을 운영했으며, 스포츠산업창업지원 지역센터로 선정된 6개 센터와 블루안컨설팅, 벤처스퀘어 등이 예비창업자를 맞이했다.

스포츠산업⒳포럼

2007년 6월부터 문화체육관광부와 국민체육진흥공단이 주최하고 한국스포츠산업협회(구 한국스포츠산업진흥협회)의 주관으로 여는 스포츠산업⒳포럼은 그동안 스포츠마케팅 및 에이전트, 스포츠융복합산업, 스포츠벤처 및 창업, 스포츠 한류, 빅데이터와 스포츠산업, IoT와 스포츠산업, 스포츠와 디자인 등 시의성 높은 주제를 선정하여 다양한 전문가의 의견을 모아왔다. 비교적 최근에 스포츠창업과 관련해서 다룬 주제는 '스포츠벤처 창업과 새로운 직업(67회)', '벤처투자 규모 1조 3천억 원 스포츠벤처기업은 왜 없을까?(78회)', '스포츠산업의 판을 바꾸는 스포츠 스타트업 육성 방안(104회)' 등이다. 2017년 제111회부터 스포츠산업⒳포럼은 한국스포츠산업협회가 주최하며, '스포츠비즈니스 네트워크'로 열리고 있다.

롯데자이언츠 & 부산광역시 청년창업지원 – 식음료 매장 부문

2016년 롯데자이언츠는 부산광역시와 공동으로 '사직야구장 식음료 매장 부문 우수 아이템 공모'를 통하여 청년창업지원 대상을 선정했다. 첫 선정된 업체는 핫도그 브라더스(더브라더스)와 바오네 글러브번이다. 국내 프로야구단 중 최초로 청년창업지원 제도를 도입한 의미와 함께 야구장 내 식음료 부문의 창업 아이템에 초점을 맞춘 게

나는 스포츠로 창업을 꿈꾼다

독특하다. 2017년에는 제2기 청년창업지원 업체로 자이언츠 프라이즈와 닭치고 홈런이 선정되었다. 롯데자이언츠와 부산시가 함께 진행하는 청년창업지원사업의 지원 자격은 만 18세 이상 만 39세 이하인 부산광역시민이며, 우수 창업 아이템으로 선정되면 인증서 수여 및 사직야구장 내 청년창업 공간(식음료 매장)을 최장 1년 동안 무상으로 지원받는다. 매장 조성 공사비용은 구단에서 부담한다.

경기도 & 경기도수원월드컵경기장관리재단 스포츠산-UP 창조오디션

2016년 경기도와 경기도수원월드컵경기장관리재단은 스포츠산업 분야의 스타트업 육성을 위해 공동 주최로 '제1회 스포츠산-UP 창조오디션 - Go Run(Learn)'을 개최했다. 스포츠산업 창업에 관심 있는 사람이라면 누구나 참가 가능했으며, 경기도수원월드컵경기장에서 오디션처럼 예선, 본선, 결선을 거쳐 심사가 이뤄졌다. 결선에서는 공개오디션 형태로 전문 심사위원과 청중평가단이 함께 심사에 참여했다. 1등 1천만 원(1팀), 2등 5백만 원(1팀), 3등 각 2백만 원(3팀)의 창업지원금과 상패를 수여했고, 결선에 진출한 10팀(엑스팀오션, 마이플레이캠, show me the 공방, 제이이랩, 휴텍스, 스포펀딩, 쩍컴퍼니, kplus, 베슬로, 플랜비)에게는 창업지원시설 입주 및 창업교육, 판로개척 등의 기회를 제공하였다. 첫 대상작은 엑스팀오션의 탈부착형 수상레저기구 제트추진장치다. 결선 진출 팀 중 창업 공간 지원을 희망한 6개 팀은 수원월드컵경기장 내 청년창업지원센터에 창업 공간을 지원받았다. 2017년에도 제2회 스포츠산-UP 창조오디션을 개최하여 창업 아이디어 공모, 창업교육지원 캠프, START-UP 창조오디션의 단계로 프로그램을 진행하였다. 공모하는 스포츠산업 창업 아이디어는 자유 주제이며, 본선(START-UP 창조오디션)의 세부 주제는 'START-UP Bridge; The Sports Industry(스포츠산업의 시작과 발전 생태계 조성)'이었다.

경기도체육회 & NEXT 경기 스타트업 콜라보레이션 - 체육·스포츠 분야

'NEXT 경기 스타트업 콜라보레이션'은 경기도 산하 공공기관이 각 분야의 창업자에게 기술 및 노하우, 정보, 자금 등을 지원한 사업이다. 2016년 4월에 첫 시행되었으며 경기도체육회, 경기콘텐츠진흥원, 경기관광공사, 경기농림진흥재단, 경기중소기업종합지원센터 등 경기도 산하 8개 기관이 121명의 창업자를 배출했다. 경기도체육회는 스포츠산업분야 기술기반형 창업지원의 일환으로 에스빌드 R&D(풋살장 등 스포츠시설 직영), 몸선생(개인트레이닝 애플리케이션), 메가메드(콜드 테라피밴드 GMI), 휴먼브릿지(좌식 스텝운동 페달기구 풋피트) 등의 업체와 연계하여 창업 활동을 도왔다. NEXT 경기 스타트업 콜라보레이션에 선발된 예비창업자 및 경기도 소재 3년 이내 초기기업에는 최대 2,500만 원 이내에서 아이템개발비, 기술정보활동비, 마케팅비, 창업교육 및 멘토링, 컨설팅 등을 제공하였다. 또한 특례보증 기회와 데모데이를 통하여 투자연계를 지원했다.

순천대학교 스포츠산업 창업전문가 과정

순천대학교 스포츠산업인력양성사업단(http://sportsindustry. sunchon.ac.kr)과 순천시는 2014년 문화체육관광부가 지원하는 '스포츠산업 전문인력 양성사업'을 통해 2018년까지 스포츠산업 창업전문가 과정과 스포츠산업 관광전문가 과정을 운영한다. 기본적인 스포츠산업창업 이론 교육과 실무 및 현장실습으로 이뤄진다. 그 과정에서 스포츠창업경영세미나, 모의창업 공모전, 콘퍼런스 등이 개최된다. 또 KIA 타이거즈 등 스포츠구단을 활용한 창업현장체험(광주광역시), 스포츠창업 프로그램 체험 및 견학(제주도), 스포츠창업 시설 현장견학(여수, 광양, 순천), 해양스포츠창업 시설 탐방(통영, 부산) 등 지역밀착형 현장실습 프로그램을 운영한다. 대상은 예비창업자나 취업준비생, 일반인으로 2개월간 주 1~2회(수요일 야간 및 토요일) 교육을 진행하며, 우수참가자에게는 스키캠프, 인턴실습비 등 개인당 2백만 원 상당을 지원한다. 2017년에는 지역 에코스포츠산업 창업전문가 과정을 개설하여 지역 에코스포츠산업 현황, 에코스포츠상품 기획 공모전, 에코스포츠창업 시설 견학, 에코 & 힐링 관광과 스포츠연계 방안 등의 내용으로 에코스포츠산업에 대한 이해를 도왔다.

스포츠 스타트업 D.PARTY

은행권청년창업재단이 운영하는 디캠프에서 2016년 8월 리우 올림픽 시즌에 맞춰 '스포츠 스타트업 D.PARTY'를 개최했다. 디캠프는 창업 지원기관으로서 매월 산업별 네트워킹 행사인 디파티를 개최한다. 스포츠 스타트업 디파티에서는 스포츠 스타트업 및 관계기업, 투자사, 미디어, 대학생, 스포츠 팬 등 다양한 사람이 함께했다. 총 4개의 세션으로 행사가 진행됐으며, 각 세션은 스포츠플랫폼과 마케팅, 스포츠 데이터 활용과 영상 기술, 스포츠 팬과 생활체육인들을 위한 서비스, 스포츠 스타트업의 다양한 스펙트럼으로 구성되었다. 이날 참가한 스포츠 스타트업으로는 브라더, 브리온스포츠그룹, 왁티, 브리즈벨리, 스트리트랩, 마이플레이캠, 위드플레이어, 플레이콕 등이다. 각 업체는 기업 및 주요 제품, 서비스를 소개하고 네트워킹의 시간을 가졌다.

나는 스포츠로 창업을 꿈꾼다

인생은 흘러가는 것이 아니라
채워가는 것이다

양은희(이하 '양') **우선 이 책을 기획한 계기가 궁금해요.**

윤거일(이하 '윤') 창업 후 스포츠 분야에서 활동하고 박사과정을 밟으면서 스포츠나 체육전공자를 많이 접했어요. 이 책에서 소개한 것처럼 다양한 스포츠 분야에서 창업을 한 분들도 있고 프로구단이나 스포츠 기관 및 단체, 스포츠 관련 기업에 취업한 사람들도 있어요. 사실 선택할 수 있는 길이 생각보다 많은데 한정된 진로를 정한 학생들이 생각보다 많더라고요. 스포츠창업도 하나의 대안이라는 생각을 했어요. 그래서 이 책을 기획했고 많은 전공자들이 작은 영감이라도 얻어서 자신의 가능성을 펼치는 데 도움이 되었으면 하는 바람입니다.

윤 혹시 창업한다면 관심 있는 스포츠 분야나 업종이 있나요?

양 창업에 대해 구체적인 계획을 세워본 적은 없지만 바라는 점이 있다면 학교체육을 개선할 수 있었으면 좋겠어요. 특히 대학 입학을 위한 입시체육은 아직도 오프라인 학원 위주인데 지방에 사는 친구들은 정보를 얻기가 힘들잖아요. 체대입시생을 대상으로 멘토링, 실기 준비뿐만 아니라 모든 학생들의 건강을 책임질 수 있는 플랫폼이 발전하면 좋을 것 같아요.

양 **대표님의 창업 계기 또한 궁금합니다. 어떻게 창업을 결심했나요?**

윤 대학원에서 석사과정을 마치고 스포츠마케팅 관련 일을 하고 싶었는데 수도권이 아니면 원하는 쪽으로 취업이 어렵더라고요. 거주지에서 원하는 일을 하고자 창업을 택했죠. 또 스포츠마케팅 대행을 주로 하다가 스포츠콘텐츠를 만드는 게 더 재미있고 적성에 잘 맞는다는 걸 알게 됐어요. 사업적인 성공도 중요하지만 개인적으로 좋아하는 일에 집중할 수 있어서 창업하길 잘했다고 생각해요.

양 **다른 스포츠 분야의 아이템으로 창업한다면 어떤 쪽으로 생각하세요?**

윤 전자출판을 활용한 스포츠출판업에 관심이 많아요. 저자로서 출판도 하고 다른 스포츠 팬의 출판도 돕고요. 나중에는 스포츠매니지먼트 분야에도 진출하고 싶어요. 최근 스포츠 에이전트로 활동할 수 있는 좋은 환경이 조성되기 시작했고 예전부터 관심이 많았던 영역이거든요. 에이전트 관련 책을 쓴 적도 있고 시험에 응시했다가 떨어진 경험도 있답니다. 확장성에 대한 고민도 있지만 역시나 글 쓰는 일, 말하자면 정보서비스업에 집중하고 싶기도 해요. 제일 좋아하는 일이거든요.

윤 앞으로 유망할 것 같은 분야를 꼽으면요?

양 요즘 이슈 중 하나가 4차 산업혁명인 것 같아요. 러시아 월드컵에서 최초로 VAR이 도입되었듯이 지금까지의 스포츠 양상과 다른 모습들이 많이 나올 거예요. 특히 스포츠 데이터는 빅데이터와 밀접하다고 생각해요. 그만큼 활용 폭도 넓어질 거라 예상합니다. 빅데이터는 선수의 기량을 발전시키고 팬들에게 보는 재미를 더하는 등 전반적인 산업 발전에 다양한 측면에서 도움을 줄 거예요. 다소 시간이 걸리겠지만 이쪽 분야에서도 많은 전문가가 양성되길 바랍니다.

양 대표님은 어떤 분야가 유망할 것이라 생각하세요?

윤 일단 스포츠 관련 분야는 모두 유망하다고 생각합니다. 여유가 있든 먹고 살기 바쁘든 여가에 대한 관심은 더 커질 거예요. 삶의 질과 건강을 중요하게 생각하는 시대 흐름과 연관 있죠. 수요의 증가에 따라 관람형, 참여형 스포츠 시장 모두 더 커질 거예요. e스포츠와 브레인스포츠 분야도 비중이 높아질 듯합니다. 스포츠를 통해 많은 사람이 심신의 건강을 지키고 즐거움을 얻을 수 있길 바랍니다. 그럼에도 콕 집어보자면 스포츠식음료 분야가 더욱 각광받을 것으로 예상해봅니다. 스포츠를 보고 즐기는 문화가 높은 수준까지 도달했기에 이제 그것을 맛있게 먹으면서 누리고 싶어 하는 단계 같아서요.

나는 스포츠로 창업을 꿈꾼다

윤 **스포츠창업자를 인터뷰하면서 느낀 점이 궁금하네요.**

양 제가 몰랐던 세상을 발견한 느낌이에요. 열두 분의 창업자 모두 각자의 영역에서 분명한 철학을 가지고 창업을 하셨기 때문에 배울 점이 참 많았어요. 각기 다른 분야에서 일하고 있지만 그 중심에는 스포츠가 있잖아요. 그래서 스포츠가 마치 '유비쿼터스(언제 어디서나 존재한다)' 같다는 매력을 느꼈어요. 그만큼 더 발전해야 할 필요성도 느꼈답니다.

양 **12가지 분야의 이너뷰를 쓰면서 새롭게 느낀 점이 있나요?**

윤 각 분야마다 업종으로 명확한 정의를 내리기 애매한 부분이 있어요. 경계가 모호한 분야도 있고 아직 세부적인 자료가 없는 경우도 많아요. 물론 전반적인 내용은 문화체육관광부나 국민체육진흥공단, 각종 매체를 통해 파악할 수 있었습니다. 가령, 스포츠마케팅, 스포츠용품, 스포츠매니지먼트 분야는 전문자료가 많은 편입니다. 반면, 스포츠식음료, 스포츠플랫폼, 스포츠ICT, 스포츠출판 등은 특히나 참고자료가 부족한 편이에요. 또 한 가지 중요한 정보원은 여러 스포츠창업체 그 자체였어요. 생각보다 많은 스포츠 분야의 창업 사례는 후발 주자에게 좋은 정보를 제공하고 있습니다. 개인적으로는 스포츠식음료 분야의 창업 사례가 생각보다 많아서 놀랍고 흥미로웠습니다.

윤 스포츠창업은 '무엇'이라는 생각이 들어요?

양 연애? 실제로 여러 창업자 분께서 인터뷰를 하면서 스포츠창업을 연애에 비유하셨어요. 고객의 니즈를 파악할 때나 조직을 관리할 때 그 과정이나 핵심은 연애와 비슷하다고 말이죠. 제가 생각하는 스포츠창업은 커플이 탄생하듯 더 많은 사례가 나오길 바라는, 그러나 무작정 달려들어서는 안 되는, 그런 의미에서 연애라고 생각해요.

양 일반 창업과 스포츠창업의 차이점이 있다면 무엇일까요? 또 스포츠창업에서 가장 중요한 것은 무엇이라 생각하세요?

윤 스포츠를 매개로 하는 점입니다. 스포츠는 경쟁, 승리와 함께 건강, 즐거움, 페어플레이 같은 속성을 갖고 있어요. 그런 스포츠의 기본 속성과 세부 종목에 대한 전문성과 이해도가 필요합니다. 그래야 관련 소비자와 파트너의 니즈를 파악하고 적절한 상품도 내놓을 수 있죠. 창업 시 자금, 인력, 체력, 끈기 등 필요한 요소는 많지만 역시 스포츠에 대한 애정과 경험이 가장 중요하다고 생각합니다.

윤 책에서 구체적으로 다루지 못했지만 소개하고 싶은 스포츠창업 사례나 업종이 있나요?

양 최근 블로그를 통해 운동처방 서비스 창업 사례를 보았어요. 온라인으로 신청을 하면 운동처방사가 직접 자택에 방문해 체형교정,

나는 스포츠로 창업을 꿈꾼다

근골격계 재활, 산후 운동 등 맞춤운동처방 서비스를 제공해요. 운동처방사로 병원에서 일하시던 분이 개인사업자로 전향한 사례인데, 전문성이 있다면 스포츠의학을 비롯한 다른 분야에서도 더 많은 창업 사례가 나올 수 있다는 희망을 가져봅니다.

양 스포츠창업자로서 예비창업자에게 해주고 싶은 조언이 있다면요?

윤 스포츠 분야에서 수익성을 발견하여 창업할 수도 있겠지만 자신이 좋아하는 스포츠 종목과 좋아하는 형태의 일을 합쳐서 새로운 시도를 고민해보면 좋겠어요. 앞으로 살아갈 날이 많기에 인생을 단거리가 아닌 장거리 달리기로 뛰었으면 하거든요. 분명 고비도 많겠지만 길게 보고 자기 일에 투자한다는 생각으로 창업하면 후회는 없을 거예요. 다른 조언은 이 책에서 충분히 얻을 수 있길 바랍니다.

당신의 승리와
대한민국 스포츠의 미래를 위하여

― 심찬구(스포티즌 대표, AFC 투비즈 구단주)

2000년, 맨땅에 헤딩하며 스포츠창업에 뛰어든 선배로서 이 책의 출간이 반갑다. 20년 가까이 관찰한 스포츠산업 시장의 현시점은 마치 90년대 후반의 영화 시장을 보는 듯하다. 팬, 즉 소비자는 이미 형성되어 있으나, 국내 산업과 콘텐츠는 아직 성숙도가 떨어지고, 반면에 이 산업에 뛰어드는 젊은 열정들은 넘쳐나는 모습이기 때문이랄까?

대한민국 국가, 사회, 경제 측면에서 스포츠는 패러다임의 교체기인 상황이며, 키워드는 시장과 수요로서의 스포츠다. 스포츠로 창업하겠다며 개인적으로 고민을 나누러 찾아오는 후배들을 만나면 일단 말리고 본다. 또 하라고 하면 나 역시 할 자신이 없기 때문에. 그러나 MIB의 망각의 샷건을 맞는다면 나도 또 뛰어들지 않을까? 기왕 할 거면 멋지게 해서 꼭 성공하면 좋겠다. 그리고《나는 스포츠로 창업을 꿈꾼다》이 책이 여러분의 성공과 스포츠 산업 강국 대한민국의 미래를 견인하기를 희망한다.

나는 스포츠로 창업을 꿈꾼다

초판 1쇄 발행·2018년 10월 18일
초판 3쇄 발행·2021년 12월 5일

지은이·윤거일, 양은희 공저
펴낸이·이종문(李從聞)
펴낸곳·국일미디어

등록·제406-2005-000025호
주소·경기도 파주시 광인사길 121 파주출판문화정보산업단지(문발동)
영업부·Tel 031)955-6050 | Fax 031)955-6051
편집부·Tel 031)955-6070 | Fax 031)955-6071

평생전화번호·0502-237-9101〜3

홈페이지·www.ekugil.com
블로그·blog.naver.com/kugilmedia
페이스북·www.facebook.com/kugilmedia
E-mail·kugil@ekugil.com

·값은 표지 뒷면에 표기되어 있습니다.
·잘못된 책은 구입하신 서점에서 바꿔드립니다.

ISBN 978-89-7425-650-0(93320)